思春期の
心とからだ
図鑑

HELP YOUR KIDS WITH GROWING UP
A NO-NONSENSE GUIDE TO PUBERTY AND ADOLESCENCE

思春期の心とからだ図鑑

ロバート・ウィンストン 監修
名越康文 日本語版監修
林 啓恵・蒔田和子 訳

HELP YOUR KIDS WITH GROWING UP
A NO-NONSENSE GUIDE TO PUBERTY AND ADOLESCENCE
ROBERT WINSTON, YASUFUMI NAKOSHI, HIROE HAYASHI, KAZUKO MAKITA

三省堂

Original Title：HELP YOUR KIDS WITH GROWING UP

Copyright © 2017 Dorling Kindersley Limited.
A Penguin Random House Company

Japanese translation rights arranged with
Dorling Kindersley Limited, London
through Fortuna Co., Ltd. Tokyo.

For sale in Japanese territory only.

Printed and bound in China

A WORLD OF IDEAS:
SEE ALL THERE IS TO KNOW
www.dk.com

日本語版刊行にあたって

・本書は *Help Your Kids with Growing Up* の全訳ですが、国により制度や法律が異なる部分などについて、日本の事情にあわせて適宜、削除・加筆を行っています。
・「もっと知りたいとき・困ったとき」は、日本語版独自編集のページです。情報は、2021年3月現在のものです。

監修者

ロバート・ウィンストン

革新的な学術研究をつづけつつ、ふつうの人が親しめるような科学の啓蒙のために多彩な活動を展開している。英国ではテレビの科学番組のプレゼンターとして知られた存在。人の受胎に関する研究の草分けとして、不妊に悩む何十組ものカップルに「奇跡の赤ちゃん」をもたらし、国際的に高く評価された。インペリアル・カレッジ・ロンドン名誉教授。

執筆者

ラヴァーン・アントローバス

子ども教育専門のコンサルタント・心理学者。ロンドンのタビストック・クリニックで研鑽を積んだのち、地方自治体、国民健康サービスに勤務した。テレビ、ラジオ、雑誌などの仕事もこなし、BBCの子ども向け番組の制作にもたずさわった。最近ではBBCの子ども向けチャンネル「シービーピーズ」のウェブサイトに登場している。

テリーサ・デイ

理学修士。一般看護師と精神保健看護師の資格をもち、キャリアを積んだ。とりわけ、思春期の子の健康に関する分野に精通する。修士論文で取り組んだ人間関係と性教育についての調査研究もつづけている。最近は、心の健康、福祉、人間関係教育などにたずさわる学校職員の養成と支援に力をそそいでいる。

ソニア・リヴィングストン

ロンドン・スクール・オブ・エコノミクス（LSE）教授。『クラス——デジタル時代の生活と学習』（2016 未邦訳）をはじめ、子どもにとってのオンラインのあり方を問う20冊の著作がある。英国政府、欧州委員会、欧州評議会などに、デジタル環境における子どもの人権保護についての提言をおこなってきた。

ラーダ・モジル

ロンドンの国民健康サービス所属の現役医師として働くかたわら、医療問題の相談役として、オンラインやテレビ、ラジオなどで活躍する。若者に人気の高いBBCラジオ1の番組「ザ・サージェリー」でプレゼンターを務めるほか、多くのラジオ番組でコーナーをもち、独創的で楽しくてためになる健康指導と性教育をおこなっている。

サラ・ポールースキ

理学修士。キャリア・アドバイザーとして20年以上の経験をもつ。みずからコンサルタント会社を経営し、学生から産業界まで、あらゆる年齢層のクライアントの相談にのっている。また、大学のキャリア・ガイダンス専門課程で教えている。キャリア・ガイダンスならびに心理学の学位をもつ。本書とおなじDKシリーズの1冊、『キャリア・ハンドブック』では、中心的な執筆者をつとめた。

カレン・レイン

性教育に20年近く取り組んできた。性教育カリキュラムの作成、セクシュアリティ教育者の養成、啓蒙書の執筆に力をそそいでいる。近著として『ガール——ラブ、セックス、ロマンス、あなたらしくあること』（2017 未邦訳）。性教育センター、ニューヨーク市教育局、国際連合人口基金などに協力している。セクシュアリティ教育誌の共同編集人でもある。

日本語版監修者
名越康文 （なこし やすふみ）

1960年、奈良県生まれ。精神科医。近畿大学医学部卒業。相愛大学、高野山大学客員教授。専門は思春期精神医学、精神療法。臨床に携わる一方で、テレビ・ラジオでコメンテーター、雑誌連載などさまざまな分野で活躍中。

翻訳者
林啓恵 〔はやし ひろえ〕

1961年、愛知県生まれ。国際基督教大学卒業。パソコンソフトのマニュアルライターを経て、英米文学翻訳家。訳書に『性と懲罰の歴史』、『図説「最悪」の仕事の歴史』（共訳）ほか多数。4章、5章、9章〜12章担当。

蒔田和子 （まきた かずこ）

上智大学文学部卒業。雑誌編集者を経て翻訳家に。興味の対象は、歴史、多文化社会、食文化、手仕事など。1章〜3章、6章〜8章担当。

はじめに

　子どもから青年に成長していく過程は、人の一生のなかでもとびきりすてきなステージのひとつです。この移行の時期については、脳内で起きている変化を抜きには語れません。その変化が行動や思考に影響をあたえ、好きなものと嫌いなもの、気分や感情、睡眠パターン、気質などを変えていくのです。思春期に入ると、人は新しい目で世界を見つめ、まわりの人々と関わりはじめます。なにごとも自分で決めたくなり、自立を求め、新たな欲望も生まれます。あえてなにかに挑戦してみたくなるかもしれません。おとなとなる将来に向かって、希望やあこがれもふくらんでいくことでしょう。そんな時期に感情がゆれて、情緒が不安定になるのは、ごくあたりまえのことです。第二次性徴があらわれる思春期のはじまりは、まるでジェットコースターに乗りこむようなもの。ドキドキ、ワクワクする経験ですが、ときにはおじけづくことだってあるでしょう。

　成長期のもっともたいせつな要素であり、悩みや苦しみのもとにもなりやすいのは、性的な成熟です。第二次性徴があらわれるころから、体は卵子や精子をつくりはじめます。これによって生殖が可能になる、つまり自分の子をつくれるようになるのです。このような体内ホルモンによる体の変化や性的な成熟は、ふいをついて急激に進むので、ほとんどの人が自意識過剰になったり、はずかしさを感じたりします。わき毛や陰毛がはえて、わきの下がにおうようになる。見た目が気になる年ごろなのにやたらとニキビが増える。初潮にとまどったり、ちょっと怖くなったりする女子もいるでしょう。思春期のわたしは、地元のプールで出会う体格のよい年長の青年たちにびくびくしていました。更衣室では自分と友だちの成長をくらべて、不安になりました。自分の体がまるで自分のものじゃないみたいに感じられて、アイデンティティもゆらいでばかり。こんな激動期に、いじけもせずあせりもせずにやっていくなんてむりというものです。

　性や性的アイデンティティの問題には、きわめて個人的な、秘密にしておきたい感情がついてまわります。親として子育てをするようになっても、性について率直に語り合うのは、やっぱりむずかしい。だとしたら、成長期にあるわが子がおなじように気まずい思いをするのは当然です。実は、この本を企画した理由のひとつもそこにあるのです。もちろん、世間にはすでにこれでもかというほど思春期に関する情報があふれています。

ソーシャルメディアやインターネット、同年代の友だちなどが情報源となり、正確な情報もまちがった情報もいっしょくたに入ってきます。そんななか、思春期を対象にして、多くのたよりになる専門家（わたしもそのひとりです）が集まって正しい知識をあたえる、このような本が1冊あれば、親子にとって気おくれのする話題でもさりげなく切り出すことができるのではないでしょうか。もちろん、まだ小学生でも、生物学の優等生でなくても、この本をひとりで読みたいと思う子もいるはずです。一方、いつかは子どもと本の内容を共有するかもしれないけれど、まえもって目を通しておきたいと考える親もいるでしょう。それもいいのですが、わたしたちはこの本が親子の対話を生むきっかけになることを願っています。そして、多くの思春期の子どもが自分には理解してくれる味方がいるのだと信じて、この人生でもっとも心躍るステージに、自信と喜びをもって挑んでくれることを願ってやみません。

ロバート・ウィンストン

目次

はじめに   6
この本の使いかた   10

1 成長する

思春期の脳   14
アイデンティティ   16
自立的思考   18
気分のゆれ   20
自己表現   22
ジェンダー   24

2 女性の第二次性徴期

第二次性徴ってなに？   28
女性ホルモン   30
体の変化   32
女性の生殖器   34
月経周期   36
月経の手当て   38
胸のふくらみ   40
ブラを選ぼう   42

3 男性の第二次性徴期

第二次性徴ってなに？   46
男性ホルモン   48
体の変化   50
精巣   52
ペニス   54
声変わり   56

4 すこやかな体

清潔にしよう   60
汗とにおい   62
体毛   64
ニキビ   66
健康にいい食事   68
摂食障害   70
ボディイメージ   72
運動   74
睡眠   76
注意すべき病気   78

5 すこやかな心

心の健康を守る   82
情動と感情   84
自信と自尊心   86
内向性と外向性   88
レジリエンス   90
ストレス   92
不安とうつ   94
パニック発作と恐怖症   96
自傷行為   98

6 能力を生かす

学校生活   102
試験にそなえる   104
問題を解決する   106
趣味や興味   108
お金のこと   110
目標やこころざし   112
将来の職業   114
さまざまな職業   116
大学に進む   118
大学以外の選択   120
仕事を見つける   122
スピーチしよう   124

7 デジタル生活

インターネット	128
ソーシャルメディア	130
ネットのなかの自分	132
情報を判断する	134
ネットとのつきあいかた	136
ネットいじめ	138
オンラインの安全対策	140
プライバシー	142
ゲーム	144

8 より大きな社会

街なかの安全	148
いじめ	150
差別	152
平等	154
宗教	156
市民権	158
ニュースを理解する	160
アルコール	162
たばこ	164
ドラッグと依存症	166
ドラッグの種類	168

9 家族

さまざまな家族	172
親子の関係	174
信頼をきずく	176
対立をどうするか	178
人生の一大事	180
きょうだい	182

10 人づきあい

コミュニケーションスキル	186
友情	188

人との交流	190
仲間からの圧力	192
デート	194
こばまれる	196
健全な関係	198
不健全な関係	200
関係を解消する	202

11 セクシュアリティ

セクシュアリティ	206
多様な性的アイデンティティ	208
魅力	210
カミングアウト	212

12 セックス

マスターベーション	216
ヴァージニティ	218
意思確認としての同意	220
親密さ	222
セックス	224
オーガズム	226
有性生殖	228
より安全なセックス	230
避妊法	232
細菌と寄生虫による性感染症	234
ウイルスによる性感染症	236
妊娠	238
妊娠したらどうするか	240
ポルノグラフィ	242
セクスティング	244

もっと知りたいとき・困ったとき	246
用語解説	248
索引	252

この本の使いかた

学童後期（8〜12歳）やティーンエイジ（13〜19歳）というのは、刺激的で楽しくてワクワクする、でもちょっとやっかいで悩ましくてストレスの多い年ごろです。そして、その年ごろの子をもつ親も、子とおなじように感情的になりやすい。この本は、子どもをささえ、親を導き、思春期を前向きに楽しんで過ごすための情報源として役立つようにつくられています。悩み多き年ごろをくぐり抜けていく子どもたちをささえられるように、多くの専門家たちが知恵をしぼり、情報と意見を寄せています。

だれが読めばいい？

この本は親だけで、あるいは子だけで読むこともできますが、本来は親子でいっしょに読めるようにつくられています。この本に書かれているすべてが、あらゆる読者にしっくりくるわけではありません。なぜなら8歳から19歳までというかなり広い年齢層を対象に、その年ごろの子とその家族に役立つように、はば広く話題を選んであるからです。子の成長に合わせて、なにが必要かも変わります。

うまくいけば、子どもが思春期を通過していくさまざまな段階で、どこかのページやどこかの章が役立っていくでしょう。興味に応じて、自分からある種の項目に関心をしめす子もいます。子にとって本の内容を受け入れる準備ができているかどうかは、その親がいちばんよくわかっています。子と話し合うまえに、伝えたいことをこの本で確認し、慣れておきたい親もいるでしょう。自分の子には気の向くときにすべての項目に自由にふれてほしいと考える親もいるでしょう。気おくれのする会話の糸口として使う、わが子といまどきの思春期を理解するために使う、思春期の子に知識をあたえるために使う――この本をどう使うかはまったくあなたしだいです。

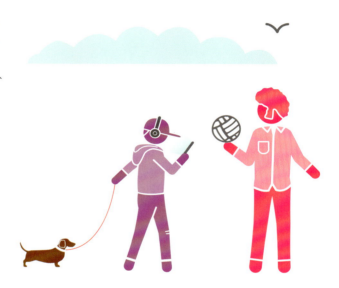

書いてあることは？

さまざまな項目ごとに、思春期を通して体と心が、社会との関わりがどう変わっていくかを解説しています。すこやかな精神と肉体を保つためにはどうしたらいいかを知るためのページもあれば、第二次性徴や、友人関係と学校について、あるいはソーシャルメディアやセクシュアリティについて書かれたページもあります。

生物学的な変化については明解な図表をつくり、名称や科学的な解説をそえました。本全体にわたって登場する人物イラストは、思春期の子どもとその家族のさまざまなかたち、日常生活におけるさまざまな状況をとらえています。

この本の使いかた　11

手引きや助言

本のあちこちに色分けされたコラムがあるのに気づいていることでしょう。これらのコラムには、追加情報や実際に役立つ手引き、助言が書かれています。

青い囲み「**子どもたちへ**」は、思春期の子どもをはげまし、助言をあたえます。親が読めば、子の考えかたを知る手がかりになるでしょう。

子どもたちへ
家族の形態

家族の形態はときに変化する。たとえば親の別居や、離婚、再婚、死亡。家族の形態が変わると、自分がどうしたらいいか、わからなくなることがある。きみにとっての「ふつう」が思いがけず変わったときは、なおさらだろう。だが、変化は新しい人たちと関係をきずくチャンスでもある。まえの家族のだれかの代わりにはならないけれど、きみといっしょに新たな家族をつくり、それを育てていってくれるはずだ。

こっちがほんと
たばこの真実

かっこよくない。息がたばこくさくなる。髪ににおいがつく。味覚が落ちて、食事をおいしいと感じられなくなる。

たばこで仲間はつくれない。友だちでいるために、ヤバイことをいっしょにしなきゃいけないなんて考えないこと。

1、2本ならだいじょうぶ、なんてことはない。若い脳はおとなの脳よりニコチン依存症になりやすい。1、2本でも依存症になる可能性はじゅうぶんだ。

黄色の囲みは「**こっちがほんと**」。あやまりを指摘し、正しい情報を伝えます。

親への手引き
ネットいじめのサイン

多くのサインは一般的ないじめと共通するが、ネットいじめに特有のものもある。

- ケータイやスマホなどの使いかたが変わる。たとえば、突然使わなくなったり、使っているところをかくそうとしたり、一心不乱に使いつづけたり。
- 子どもの行動や態度が変わる。落ちこむ、引きこもる、つっかかる、以前楽しんでいたことに気が乗らなくなるなど。

紫の囲み「**親への手引き**」には、思春期の子を支えるためのアドバイスが書かれています。子が読めば、親の考えかたを知る手がかりになるでしょう。

覚えておきたい
良いストレスと悪いストレス

ストレスは、ときにはとても役に立つ。追いつめられた状況で、すべきことをつづける原動力となり、課題をやりきらせてくれるからだ。けれど、それも度が過ぎると、ストレスが足かせになって実力が発揮できなくなる。ストレスを感じたときは、まずはそれを動力源として課題に立ち向かってみて、ストレスが重すぎて手に負えないようなら、人に助けを求めよう。

緑の囲み「**覚えておきたい**」には、心得ておくとよい、たいせつな追加情報が書かれています。

気をつけよう！
自撮りする場所

危険な場所での自撮りが、ソーシャルメディアでたくさん拡散されてきた。向こう見ずな自撮りで命を落としたり、けがを負ったりする人が世界じゅうで増えている。脳内に起きる変化によって冒険に走りやすくなる思春期だからこそ、そのような命にも関わる危険な流行に巻きこまれないように注意しよう。自撮りするときには、安全な場所かどうかの確認をおこたらないこと。

オレンジ色の囲み「**気をつけよう！**」は、法律上の問題や危険な状況に対して強く注意をうながします。

親子で話し合おう

思春期の子とその親の相互の理解を少しでも深めるために、この本が役立つよう願っています。会話をはじめる、たがいの話を聞く、考え方を理解する——それにはどうしたらよいかを多くのページで提案しています。

テーマごとに「こちらもどうぞ」として相互参照のページがしめしてあるのは、第二次性徴期／思春期に起きる多くの問題が、密接に関連しているからです。巻末の「もっと知りたいとき・困ったとき」では、よりくわしい情報と支援を得られるサイトや団体を紹介しました。

成長する

思春期の脳

脳は子ども時代を通して成長し、6歳にはその容積が成人のほぼ90パーセントに達します。しかし脳はその後、第二次性徴期に一生のうちでいちばんめざましい変化をとげて、考えかたや行動に影響をあたえます。

こちらもどうぞ	
アイデンティティ	16-17 ▶
自立的思考	18-19 ▶
気分のゆれ	20-21 ▶
睡眠	76-77 ▶

脳の変化

子どもからおとなに成長する過程で、脳はおとなとして生活していく方法を学ばなければなりません。このとき脳内で起きているのは、理解するのに解剖学や化学の知識を必要とするような変化です。感覚器官がとらえた情報を処理するような、基本機能をつかさどる領域が、最初に成長します。将来の計画を立てるような、複雑な思考をつかさどる領域はあとまわしになります。このような変化は第二次性徴期からはじまり、脳は20代半ばでほぼ成熟します。それでも一生のあいだ、脳の発達と変化はつづきます。

覚えておきたい
つながりをつくる

子どもの脳内では、脳神経のあいだのシナプスと呼ばれるつながりが、すごい勢いで増えている。いろんなことを学べるのは、このシナプスのおかげだ。時がたつにつれ、脳は使われないつながりを取りのぞく。こうすることで、必要とされる脳細胞に新しいあきをつくり、そこにエネルギーをそそぎ、機能にみがきをかける。このようなシナプスの再編成にとって、思春期はとりわけたいせつな時期だ。

◁ 幼少期
すばやくつながって、新しいことをどんどん覚える。

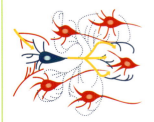

◁ 思春期
使われないつながりがじょじょに消えて、よく使われるつながりが強化される。

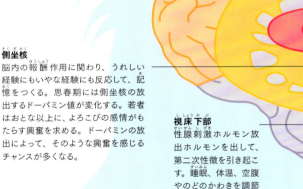

前頭前野
理性的に思考する、問題を解決する、自分をおさえる、先のことを計画するなどの脳のはたらきに関わっている。脳の中では、この領域の成熟がいちばんあとになる。

大脳基底核
運動や意思決定などをつかさどる領域。

側坐核
脳内の報酬作用に関わり、うれしい経験にもいやな経験にも反応して、記憶をつくる。思春期には側坐核の放出するドーパミン値が変化する。若者はおとな以上に、よろこびの感情ももたらす興奮を求める。ドーパミンの放出によって、そのような興奮を感じるチャンスが多くなる。

視床下部
性腺刺激ホルモン放出ホルモンを出して、第二次性徴を引き起こす。睡眠、体温、空腹やのどのかわきを調節するのもこの領域だ。

下垂体
体内のさまざまなホルモンのはたらきをコントロールする。

へんとう体
本能的な行動、攻撃性、危険をともなう行為などと関わっており、恐れや怒りなどの強い感情をつくりだす。思春期には、へんとう体をおとな以上に情報処理のために使う。そのために極端な感情に走りやすくなる。

思春期の脳　15

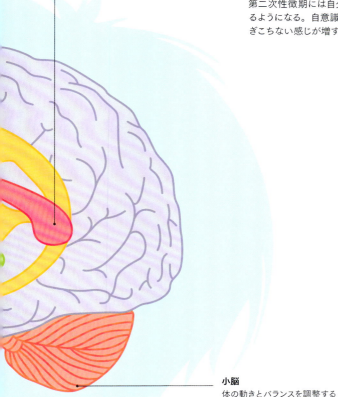

脳りょう
左右の脳を神経繊維でつないでいる。思春期には脳りょうが太くなって、問題を解決する能力が増す。

小脳
体の動きとバランスを調整するはたらきをもつ。小脳が体の成長に適合していく。

なんだかぎこちない

第二次性徴期には、体が短期間で急激に成長するため、脳はけんめいに体の発達に追いつこうとします。長くなった手脚や、まえとはちがう体の比率に脳は適応しなければなりません。うまく適応できるまでは、以前よりつまずいたり、ものをひっくり返したりすることが多くなったように感じるかもしれません。

▷ **自意識**
第二次性徴期には自分の体をまえより意識するようになる。自意識が強くなると、いっそうぎこちない感じが増す。

危険な行動

思春期の若者はおとなよりスリルを求め、衝動に走りやすいところがあります。それは、この年ごろの脳がうしろから前に向かって発達していくことと関係しています。つまり、衝動をおさえ理性的思考をつかさどる前頭前野が発達するまで、脳のうしろのほうにあるへんとう体という本能と危険な行動をつかさどる領域が支配的になるのです。しかし、それによって親から距離をおいて自立したいという欲求も高まります。

△ **むちゃをしたくなる**
軽はずみな行動に出る思春期の若者もいる。それにともなう危険より、そこから得られる仲間からの注目という見返りに気をとられてしまうからだ。

脳を休ませる

脳と体が急激に変化する思春期には、毎日9時間の睡眠が必要です。脳の中で起きている変化は、睡眠パターンにも影響します。思春期を通して、眠りをうながすホルモン、メラトニンが夜おそくまで放出されず、午前中までその放出がつづきます。そのせいで夜ふかしになって、朝起きるのに苦労するのです。

◁ **眠りはたいせつ**
脳と体のすこやかな発達にとって、睡眠はなくてはならないもの。

脳が効率よくはたらくようになったため、人間の脳は2万年前の祖先より容積が10パーセント小さくなった、という説をとなえる科学者もいる。

成長する

アイデンティティ

アイデンティティというテーマは、ひとりひとりのアイデンティティがちがっているだけに、とても複雑です。それはまず、「わたしって、だれ？」という問いからはじまります。この問いに答えを出すためには、人生の長い時間を必要とします。そのことに納得できる人もいれば、ますます複雑に感じてしまう人もいるでしょう。

こちらもどうぞ	
◀ 14-15　思春期の脳	
自己表現	22-23 ▶
ジェンダー	24-25 ▶
自信と自尊心	86-87 ▶

あなたはだれ？

アイデンティティの一部はおそらく、幼いころからはっきりしています。たとえば、国籍。その一方、性格のタイプや性的アイデンティティなどは、成長しながら、じょじょにわかっていくことです。宗教や政治的な考えかたなどは、親のあとを追うかもしれませんし、時間をかけて自分自身の考えかたを育てていくかもしれません。

あらゆる種類の構成要素が集まって、その人にしかない独自のアイデンティティが成り立っています。たとえば、どんな趣味をもっているか、なにが好きか嫌いか、どんな友だちがいるか、養子かどうか、ちがった文化や国籍をもつ両親のあいだに生まれているかどうか……。実にたくさんの要素が集まって、ひとりの子どもを、若者を、おとなを唯一無二の存在にしているのです。

▽ **またとない組み合わせ**
アイデンティティは、たくさんの構成要素からできている。

アイデンティティ　17

「きょうという日、きみはきみだ。これにまさる真理はない。きみよりきみらしい人なんて、この世界のどこにもいないのだから。」　**ドクター・スース**　作家

アイデンティティも育っていく

　小さな子どもは、自分のアイデンティティについてよくしゃべります。自分はどんなふうで、なにをするのか——つまり、髪の色だとか、好きなスポーツだとか。しかし成長するにつれ、だれかのアイデンティティと自分のアイデンティティをくらべるようになります。そうして自分の才能ににんまりしたり、欠点だと思うものにげんなりしたりするのです。

　思春期には、おおかたの人が、自分はなにものかという問題に複雑な思いをいだくようになります。自分自身について語るときも、小さなころより掘りさげて語るようになり、いろいろ試しながら、どんなアイデンティティが自分にとってほんものかをさぐっていくことでしょう。新しい人、新しい考えかたと出会いながら、いろんなことを学び、自分の興味やものごとの見かたを深めていきます。そうやって、アイデンティティを育てていくのです。

△ **少しずつ時間をかけて**
思春期には、自分はなにものかについてよく考える。でも、アイデンティティというのはゆれやすく、おとなになるまで変化しつづける。

アイデンティティの衝突

　家族どうしで共通する部分もありますが、それぞれの人生観がまったくちがったとしても、あたりまえのことです。思春期の若者とその親は、おたがいをぜんぜん理解できない、なんにも同意できないと感じることがあります。衝突の原因は、価値観のちがいです。それが相手を理解するのをさまたげているのです。異なる価値観について知り、それがあることを認めるだけで、話すのもいっしょにいるのもずっと楽になるでしょう。

▷ **見かたが変わる**
思春期になると、音楽にせよ政治にせよ、新しいものの見かたを求める。そうやって、幼少期に親からあてがわれたアイデンティティからはなれていこうとしている。

自立的思考

脳が急速に発達する思春期には、それまでにはなかった新しい考えかたをするようになります。このとき獲得されるたいせつな能力のひとつが、自立的思考です。自立的に考えることが子どもの自尊心を育て、将来のおとなに向かう準備となります。

こちらもどうぞ	
情動と感情	84-85 ▶
目標やこころざし	112-113 ▶
情報を判断する	134-135 ▶
ニュースを理解する	160-161 ▶

自立的思考って？

だれかに手引きされるのではなく、だれかの決定に従うのでもなく、ひとりで考えてしっかりとした結論を引き出したのなら、それは自立的思考をおこなったことになります。人は幼いころから自分で考えはじめます。ですが、思考力をきたえるには時間がかかります。思春期のあいだに自立的に考える力が飛躍的に伸びるのは、認知機能をつかさどる脳の領域がめきめきと成長するからです。脳の機能が高まっていくこの時期に、周囲の人から学び、自分で試行錯誤を重ね、自立した個人となるための思考力にみがきをかけていくのです。

> 「自立した精神にとってたいせつなのは、なにを考えるかではない。どう考えるかだ。」
>
> クリストファー・ヒッチェンズ
> ジャーナリスト・作家・批評家

思春期の思考力

思春期に脳が成長すると、抽象的思考、論理的思考、比較、共感などの能力が育ち、自立的思考と行動をうながします。

抽象的思考
事物として存在しない可能性や理念について考えること。

論理的思考
ひとつのことがらについてあらゆる事実を検討し、論理的に、分析的に、自分自身の意見や解釈を導きだすこと。そこから、さらに調べて理解すべき問題をさぐること。

異なる意見を比較する
そうすることで問題への理解が深まり、議論に向けて新たな疑問がうかんでくる。

共感
自分ではないだれかの立場で、ものごとを見られる。その人の考えかたを理解できる。むりのない気もちのよい人間関係をつくるためにたいせつな能力。

自立的思考のたいせつさ

自立的思考と自立的行動は、車の両輪。自立へのそなえができていることをしめすのは、やってみることだけではありません。どう考えているのか、どう取り組むつもりなのかを伝えることもたいせつです。

- 自分に忠実であり、仲間からの圧力に負けないことが、ゆるぎのない自信と自己主張につながる。

- ひとつの問題をいろんな観点から考えてみよう。ほかの人の意見をはねつけずに、自分にとってなにが正しいかを判断できる。

- わくにとらわれないで考え、想像力をはたらかせれば、ほかの人が思いつかなかった問題解決の方法を見つけられるかもしれない。

- 障害にぶつかっても後退しても、あきらめない強い気もちがあれば、問題を乗り越えて立ち直ることができる。

覚えておきたい
ちがった考えかたをしてみる

あっちからこっちから考えてみることで、確かな結論にたどりつける。また、これまでのやりかたに疑問をもち、新しいものごとの進めかたを検討できる。受け入れるより疑ってみることで、頭をはたらかせ、すじみちを立て、自分自身の結論にたどりつける。そこからまったく新しいアイディアが生まれるかもしれない。

親への手引き
自立を勇気づける

- 自立的思考を伸ばせるように、子どもには安全な環境のなかで、自主性と自由をあたえたい。
- 必要とされるときには助言と援助をあたえられるようにしたいが、まずは子ども自身に決めさせる。
- 子どもが、日常のさまざまな出来事の原因と結果について考えられるように導きたい。そうすることで、多面的にものごとを検討し、批評する力を身につけさせる。
- 失敗から学ぶことを教えるために、親自身の失敗について子の前で語ってみよう。親自身が失敗の責任を引き受け、今後どうしていきたいかを語ることがたいせつ。
- 問題や目標について子どもと語りあおう。子どもが自分の意見を言えるように、自由に話させよう。同意できなかったとしても、批判しないよう気をつける。むしろ、その考えについてもっと説明してほしいと求める。
- 子どもが疑問に思うことはなんでも尋ねられるように勇気づけたい。

自立的思考を育てる

自立的思考とは、たんに自分の結論に確信をもつことではありません。確かな結論にいたるまでに、どう考えていくかが重要です。情報を集める、集めた情報を評価する、自分の手がとどかない外部の要因や、失敗と成功のどちらもふくむ過去の経験をふまえて検討する。このような批評的な思考を重ねていくことで、自分自身の考えに自信がもてるようになり、それを足場として、自立的に学んだり結論を導き出したりできるようになるのです。

◁ どれもこれも無視できない
さまざまな考えや相反する考えを理解することも、自立的思考には必要だ。

20　成長する

気分のゆれ

思春期のころは、くるくると気分が変わります。体の変化、おとなに近づくことの重圧、周囲と関わるむずかしさ……気分変動の理由はいくらでもあって、なにが原因かを突きとめるのはむずかしいのです。

こちらもどうぞ	
情動と感情	84-85 ▶
不安とうつ	94-95 ▶
親子の関係	174-175 ▶
対立をどうするか	178-179 ▶

思春期の子は、ふきげんになるのも突然なら、あまえてくるのも突然。

変わりやすい気分

予測もつかないような気分のゆれは、思春期の子にとってごくふつうのことです。この気分変動はふいにはじまり、じょじょに終わります。人によっては、気分のゆれに不安を覚えたり、困惑したりするかもしれません。家族のだれかが過剰に反応すると、けんかになることもあります。

気分のアップダウン

楽しくてワクワクする気分だったのに、理由もなく、いきなりうんざりして落ちこむ、ということは思春期にはめずらしくありません。この時期にはだれもがさまざまな感情を経験するものです。なかには強い感情にふりまわされる人もいます。

もの思いにふけることもある。この年ごろには、いろんなことを考え、自分の新しい意見をもつようになる。

なにが自分を幸福な気分にするかを知るのは、自分がなにものかをさぐる手がかりになる。

体も心も変化していく思春期に、うろたえたり迷ったりするのは当然。

ストレスは、自分にとってなにがたいせつかを教えてくれる。ぬかりなくそなえておこうという気にさせてくれる。

体が変化していくとき、他人の目が気になり、気まずさを感じるのはあたりまえ。それは、自分にとって新しい状況なのだから。

怒りや不満とうまくつきあうのはむずかしい。家族とのけんかの原因にもなる。

気分変動の原因

　第二次性徴期における脳の成熟には、領域によって時間差があります。感情や感覚をつかさどる大脳辺縁系は早くから発達します。感情的な反応を調整する前頭前野は、第二次性徴期の終わりごろまで発達しません。大脳辺縁系の発達に前頭前野が追いつくまで、思春期の子は感情に走りやすく、感情をおさえられないことが多いのです。その結果が、気分変動です。

　とはいえ、思春期の脳の発達だけで、気分変動の原因は語れません。第二次性徴期の重苦しさ──新しい環境との出会い、気まずさや気おくれ、仲間からの圧力、高まる期待、試験や人間関係や将来についての不安──そのすべてが思春期の気分変動の原因となりうるのです。（→246ページ）

> **親への手引き**
> ### わが子をささえるために
> ・子どもが極端な感情にとらわれていたら、その底にひそむ思いや原因を見きわめたい。行為のほうに気をとられてしまってはいけない。
> ・気もちを落ちつかせる時間を子にあたえ、親が味方だということを伝える。気もちが落ちついたところで、どんな話題でもいいので親子でたっぷり話しあう。

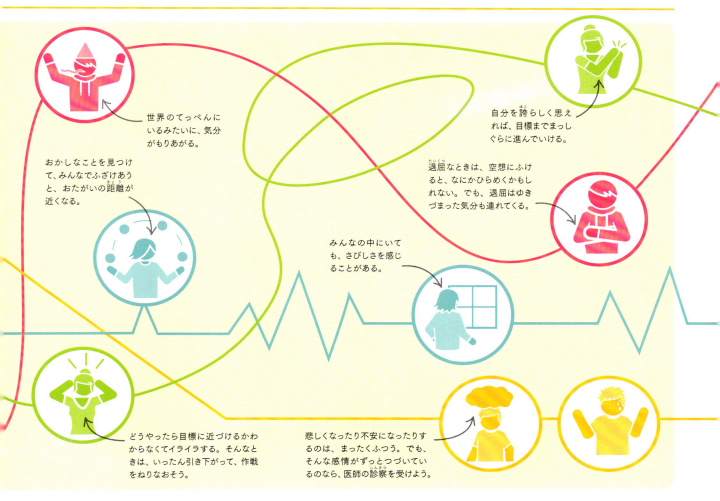

世界のてっぺんにいるみたいに、気分がもりあがる。

おかしなことを見つけて、みんなでふざけあうと、おたがいの距離が近くなる。

自分を誇らしく思えれば、目標までまっしぐらに進んでいける。

退屈なときは、空想にふけると、なにかひらめくかもしれない。でも、退屈はゆきづまった気分も連れてくる。

みんなの中にいても、さびしさを感じることがある。

どうやったら目標に近づけるかわからなくてイライラする。そんなときは、いったん引き下がって、作戦をねりなおそう。

悲しくなったり不安になったりするのは、まったくふつう。でも、そんな感情がずっとつづいているのなら、医師の診察を受けよう。

自己表現

人はさまざまな方法で、自分がどんな人間かを伝えます。外見もそのひとつ。思春期には、どのような見た目をつくるかによって、自分の創造性や個性、仲間とのつながりなどを表現するようになっていきます。

こちらもどうぞ	
◀ 16-17 アイデンティティ	
ジェンダー	24-25 ▶
ボディイメージ	72-73 ▶
自信と自尊心	86-87 ▶

だれのために装うのか

自分の外見を好ましく思うと、前向きになれるし、自信もわきます。外見をほめられて、いっそう自信がふくらむこともあるでしょう。でも、うれしくなるような反応ばかりではありません。残念ながら世の中には、自分たちとちがうことをするのが気に入らない、自分たちとはちがう装いをすることさえ気にいらないという人たちがいるのです。

だから、自分ではなくて、だれかを喜ばせるような服を着る——思春期にはこういうわなにはまりやすい。いちばんよいのは、ほんとうの自分をたいせつにすること、自分の見た目もふくめて、自分に正直であることです。

▷ **好ましい見た目**
自分を表現する、よい気分でいる、自分を受け入れる——この3つは密接につながっている。

△ **新しいことに挑戦しよう**
さまざまな見た目を試してみると、自分はなにが好きかだけじゃなく、自分は人にどう見られたいかがわかってくる。

実験だと思えばいい

どんな外見が自分にふさわしく、よい気分になれるのか、それがわかるまでには時間がかかります。だから、それまでは実験だと思えばいい。思春期は、子どもからおとなへの過渡期——まだ道のり半ばなのだから、いろんな見た目を試してみればいいのです。長い時間をかけてもいいし短い時間でもいい、自分の見た目を試してみましょう。自分自身をもっとよく知ることができるし、周囲の人たちもあなたに対して理解を深めることでしょう。

子どもたちへ
不評に出会ったら

どんな見た目か、どんな服を着ているかに、親が口出ししてくるのはよくあること。それは親にとっては、他人からどう見えるかが気になるから、あるいは、そういう服装をしている人たちはこうだ、と決めつけているからだ。一方きみは、自分の創造性や個性の表現、友だちの高評価のほうに価値をおいている。理想を言うなら、きみの外見がいつも親子げんかの種になることについて、一度冷静になり、おたがいの価値観のちがいについて話しあってみるといい。ちがった立場に身をおくと、ほうっておけないことがあるのかもしれない。

自分らしさを出すために

外見を自分らしくするための方法はたくさんあります。思春期はそれを試してみる、実験してみることができるすばらしい時代です。

服装

着ている服が心地よくて、自分にしっくりくるのなら、きっと見た目もよいはずです。外出着にも普段着にもなるような、しっかりとした質のよい服を何着か見つけましょう。自分の着る服を自分でつくる人たちもいます。服を増やすために、それも賢くて楽しいやりかたです。

ヘアスタイル

長い髪か短い髪か、カーリーかストレートか、ビシッときめるか自然な感じか。ヘアスタイルの選択肢はかぎりなくあります。多くの人は自分に似合うスタイルを見つけると、それをずっとつづけるものですが、なかには、日常的にいろいろ試してみたい人もいるでしょう。文化的／宗教的アイデンティティの表現として、ヘアスタイルを選ぶこともあります。

メーク

メークによって、自分の個性を強調したり、傷あとやソバカスをかくしたりできます。はなやかな感じにも、自然な感じにもできます。メークで見た目に自信がもてることもあります。メークをいろいろ試してみるのは、女子も男子もおなじように楽しいものです。もちろん、メークしないというのも、ひとつの自己表現です。

▽ 個性の強い見た目
タトゥーやピアスなど体を使った表現が、その人のアイデンティティをしめす場合もある。

ピアスとタトゥーについて

耳のピアスから独自性のあるタトゥーまで、体を使った表現は独創的な見た目をつくります。しかし、かんたんにはもとにもどせない怖さも問題点もあります。思春期にはアイデンティティをさぐりながら、自分も、自分の好みも変わっていくものです。ですから、ピアスやタトゥーについては、よくよく考えなければなりません。気もちが動いても、とにかく時間をかけて考えてみることです。

覚えておきたい
さまざまなリスク

ピアス
- 適切な方法をとらないと、神経を傷つけることがある。
- 穴をあけたあとに正しく手入れしないと、化膿することがある。

タトゥー
- 日本のほとんどの都道府県では、18歳未満の若者にタトゥーを入れることは条例で禁じられている。
- 消毒をきちんとしないと、C型肝炎やHIVなどに感染する危険がある。
- 「タトゥーに対する偏見」はまだまだある。就職のさいにマイナス評価になったり、温泉やプールなどの娯楽施設で入場を断られたりする場合がある。
- タトゥーを消すためのレーザーによる施術はものすごく痛いし、しっかり消せるとはかぎらない。

ジェンダー

多くの人が、ジェンダーとは、たんに女か男かの問題だと考えているようです。その人のホルモンや性器や遺伝子によって分けられる生物学的な性別とおなじだと見なされていることもあります。しかし、ジェンダーとはもっと複雑なもので、その人が生まれもった体の構造だけでは決まりません。

こちらもどうぞ	
◀ 16-17	アイデンティティ
◀ 22-23	自己表現
ボディイメージ	72-73 ▶
自信と自尊心	86-87 ▶

ではジェンダーとは？

ジェンダーということばには、大きく分けてふたつの意味があります。まず個人レベルでいうと、ジェンダーとは、その人の生物学的性と、自分はなにものかという自認と、行動様式や外見についての選択――この3つの組み合わせによってできているものです。一方、社会学で言うジェンダーは、どのような見た目であるべきか、どのようにふるまうべきかなど、社会が昔から男女それぞれに求めてきた役割などを指しています。

▽ つまりジェンダーって？
ジェンダーとは、生物学的性と、性自認と、性表現からできているもの。

生物学的性
その人が生まれもった身体的特徴によって決まる性。男性として生まれる人、女性として生まれる人もいれば、どちらでもない間性として生まれる人もいる。間性の人は、生物学的に男性と女性の特徴を両方もっている。

性自認
自分自身をどう思うか、どう感じるか、どう理解するかによって決まる性。ジェンダー・アイデンティティとおなじ。男性でも女性でもない、そのほかのジェンダーを選ぶ人もいる。

性表現
個人がその外見や行動によってジェンダーを表明すること。社会的な性表現と個人的な性自認が一致することもしないこともある。だれといっしょにいるかによって変わることもある。

ジェンダーの広がり

たんに女性か男性かではなくて、ジェンダーをアイデンティティの大きな広がりとして考えましょう。自分のジェンダーをどうとらえているかを表現する方法はたくさんあります。

トランスジェンダー
性自認が、生まれもった性と一致しない。たとえば、男性の体をもって生まれたが、自分を女性と意識する。

シスジェンダー
性自認が、生まれもった性とそれによって文化や社会が期待するものと一致する。

エイジェンダー
男女どちらのジェンダーにも属さない、性がないととらえる。「無性」ともいう。

▷ 多様性（ダイバーシティ）
ここにはとてもあげきれないほど性自認には大きな広がりがある。

ジェンダーの決めつけはごめん

女であるとは、男であるとはどういうことか、女らしいとは、男らしいとはどういうことか。社会はたいてい、こういった問いに対する伝統的な考えをもっていて、その社会に属する人々に一定の行動をうながします。つまり、その考えにふさわしい服を着て、その考えからはみ出さない行動をとるように、それとなく仕向けているのです。でもなかには、そういう考えに適応できない人もいます。そういう人が、社会から白い目で見られてもいいのでしょうか。

社会がジェンダーを幅広く受けとめるなら、みんながもっと豊かに自分を表現できるようになるでしょう。だれだって、社会通念にきゅうくつな思いを味わわなくてすむほうがよいのです――男性でも、女性でも、そのどちらでなくても、そのどちらもであっても。

△ **社会通念に押しつぶされない**
だれだって、ジェンダーの決めつけにしばられるべきじゃない。自分の可能性をつぶしたくないし、自分のことは自分で選びたい。

性別違和感

多くの人は、性自認と生物学的性がおなじです（このような人を「シスジェンダー」と呼びます）。しかしなかには、生まれついての性が、性自認や社会に対して表明したい性と一致しない人がいます。性別違和感とは、体の構造と性自認が一致しないときに感じる心の苦しみのことです。

性別違和感をもつ人は、社会がその人の生物学的性にもとづく性別を押しつけてくることに、たまらない息苦しさを感じているかもしれません。自分が心の内で感じている性と合うように、名前や外見を変える、あるいは体そのものを変えるという決断をする場合もあります。

子どもたちへ
なやんだときには

- ほかの人はどうしているかを調べてみよう。ジェンダーについてどんな経験をして、どんなことを考えているか。きみひとりが疑問をかかえているわけじゃない。
- 信頼できる人に話そう。親友、スクールカウンセラー、支援グループなど。
- うちあけたい気もちが高まり、親がみかたになってくれると感じるのなら、親と自分だけになれる時間を見つけて、話してみよう。親が否定的な反応をしめすのではないかと心配なら、むりに話さなくてもいい。だいじょうぶ、こういうことは時間をかけて。

親への手引き
わが子が助けを求めたら

- 第二次性徴期は、性別違和感に心が動揺しやすい。子の話をよく聞き、子の心配をしっかり受けとめたい。
- 参考になる資料をさがす。本、ウェブサイト、助けになる人に相談して知識を増やす。（→246ページ）
- 子に対して、それはいけないという押しつけを避ける。社会通念にむりやり自分をはめこまなくてもいいのだ、ということを伝えたい。

クエスチョニング
性自認をまださがしているか、自分をどこかに分類するのをためらっている。

ジェンダークィア
男性にも女性にもあてはまらないと感じる。「第三の性」ともいう。性的アイデンティティの広い領域をふくむ。

ジェンダーフルード
性自認が男性か女性かに定まらず、液体のように流動的で、固まることなく変わっていく。

アンドロジナス
女性と男性の特性をほぼ等しくふくんだジェンダー表現のことをいう。

女性の
第二次性徴期

女性の第二次性徴期

第二次性徴ってなに？

生まれつきもっている生殖器のちがいが第一次性徴。第二次性徴は、あとからあらわれる性の特徴です。そして、第二次性徴があらわれる年ごろを第二次性徴期といい、女の子の体は子どもをつくれるおとなの体へと成長します。心も体も大きく変化する、ちょっとたいへんですが、たいせつな人生の一時期です。

こちらもどうぞ	
女性ホルモン	30-31 ▶
体の変化	32-33 ▶
月経周期	36-37 ▶
胸のふくらみ	40-41 ▶

成熟に向かって

男子も女子も、脳内で「性腺刺激ホルモン放出ホルモン（GnRH）」がつくられることから、第二次性徴期がはじまります。このホルモンは、数年にわたって、さまざまな心と体の変化を引き起こし、成熟をうながします。いつやってくるかは人によってちがいますが、おもに起こることはおなじです。なやんだときには、信頼できるおとなに相談しましょう。だれもがみんな、第二次性徴期をくぐり抜けてきたのです。

覚えておきたい
自分の体を信頼しよう

ほとんどの女の子が、第二次性徴期の体の変化にとまどい、意識しすぎてなやむ。でも、これはみんなに起こるあたりまえのこと。もしかしたら、ワクワクするなにかのはじまりかもしれない。

どんなことが起こる？

女子の第二次性徴期は、男子より早くやってきます。おおよそ8歳から14歳のあいだです。そのころに、実にさまざまな変化を経験します。自分の心や体なのにコントロールできないと感じたとしてもおかしくありませんが、体のはたらきについて知っておけば、これから起こることに心のそなえができます。

背が伸びる
第二次性徴期がはじまるサイン。ぐんぐん伸びることもある。

胸がふくらむ
乳首の下にコリコリするものができて、胸がだんだん大きくなる。

陰毛がはえる
性器の上部とまわりにはえた毛が濃く、太くなって、ちぢれた感じになる。

髪がべとつく
髪が脂っぽくなって、まえよりひんぱんに洗う必要が出てくる。

体重が増える
骨密度が高くなり、体の成長に必要なエネルギーをたくわえる皮下脂肪が増える。

第二次性徴ってなに？　29

気もちの変化

　第二次性徴期には、これまでになく、いろんな感情を経験することになります。表に出せない気もちもあるでしょう。傷つきやすい、イライラする、怒りっぽい、人の目がやたら気になる、不安になる。こういった変化はまったくふつうです。でも、自分の感情にのみこまれそうになったときには、友だちや親に、この慣れない感じについて話してみましょう。自分がどんなふうに感じているかを理解し、それについて考えるきっかけになります。

△ 気分変動
この時期には、気分の浮き沈みが激しい。プリプリしていた直後に大笑いすることもある。

△ だれかを思う気もち
だれかに心引かれるようになる。ワクワクするけれど、ちょっと困ったような気もちにもなる。

初経
月経のはじまりは、第二次性徴期のなかで、女の子にとってはおそらくもっとも大きな変化になる。

汗とにおい
汗をかきやすくなり、それが原因となって体臭や足のにおいが強くなる。

わき毛
わきの下に毛がはえてくる。毛はだんだん濃く太くなる。

ニキビ
この年ごろに増えるなやみのひとつ。皮脂のつまった毛穴で細菌が増えて炎症を起こす。

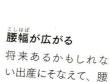

腰幅が広がる
将来あるかもしれない出産にそなえて、腰幅が広がる。

女性ホルモン

ホルモンは、人間の体内でつくられる化学物質です。細胞に指令を送る役割をもち、それぞれのホルモン受容体をそなえた標的細胞にはたらきかけます。

こちらもどうぞ	
◀ 28-29 第二次性徴ってなに？	
体の変化	32-33 ▶
月経周期	36-37 ▶
胸のふくらみ	40-41 ▶

ホルモンの役割

脳でつくられる「性腺刺激ホルモン放出ホルモン（GnRH）」が、おとなになる準備をするように指令を出すことで、第二次性徴期がはじまります。GnRHは、女性と男性、それぞれにとって主要な性ホルモンの分泌をうながします。女性ではエストロゲン、男性ではテストステロンです。これらのホルモンは、ほかのいくつかのホルモンといっしょに、第二次性徴の発達段階を調整します。

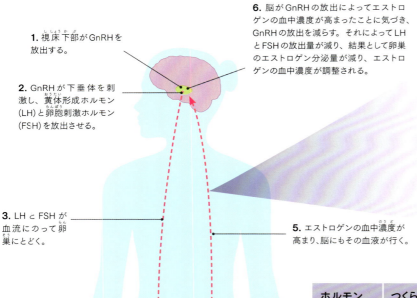

1. 視床下部がGnRHを放出する。
2. GnRHが下垂体を刺激し、黄体形成ホルモン（LH）と卵胞刺激ホルモン（FSH）を放出させる。
3. LHとFSHが血流にのって卵巣にとどく。
4. 卵巣に達したLHとFSHが、エストロゲンの分泌と卵胞の発育をうながす。
5. エストロゲンの血中濃度が高まり、脳にもその血液が行く。
6. 脳がGnRHの放出によってエストロゲンの血中濃度が高まったことに気づき、GnRHの放出を減らす。それによってLHとFSHの放出量が減り、結果として卵巣のエストロゲン分泌量が減り、エストロゲンの血中濃度が調整される。

▽ **ホルモンを運ぶ血流**
内分泌腺から放出されたホルモンが血管を通って体じゅうに運ばれ、特定の細胞を刺激し、変化をうながす。

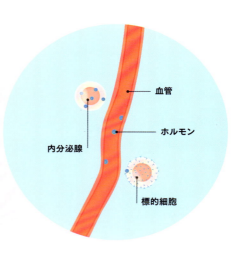

ホルモン	つくられる場所	体へのはたらき
GnRH	脳の視床下部	脳の下垂体を刺激し、LHとFSHの放出をうながす
LHとFSH	脳の下垂体	卵巣にエストロゲンの分泌をうながし、卵子を育てる
エストロゲン	卵巣	胸を発育させる、初経をうながすなど、第二次性徴期のさまざまな変化に関わる

◁ **フィードバック機構**
体内のホルモン量は、フィードバック機構によって調節されている。ホルモンの血中濃度が、そのホルモンを増やすか減らすかを脳に伝える信号の役割をはたす。

たいせつな女性ホルモン

エストロゲン（卵胞ホルモン）とプロゲステロン（黄体ホルモン）が、2つの主要な女性ホルモンです。それぞれが分泌量を変えながら、第二次性徴期の体の変化をうながし、月経周期を調整します。

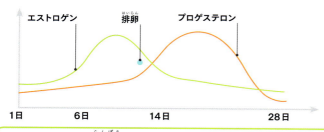

エストロゲン（卵胞ホルモン）

第二次性徴期に大きな役割をはたす女性ホルモン。卵子を発育させ、排卵をうながす。子宮内膜にはたらきかけ、受精にそなえて血液や栄養をたくわえさせる。胸がふくらむ、体が丸みをおびる、陰毛がはえるなどの、さまざまな第二次性徴に関わっている。初経からあとは、プロゲステロンとともに月経周期を調整する。

プロゲステロン（黄体ホルモン）

男女ともに幼少期にも、ごく少量のプロゲステロンが分泌されている。女性の場合、初経からあとは月経周期を調整する。プロゲステロンによって、子宮内膜はさらに受精卵が着床しやすい状態になる。卵子が受精しない場合は分泌量が下がり、子宮内膜がはがれて排出され、月経がはじまる。

男女共通のホルモン

女性ホルモンと呼ばれるエストロゲンとプロゲステロン、男性ホルモンと呼ばれるテストステロンですが、実はどのホルモンも男女それぞれの体内でつくられています。ただ、その量が大きくちがうのです。一生を通じて、女性もわずかにテストステロンを、男性もわずかにエストロゲン、プロゲステロンをつくりつづけます。女性においてテストステロンは、骨量や筋肉量を維持するためにはたらきます。男性においてエストロゲンは、体脂肪を調整するためにはたらきます。分泌するホルモンの量は人によってちがい、一生のあいだにも変化していきます。

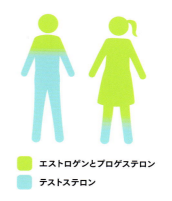

■ エストロゲンとプロゲステロン
■ テストステロン

△ **ホルモン値のちがい**
女性は男性の2倍のエストロゲンとプロゲステロンを体内でつくるが、テストステロンは男性の約10分の1に過ぎない。

そのほかのホルモン

ホルモンのはたらきは第二次性徴をうながすだけではありません。性別に関わりなく、体内ではさまざまなホルモンがそれぞれの役割をになって、身体機能を調整したり連携させたりするためにはたらいています。

すこやかな体を保つ

- 抗利尿ホルモンは、利尿をおさえて、体内の水分量を調節する。
- メラトニンは、夜に眠り昼は起きているという体内リズムをつくる。
- チロキシンは、体が食物を代謝する速度を決める。

食と消化を管理する

- レプチンは、食後に満腹感をもたらすことで食欲をおさえる。
- ガストリンは、食物を消化分解するための胃酸の分泌をうながす。
- インスリンとグルカゴンは、食べたあとに血液中に増える糖の量を調節する。

ストレスに対処する

- アドレナリンは、ストレスを受けたとき、脈拍を上げて、活力を生む。
- コルチゾールは、ストレスを受けたとき、体温、血圧、血糖値を上げて、生体の防御機能を高める。
- オキシトシンは、不安をやわらげ、信頼感を高めて、人とのきずなをつくる。

32　女性の第二次性徴期

体の変化

　第二次性徴期は、内側からも外側からも体が変化する時期です。だれもが第二次性徴期を経験しますが、その経験には人それぞれの個性があります。

こちらもどうぞ	
◀ 28-29	第二次性徴ってなに？
◀ 30-31	女性ホルモン
月経周期	36-37 ▶
胸のふくらみ	40-41 ▶

どんなことが起こる？

次にあげるのは、女の子の第二次性徴期のおもな変化です。その変化がいつはじまるのかは人によってちがいます。

▽ 学童前期（5−7）　　▽ 学童後期（8−12）　　▽ ティーンエイジ（13−19）　　▽ おとな

身長が伸びる

背がぐんと伸びるのは、第二次性徴がはじまるサインのひとつ。だいたい9歳から15歳のあいだですが、いつ、どれだけ伸びるかには個人差があります。

胸がふくらむ

小さくてコリコリしたものが乳首の下にできるのが最初です。「胸のつぼみ」とも呼ばれます。だいたい9歳から10歳くらいのあいだです。それから胸は時間をかけて大きく丸くなっていきます。

わき毛がはえる

わきの下に毛がはえ、だんだん濃く太くなっていきます。わき毛を処理する人もいますが、自分の好みで決めましょう。

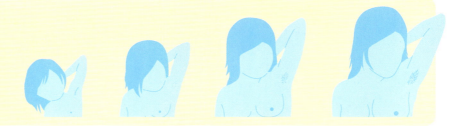

腰幅が広くなり、陰毛がはえる

腰幅が広くなり、おしりやももに皮下脂肪がついて丸みのある体つきになります。性器を守るために陰毛がはえて、しだいに長く、密になります。

体の変化　33

急激な成長

　11歳から15歳までのあいだに、女子の身長は平均すると1年につき約2.5センチ伸びます。このような成長期には、さまざまなタイミングで、体のあちこちに変化があらわれます。手や足がまず大きくなり、次にうでや脚が伸びます。せきついをふくむ上半身の成長は最後になります。

　このような各部分の発育のばらつきが、思春期特有のぎこちなさを生み出します。筋肉はなんとかして全身のバランスを保とうしますが、脳の空間認識をつかさどる領域は、新しい体の比率になかなかなじめないのです。

第二次性徴期の問題

　女子に第二次性徴があらわれる平均年齢は11歳ですが、おおよそ8歳から14歳までのどこかと考えればよいでしょう。第二次性徴が8歳より早くあらわれたとしたら、それは「思春期早発症」かもしれません。病院で診察を受け、どんな要因で第二次性徴がはじまったのかを調べてもらいましょう。早くから急に成長すると、早くに成長が止まり、身長が伸びきらないままおとなになる可能性があります。それとは反対に、14歳を過ぎてもなんの第二次性徴もあらわれないようなら、医療機関のアドバイスを受けましょう。
（→246ページ）

▷ 人それぞれだけど
自分の第二次性徴のあらわれが人とちがうようで心配なときは、病院で診察を受ける。それで安心できることもある。

体への信頼を育てる

　外見に多くの変化が起きているとき、心のなかで自分の体への信頼を保っていられるかどうかは重要です。たいせつなのは、ほかの人になにが起きているかを気にしすぎないこと。おとなになっていく過程は、人それぞれちがいます。

> 子どもたちへ
> ### 変化を受け入れる
> - 体があるからこそ、ワクワクするような活動に参加できる。自分の体がどう見えるかではなく、それを使ってなにができるかに気もちを向けよう。
> - 友だちに話しかけるみたいに、自分をはげまそう。自分をほめてみる。自分のことを自分でけなさないこと。
> - いい気分になれる服を選ぼう。自分の体でどこが気に入っているかについて考えてみるのもいい。

△ 前向きでいこう
体を使ってできるすばらしいことについて考えてみよう。
踊ること、走ること、歌うことなど、たくさんある。

> 親への手引き
> ### わが子をささえるために
> - 人生の多感なこの時期に、子どもが前向きにのぞめるように、おとなになっていくことに自尊心がもてるように導きたい。
> - 思春期の子が必要とする情報や役立つものをあたえることは、子どもが体に起こるさまざまな変化にそなえ、それを快適に乗り切っていくための助けになる。
> - 思春期の体に関する話題を切り出すのにとまどったとしても、これだけは子どもに伝えておきたい——自分の体をありのままに受け入れ、たいせつにすることが、すこやかな人生をつくる。

34　女性の第二次性徴期

女性の生殖器

　女性の生殖器はおもに2つの重要な機能をもっています。まず、卵巣は生殖に必要な卵子をたくわえており、定期的に放出します。これを排卵といいます。一方、子宮は妊娠期に赤ちゃんのベッドとなって、出産するまで育てます。

こちらもどうぞ
◀ 28-29　第二次性徴ってなに？
◀ 30-31　女性ホルモン
◀ 32-33　体の変化
月経周期　　　　　　　　36-37 ▶

内性器

　内性器とは、体の内部にあって外からは見えない生殖器のことです。女性の場合は、子宮、膣（ヴァギナ）、そして2つの卵巣で、膀胱と直腸に前後をはさまれた場所にあります。それぞれの機能を知ることで、女性の体のしくみについて、また、女性になぜ月経があるのかについて理解できるでしょう。

覚えておきたい
おりものについて
　第二次性徴期になると、女の子は下着に透明な、あるいは白っぽいか黄色っぽいネバッとした液体がついているのに気づくはず。これが「おりもの」だ。おりものは、膣に菌が侵入するのを防いだり、膣の粘膜を乾燥から守ったりするはたらきをもっている。ただし、おりものの色が変わる、くさくにおう、膿のようなものがまじるときは診察を受けよう。

▽**内性器**
内性器のおもな役割は生殖活動。

子宮
縦に7.5センチ、横に5センチくらいの大きさ。女性の生殖細胞、つまり卵子が受精すると、子宮は受精卵を守り、赤ちゃんとして産めるようになるまで育てる。

卵管
およそ10センチの管状の器官。卵管が左右の卵巣と子宮をつないでいる。

卵巣
生まれたときから卵巣の中には一生分のたくさんの卵子がたくわえられている。第二次性徴期からあとは、およそ28日間に1個の卵子が卵巣から放出され、卵管を通って子宮まで送られる。

子宮内膜
妊娠にそなえて約1ヵ月ごとに子宮の内壁が厚くなり、血液や栄養をたくわえる。月経周期とともにくり返される。

子宮頸部
子宮の入り口。伸縮性があり、出産のときには赤ちゃんが通れるように広がる。

膣（ヴァギナ）
子宮と陰門をつなぐ、筋肉でできた管状の器官。

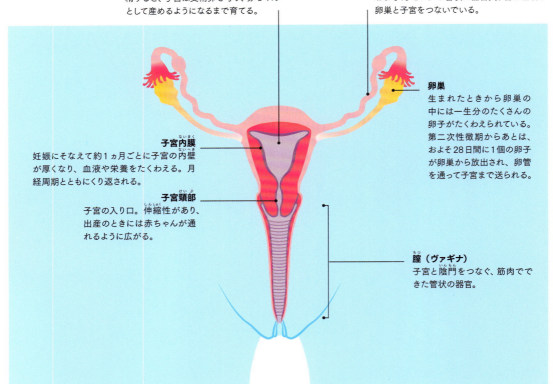

女性の生殖器 35

外性器

両脚のあいだに外から見える性器のことで、陰門とも呼ばれます。外性器の形、大きさ、色は千差万別です。ひとつとしておなじものはないので、自分の外性器はまともじゃないなんて心配する必要はまったくありません。

覚えておきたい
処女膜って？

処女膜とは、膣の入り口をおおう粘膜のひだ。女性には生まれつき処女膜があるが、時の経過とともに膜は薄くなる。スポーツで損傷することもある。そうでない場合でも、第二次性徴期になると、ホルモンの影響で処女膜の弾性が高まる。完全に入り口をおおう膜ではなく、子宮からの分泌物や経血も通過できるような穴があいているのがふつう。

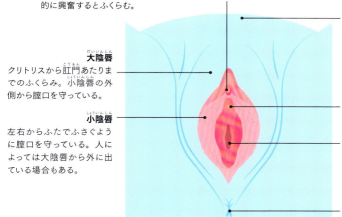

クリトリス
外からは包皮につつまれた突起しか見えないが、内部にも深く入りこんだ、見た目よりも大きな組織。突起部分には神経終末が集まっていて、性的に興奮するとふくらむ。

大陰唇
クリトリスから肛門あたりまでのふくらみ。小陰唇の外側から膣口を守っている。

小陰唇
左右からふたでふさぐように膣口を守っている。人によっては大陰唇から外に出ている場合もある。

恥丘
恥骨をおおうふっくらとした脂肪の層。第二次性徴期のはじまりからあとは陰毛でかくされている。

尿道口
膀胱とつながっていて、ここから尿（おしっこ）を出す。

膣口
膣（ヴァギナ）、子宮へとつながる入り口部分。伸縮性があり、セックスや出産のときには広がる。

肛門
おしりの2つの山の谷間にある直腸の出口で、ここから大便を出す。生殖器の近くにあるが、肛門は生殖器ではない。

◁ **陰門**
女性の体の外から見える生殖器をさすことば。陰門には神経終末が集まっていて、性的興奮をもたらす役割もある。

形と大きさ

生殖器の形や大きさは、ひとりひとりちがっています。小陰唇が大陰唇より大きい場合もあります。クリトリスの大きさも人それぞれです。

ばい菌から守る

清潔にしておくことが性器を感染から防ぎます。トイレで排便したあと、前からうしろに向かってトイレットペーパーを使うようにしましょう。肛門のばい菌が膣に入らないようにするためです。会陰部を毎日洗い、しっかり水気をふきましょう。下着はいつも清潔なものを身につけましょう。膣には菌を寄せつけない自浄作用というはたらきがあるので、中まで洗う必要はありません。

子どもたちへ
鏡を使って

鏡を使って脚のあいだをのぞいてみよう。自分の外性器がどんなふうにできているかがわかる。いつもの状態を知っていれば、なにか変化があったとき、自分で気づくことができる。

36　女性の第二次性徴期

月経周期

月経は、女性の体が赤ちゃんをつくる準備をするためにくり返されます。月経の第1日から次の月経がはじまる前日までが、ひとつの周期です。

こちらもどうぞ	
◀ 28-29	第二次性徴ってなに？
◀ 30-31	女性ホルモン
◀ 34-35	女性の生殖器
月経の手当て	38-39 ▶

月経のしくみ

女性ホルモン、エストロゲンとプロゲステロンが月経周期を調整しています。2つのホルモンの分泌量が増えたり減ったりして周期がめぐります。ひとつの周期は大きく4つに分かれます。全体で、平均すると28日周期ですが、人によって21日から35日ぐらいまで開きがあります。

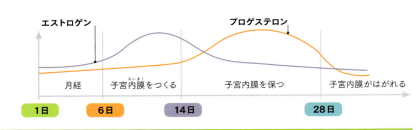

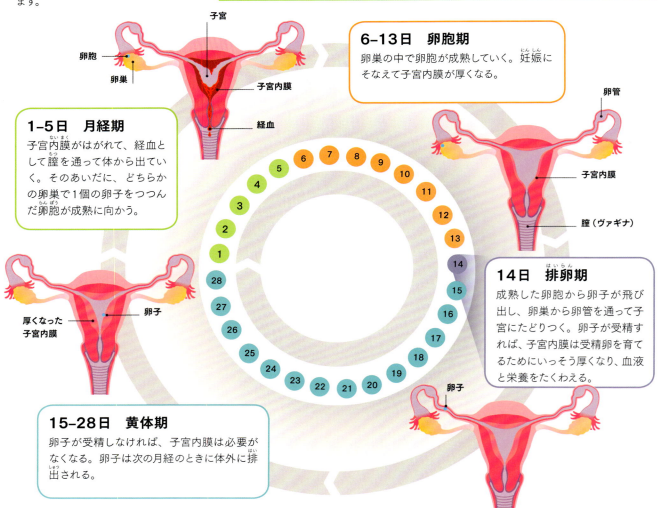

1–5日　月経期
子宮内膜がはがれて、経血として膣を通って体から出ていく。そのあいだに、どちらかの卵巣で1個の卵子をつつんだ卵胞が成熟に向かう。

6–13日　卵胞期
卵巣の中で卵胞が成熟していく。妊娠にそなえて子宮内膜が厚くなる。

14日　排卵期
成熟した卵胞から卵子が飛び出し、卵巣から卵管を通って子宮にたどりつく。卵子が受精すれば、子宮内膜は受精卵を育てるためにいっそう厚くなり、血液と栄養をたくわえる。

15–28日　黄体期
卵子が受精しなければ、子宮内膜は必要がなくなる。卵子は次の月経のときに体外に排出される。

月経周期　37

準備しよう

女の子にはじめての月経——初経がおとずれるのは、おおよそ12歳ぐらいで、それより早いこともおそいこともあります。初経のことが心配になるのは当然ですが、信頼できるおとなと話してみると、心のそなえができたように感じられるものです。下着におりもの（白っぽい、または黄色っぽいネバッとした液体）がついているのに気づくようになったら、生理用ナプキンとかえの下着を手もとに用意しておきましょう。おりものは、初経がまもなくはじまるというしるしです。

覚えておきたい
どんなことが起こる？

- おおよそだけど、初経がくるのは胸がふくらみはじめて約2年後、陰毛がはえはじめて約1年後と覚えておこう。
- 血がいきなりドバッと出るわけじゃない。それどころか、最初は気づかない子もいるほど。下着にほんの少し血のしみがついているぐらいの感じだと思えばいい。
- 月経は3日から7日間つづく。そのあいだに流れ出る経血の量は、多いように感じるかもしれないけれど、実際にはほんの少し——テーブルスプーン3〜5杯くらい。
- 経血の色は、あざやかな赤、暗い赤、茶色などいろいろで、子宮からはがれ落ちた子宮内膜でできている。
- 自分から言わないかぎり、いま月経だということはだれにもわからない。

気分の浮き沈み

月経が近づくと、気がめいったり感情が高ぶったりするのは、まったくふつうのことです。人によっては体がむくんだり、胸や腰が痛くなったり、おなかが引きつるように痛くなったりします。こういった症状は月経前症候群（PMS）と呼ばれ、ホルモンバランスの変化によって起こります。PMSは月経の10日から2週間前にはじまりますが、その期間も症状も人それぞれです。つらいときには痛み止めを飲む、湯たんぽでリラックスする、体の不快感をやわらげてくれるような運動をするのもよいでしょう。

▷ いい気分になれる脳内化学物質
運動すると、「天然の痛み止め」とも呼ばれる脳内化学物質、エンドルフィンが放出されて、気分が上向きになる。

覚えておきたい
月経前症候群（PMS）

PMSをやりすごすためのいくつかの方法
- 自分がいまどんな感じなのかを周囲の人にわかってもらう。
- 健康的な食事をして、夜よく眠る。
- いつものように動く、運動もする。
- PMSに気分が影響されているのだと自覚する。
- 症状が深刻なら、診察を受ける。

月経不順

初経から最初の2年ほどは、毎回の経血量がちがったり周期が乱れたりしますが、時がたつにつれ、月経周期は安定していきます。

ただし、まえは周期が安定していたのに突然月経がこなくなった、いつもとはくらべものにならないくらい痛い、経血の量が突然増えた——そんなときには診察を受けましょう。もしもセックスをして、月経がこなくなったのなら、妊娠している可能性があります。

△ 記録しよう
手帳やスマホやカレンダーに月経があった日と、次にくるはずの日を書きこんでおくと便利。

人生を楽しむために

不快な気分になることもありますが、月経だからといって、あれもいけないこれもできないではつまらない。手当てをきちんとすれば、だれもが安心して、大好きな趣味や活動に取り組むことができます。

月経の手当て

月経のあいだ女性が快適に過ごせるように、さまざまな「生理用品」がそろっています。種類はいろいろありますが、要するに、流れ出る経血をうまく処理して捨てるための方法がくふうされているわけです。

こちらもどうぞ	
◀ 28-29	第二次性徴ってなに？
◀ 30-31	女性ホルモン
◀ 34-35	女性の生殖器
◀ 36-37	月経周期

自分にとって使いやすいものを

経血を処理する方法はさまざまですが、初経を迎えた女の子の多くが、最初は生理用ナプキンを使うことでしょう。そのままナプキンを使いつづける人もいれば、べつの生理用品を、たとえばタンポンを試してみる人もいます。どれを選んでも、使いこなすには慣れが必要です。まわりのおとなや友だちに、どれが使いやすいかを尋ねてみるのもよいでしょう。

気をつけよう！
正しい捨てかた

生理用ナプキンは経血のついたほうを内側にして丸め、次のナプキンのラップでつつむ。タンポンはトイレットペーパーでつつむ。どちらもトイレにそなえつけのゴミ箱へ。生理用品はけっして便器に捨てないこと。

◁ **いろんな種類がある**
自分にとって快適で便利な生理用品を見つけよう。

ナプキン

ナプキンは、吸収力のある素材が経血を吸いとり、肌がべとつかないようにして、月経の不快感をやわらげてくれます。また衣類がよごれるのを防ぎます。その日の服装や活動、経血が多いか少ないか、昼か夜かなど、状況と必要によって使い分けましょう。洗ってくり返し使える布製ナプキンを選ぶ人もいます。

▽ **ナプキンをつける**
ナプキンの裏側に粘着テープがついている。シールをはがしてショーツに貼りつける。

△ **パンティーライナー**
「ライナー」「おりものシート」などとも呼ばれている、おりものが多いときに使うナプキン。月経の手当てをするための生理用品ではない。

△ **基本のナプキン**
パンティーライナーより厚みがあり、経血をしっかりと吸収する。少ない日には短くて薄いタイプ、ふつう／多い日には長くて厚めのタイプを。

△ **羽つきナプキン**
両側に粘着テープつきの羽がついている。ショーツの表面に羽を折り返して貼りつける。ずれにくいので、よく動くときには便利。

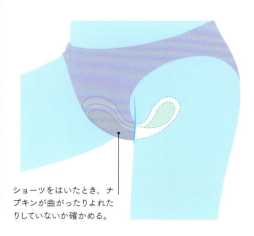

ショーツをはいたとき、ナプキンが曲がったりよれたりしていないか確かめる。

月経の手当て　39

タンポン

　やわらかな素材を小さく円筒状にまとめた生理用品がタンポンです。膣の中に入れて、経血を吸収させます。かならず4～6時間ごとに取りかえましょう。軽い日、ふつうの日、重い日によって、サイズや吸収力のちがうものを使い分けます。

覚えておきたい
トキシックショック症候群（TSS）

ごくまれにしか起こらないが、TSSはインフルエンザのような高熱、発疹・発赤、下痢などの重い症状を引き起こす。原因は、タンポンを使うことで膣内に増殖したバクテリア、黄色ブドウ球菌が生みだす毒素だ。TSSにならないためには、タンポンは4～6時間ごとにかえる。タンポンを入れるときも取り出すときも、手指をしっかり洗う。製品の「使用上の注意」に書いてあることを守るようにする。

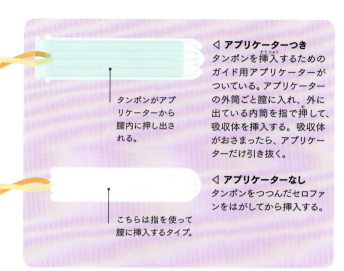

◁ **アプリケーターつき**
タンポンを挿入するためのガイド用アプリケーターがついている。アプリケーターの外筒ごと膣に入れ、外に出ている内筒を指で押して、吸収体を挿入する。吸収体がおさまったら、アプリケーターだけ引き抜く。

◁ **アプリケーターなし**
タンポンをつつんだセロファンをはがしてから挿入する。

こちらは指を使って膣に挿入するタイプ。

タンポンがアプリケーターから膣内に押し出される。

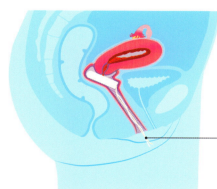

◁ **タンポンを入れる場所**
子宮頸部に近い、膣の奥のほうに入れる。

タンポンについたひもを引いて取り出す。

月経カップ

　月経カップは、やわらかなシリコンでできた、くり返し使える生理用品です。膣内に装着しますが、タンポンのように経血を吸収するのではなく、このカップに経血をためておきます。月経のあいだ、4～8時間ごとに中身を捨てて、すすいで、また装着することをくり返します。月経が終わったら、無香料の石けんと水で洗って、清潔な場所に保管します。カップの大きさを決めるのは、経血量よりも、使う人の年齢や、赤ちゃんを産んだ経験があるかないかです。

こっちがほんと
月経の手当ての真実

タンポンや月経カップを使っても、処女であることに変わりはない。 処女とは、セックスを経験していない女性のこと。
タンポンや月経カップが膣から消えるなんてありえない。 子宮に吸いこまれるなんてうそ。子宮頸部は、タンポンや月経カップが通り抜けるにはせますぎる。

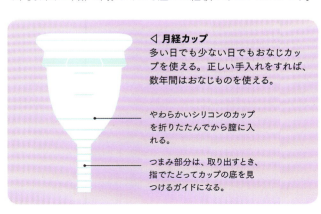

◁ **月経カップ**
多い日でも少ない日でもおなじカップを使える。正しい手入れをすれば、数年間はおなじものを使える。

やわらかいシリコンのカップを折りたたんでから膣に入れる。

つまみ部分は、取り出すとき、指でたどってカップの底を見つけるガイドになる。

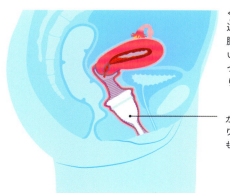

◁ **月経カップの位置**
違和感がないかぎり、膣内のできるだけ低い位置に装着する。つまみ部分がぎりぎり膣にかくれるぐらい。

カップが膣の壁にしっかりと貼りついて、経血がもれるのを防ぐ。

女性の第二次性徴期

胸のふくらみ

女の子の胸がふくらみはじめる年齢は、おおよそ9歳から13歳のあいだです。その後、5～6年は成長がつづきます。胸の発達が待ちきれないという人もいるでしょう。でも、体の変化にとまどったり、居心地の悪さを感じたりする人だっているかもしれません。

こちらもどうぞ	
◀ 28-29	第二次性徴ってなに？
◀ 30-31	女性ホルモン
◀ 32-33	体の変化
ブラを選ぼう	42-43 ▶

乳房のはたらき

乳房は、乳腺と脂肪でできています。胸部の大胸筋によってささえられ、わきの下までつながっています。第二次性徴期に女性ホルモンであるエストロゲンの分泌量が増えると、胸も大きく丸くなっていきます。

乳房のおもな役割は、母乳をつくり、赤ちゃんの栄養源であるお乳をあたえること、いわゆる授乳です。母乳が出るしくみには、オキシトシンというホルモンが関わっています。赤ちゃんがおかあさんの乳首を吸うことで、オキシトシンが分泌され、それによって、乳房にはりめぐらされた乳管が乳腺でつくられるお乳を集めるのです。こうして、乳首のいくつもの小さな穴からお乳が噴出します。

子どもたちへ
自分のおっぱいを好きになる

乳房や乳首に、「ふつう」はない。みんな、形がちがうし、大きさも、色もちがう。いろんなおっぱいがあってあたりまえ。どんなふうであろうと、自分のおっぱいを好きになってあげよう！

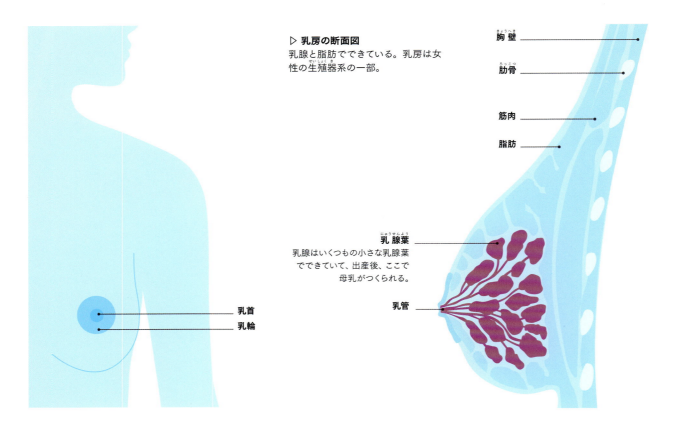

▷ 乳房の断面図
乳腺と脂肪でできている。乳房は女性の生殖器系の一部。

胸壁
肋骨
筋肉
脂肪
乳腺葉
乳腺はいくつもの小さな乳腺葉でできていて、出産後、ここで母乳がつくられる。
乳管
乳首
乳輪

胸のふくらみ　41

乳房の発達

乳首と乳輪の下あたりに、小さなコリコリしたものができる。「胸のつぼみ」とも呼ばれる、第二次性徴期がはじまるサインのひとつです。あらわれるのは、だいたい9〜10歳。女性ホルモンのひとつ、エストロゲンの分泌量が増えることによって起こります。最初は、コリコリしたものを押すと痛かったり、敏感になってヒリヒリしたりします。でも、痛みはそのうちになくなります。

時間をかけて、乳腺や脂肪組織が発達していき、乳房は大きく丸くなります。乳輪の色が濃くなり、乳首が外に出てくることもあるでしょう。

△ 発達の段階
乳房の成長は、女性ホルモンであるエストロゲンによって起こる。

よくある心配

自分の胸や、その見た目のことが気になるのは、よくあることです。ここに、思春期の女の子が心配しやすいことをあげておきます。

発育の時期
それぞれの人に成長のタイミングがある。成長の早い/おそいで、おとなになったときの乳房の見た目が変わるわけじゃない。

左右の形がちがう
成長するにしたがい、だいたいおなじ大きさになっていく。でも、おとなになっても、完全に左右対称の乳房のほうがめずらしい。

胸の痛み
月経がはじまる直前に胸の痛みを感じる人がいる。そういう痛みは月経がおとずれるとともに引いていく。

へこんだ乳首
乳房の中に乳首が陥没しているのを気にする人がいる。そのうち出てくるかもしれないし、そうはならないかもしれない。でもそれについては心配しなくていい。

乳首のまわりの毛
乳首のまわりに毛がはえるのはまったく自然なこと。見た目が気になるなら、抜いてしまってもかまわない。

乳房の皮膚の線
乳房の発達に皮膚が引っ張られ、乳房に線状のすじがあらわれることがある。「線状皮膚萎縮」、「肉割れ」ともいう。時間をかけて薄くなっていく。

自分でチェック

思春期の女の子もおとなの女性も、定期的に自分の胸を調べて、月経周期によってどんなふうに変化するかを知っておきましょう。いつもとはちがう痛みや乳首からの分泌物があったら、できるだけ早く医師の診察を受けましょう。セルフチェックの方法はいろいろあります。興味があったら調べてみてください。(→246ページ)

1. 鏡の前に立ち、両方の乳房を見て、形、大きさ、左右のバランスに変化がないかを見る。

2. 頭のうしろに両手をあて、胸の筋肉に力を入れた状態で、へこみやひきつれ、皮膚や乳首の異状、分泌物がないかを観察する。

3. 両手を腰にそえ、少しだけ前に腰をかがめた状態で、目に見える変化がないかを調べる。

4. あおむけで、うで枕をして、片方の手でそれぞれの乳房を、円をえがくように指の腹で軽く押しながら調べていく。乳首、わきの下も調べる。

ブラを選ぼう

　ブラジャーで胸をささえて守ることで、思春期の女の子もおとなの女性も、より快適な状態で毎日を過ごせます。ブラジャーにはいろんな種類、色、デザインがあります。

こちらもどうぞ	
◀ 28-29	第二次性徴ってなに？
◀ 32-33	体の変化
◀ 40-41	胸のふくらみ
ボディイメージ	72-73 ▶

サイズを知ろう

　ブラジャーは、サイズを正しく選べているかどうかが、とてもたいせつです。サイズが合っていないと姿勢を悪くし、背中の痛みの原因にもなります。自宅でもブラのサイズを測ることはできますが、しっかりとフィットするブラを選ぶためには、お店に行って、専門のフィッターさんに測ってもらうのがいちばんです。おどおどしてしまうかもしれませんが、だいじょうぶ。フィッターさんはこれまでにも、たくさんの人の最初のブラを選んできたのです。理解ある態度で、親切に対応してくれます。

▷ **測ってみよう**
フィットするブラを選ぶためには、2カ所の計測が必要。

トップ・バスト
胸のふくらみのいちばん高いところを1周させて測る。

アンダー・バスト
胸のふくらみのすぐ下を1周させて測る。

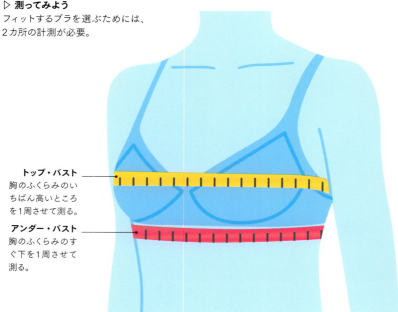

トップ・バスト
ふくらみのいちばん高いところを測る。乳首の上をメジャーが通るようにする。メジャーが背中でゆるまないように、床と平行になっていることを確認。測定値を書きとめる。

アンダー・バスト
ふくらみのすぐ下、ぎりぎりのところにメジャーを回して測る。このときも、メジャーが背中でゆるまないように、床と平行になっていることを確認する。測定値を書きとめる。

カップのサイズ
トップ・バストとアンダー・バストの差でカップのサイズが決まる。

AAA＝約5センチ
AA＝約7.5センチ
A＝約10センチ
B＝約12.5センチ
C＝約15センチ
D＝約17.5センチ

親への手引き
子といっしょに決める

はじめてのブラをつけることについて、子どもの心にはいろんな思いが入りまじっている。話題を切り出すときは、心づかいを忘れずに。親が口を出しすぎたり、あるいは子にまかせすぎたりするよりは、ブラを選ぶのをどこまで助けてほしいかを子に尋ねるほうがよい。

いつからつける？

　ブラをはじめてつける年齢は平均すると11歳くらいですが、胸の発達には個人差があります。胸がふくらみはじめて敏感になっているから守るものがほしい、スポーツするのに胸が気になる——そんなときがきたら、最初のブラ選びを考えてみましょう。はじめてのブラとしてつくられた「ファースト・ブラ」や「ブラトップ」は、まだそんなにふくらんではいないけれど、ブラに慣れておきたい人に向いています。(→246ページ)

ブラを選ぼう　**43**

しっかりフィットするものを

　胸と背中をすこやかに守るためにも、フィットしたブラを選びましょう。体の一部のように感じられて、毎日を快適にしてくれるブラが理想的。ホルモンの変化によって、妊娠期や更年期にも胸の大きさは変化します。人生を通じて、なんどもサイズを測りなおしていくことがたいせつです。

▷ 正面のフィット感

- カップはゆるくもなく、きつくもないこと。
- アンダー・バスト部分が心地よく胸にそうように。肉にめりこんでいないこと。
- カップと胸のあいだにすきまがない。

▷ 背中のフィット感

- ストラップがずり落ちない。でも、きつすぎず、ゆるすぎず。
- 背中のホックは、いちばん外側のホックでちょうどいいサイズを選ぶ。使ううちにブラが伸びたら、ホックを内側にずらしていく。
- ストラップの長さは調整できる。
- サイドベルトが背中で水平になるように。

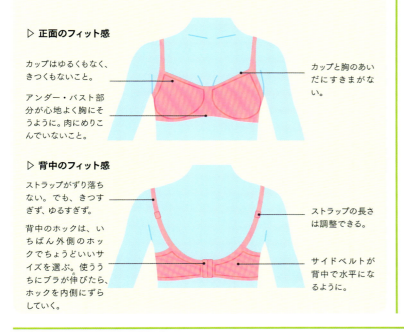

うまくフィットしないと

　70〜80パーセントの女性が、まちがったサイズのブラをつけているという調査結果があります。サイズの合っていないブラは、胸をつつんで守るという本来の役割をはたせません。

◁ **ストラップがきつすぎる**
ブラの背中が水平にならないで、もちあがってしまう。ストラップの長さを調整する必要がある。

◁ **はみ出す**
胸がカップの中におさまっていない。もっと大きめのカップを選べば、胸をすっぽりとつつめるはず。

◁ **カップが浮いている**
胸とブラのカップのあいだにすきまがある。もっと小さいサイズを選んだほうがいい。

ブラの種類

　つける人の必要に応じて、さまざまな種類のブラが用意されています。最初からぴったりのブラを選ぶのはむずかしく、どれを選んだらよいかとまどうことでしょう。そんなときは、信頼できる人に相談して、助けてもらいましょう。

ファースト・ブラ／ブラトップ

胸がふくらみはじめたけれど、本式のブラはまだちょっと早い、という女の子向き。胸の部分が二重になっていて、丈の短いタンクトップのような感じ。

ワイヤー入り

カップの下に入ったワイヤーが胸をしっかりとささえ、形を整える。

スポーツ・ブラ

上のほうまで胸をすっぽりおおって、しっかりささえる。運動するときに乳房がゆれる不快感が小さくなる。

ワイヤーなし

ワイヤーの入っていないソフトカップ・タイプ。日常的につけるのに適している。

男性の
第二次性徴期

第二次性徴ってなに？

生まれつきもっている生殖器のちがいが第一次性徴。第二次性徴は、あとからあらわれる性の特徴です。そして、第二次性徴があらわれる年ごろを第二次性徴期といい、男の子の体は子どもをつくれるおとなの体へと成長します。心も体も大きく変化する、ちょっとたいへんですが、たいせつな人生の一時期です。

こちらもどうぞ	
男性ホルモン	48-49 ▶
体の変化	50-51 ▶
精巣	52-53 ▶
ペニス	54-55 ▶

成熟に向かって

男子も女子も、脳内で「性腺刺激ホルモン放出ホルモン（GnRH）」がつくられることから、第二次性徴期がはじまります。このホルモンは、数年にわたって、さまざまな心と体の変化を引き起こし、成熟をうながします。いつやってくるかは人によってちがいますが、おもに起こることはおなじです。なやんだときには、信頼できるおとなに相談しましょう。だれもがみんな、第二次性徴期をくぐり抜けてきたのです。

覚えておきたい
自分の体を信頼しよう

第二次性徴期の体の変化にとまどい、意識しすぎてしまうのは、ふつうのこと。心配しなくていい——これはみんなに起こるあたりまえのこと。もしかしたら、楽しいことのはじまりかもしれない。

どんなことが起こる？

平均すると、男子の第二次性徴期は女子よりも1年おそくやってきます。おおよそ9歳から14歳のあいだです。そのころに、実にさまざまな変化を経験します。自分の心や体なのにコントロールできないと感じたとしても、おかしくありません。でも、体のはたらきについて知っておけば、これから起こることに心のそなえができます。

体毛
性器のあたりや脚の毛が濃く、太くなり、密生してくる。第二次性徴期の終わりになると、毛がちぢれてくる人もいる。

汗とにおい
汗をかきやすくなり、それが原因となって体臭や足のにおいが強くなる。

テストステロンが増える
男性ホルモンであるテストステロンの分泌量が増えて、体に力がつく。でも気分もそれに影響されて、睡眠パターンが乱れる。

勃起する
ペニスがかたくなること、いわゆる「勃起」がはじまる。意思とは関係なく、眠っているときでも日中でも起こる。魅力的な人を見かけたときにも起こる。

性器が大きくなる
第二次性徴期のあいだに、ペニスは長くなり、精巣は大きくなる。

第二次性徴ってなに？　47

気もちの変化

　第二次性徴期には、これまでになく、いろんな感情を経験することになります。表に出せない気もちもあるでしょう。傷つきやすい、イライラする、怒りっぽい、人の目がやたら気になる、不安になる——こういった変化はまったくふつうです。でも、自分の感情にのみこまれそうになったときには、友だちや親に話してみましょう。なじめない新しい気もちを整理するヒントが見つかるかもしれません。

△ **攻撃性**
分泌量が増えるテストステロンが、思春期の男の子の気分をがらりと変える。気分が変わりやすくなり、攻撃性が増すこともある。

△ **だれかを思う気もち**
ワクワクするけど、ちょっと困ったような気もちになる。だれかに恋をするかもしれない。

ニキビ
皮膚がつくる脂（皮脂）が増えはじめることで、ニキビができる。

夢精
精巣でつくられた精子が、眠っているあいだに精液としてペニスから放出される。これを「夢精」という。

体が大きくなる
身長が伸びる。最大で年に9センチくらい。テストステロンなどのホルモンが筋肉や骨を成長させる。

声が低くなる
テストステロンの分泌量が多くなると、喉頭が大きくなり、かたちも変わる。それによって声が低くなる。つまり、「声変わり」する。

顔とわきの下の毛
最初はやわらかい毛が、顔やわきの下にはえる。顔の毛が濃くなってひげになると、剃る場合もある。

男性ホルモン

ホルモンは、人間の体内でつくられる化学物質です。細胞に指令を送る役割をもち、それぞれのホルモン受容体をそなえた標的細胞にはたらきかけます。

こちらもどうぞ	
◀ 46-47 第二次性徴ってなに？	
体の変化	50-51 ▶
精巣	52-53 ▶
声変わり	56-57 ▶

ホルモンの役割

脳でつくられる「性腺刺激ホルモン放出ホルモン（GnRH）」が、おとなになる準備をするように指令を出すことで、第二次性徴期がはじまります。GnRHは、男性と女性、それぞれにとって主要な性ホルモンの分泌をうながします。男性ではテストステロン、女性ではエストロゲンです。これらのホルモンは、ほかのいくつかのホルモンといっしょに、第二次性徴の発達段階を調整します。

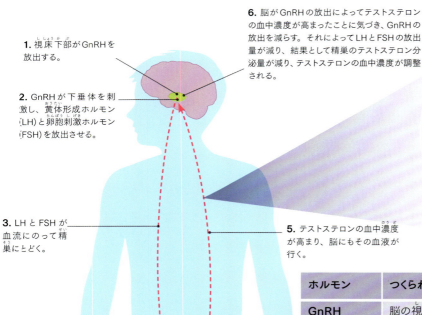

1. 視床下部がGnRHを放出する。
2. GnRHが下垂体を刺激し、黄体形成ホルモン（LH）と卵胞刺激ホルモン（FSH）を放出させる。
3. LHとFSHが血流にのって精巣にとどく。
4. 精巣に達したLHとFSHが、テストステロンの分泌をうながし、精子をつくらせる。
5. テストステロンの血中濃度が高まり、脳にもその血液が行く。
6. 脳がGnRHの放出によってテストステロンの血中濃度が高まったことに気づき、GnRHの放出を減らす。それによってLHとFSHの放出量が減り、結果として精巣のテストステロン分泌量が減り、テストステロンの血中濃度が調整される。

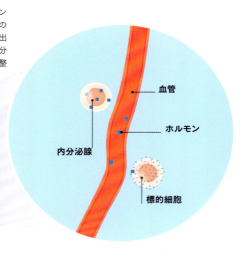

▽ ホルモンを運ぶ血流
内分泌腺から放出されたホルモンが血管を通って体じゅうに運ばれ、特定の細胞を刺激し、変化をうながす。

ホルモン	つくられる場所	体へのはたらき
GnRH	脳の視床下部	脳の下垂体を刺激し、LHとFSHの放出をうながす
LHとFSH	脳の下垂体	精巣にテストステロンの分泌をうながし、精子をつくらせる
テストステロン	精巣	精巣とペニスの発育をうながすなど、第二次性徴期のさまざまな変化に関わる

◁ フィードバック機構
体内のホルモン量は、フィードバック機構によって調節されている。ホルモンの血中濃度が、そのホルモンを増やすか減らすかを脳に伝える信号の役割をはたす。

テストステロン

　男子の第二次性徴期に大きな役割をはたすホルモン、テストステロンは精巣でジヒドロテストステロン（DHT）という活性型ホルモンに変わります。

　DHTは性器の発育をうながし、陰毛や体毛をはやし太くします。ひげがはえるのも、前立腺に精液をつくるようにうながすのも、このDHTのはたらきです。DHTの分泌量は、体内のテストステロン濃度によって調整されています。

男女共通のホルモン

　男性ホルモンと呼ばれるテストステロン、女性ホルモンと呼ばれるエストロゲンとプロゲステロンですが、実はどのホルモンも男女それぞれの体内でつくられています。ただ、その量が大きくちがうのです。一生を通じて、男性もわずかにエストロゲンとプロゲステロンを、女性もわずかにテストステロンをつくりつづけます。男性においてエストロゲンは、体脂肪を調整するためにはたらきます。女性においてテストステロンは、骨量や筋肉量を維持するためにはたらきます。ホルモンの分泌量は人によってちがい、一生を通じて変化していきます。

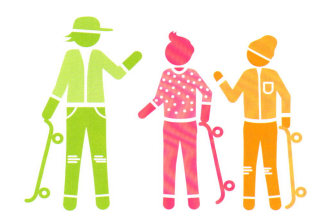

△ 体の成長
テストステロンの分泌量によって、男性の成熟する早さにばらつきが生まれる。

■ エストロゲンとプロゲステロン
■ テストステロン

△ ホルモン値のちがい
男性は女性の10倍のテストステロンを体内でつくる。でも、エストロゲンとプロゲステロンは女性の半分に過ぎない。

そのほかのホルモン

　ホルモンのはたらきは第二次性徴をうながすだけではありません。性別に関わりなく、体内ではさまざまなホルモンがそれぞれの役割をになって、身体機能を調整したり連携させたりするためにはたらいています。

すこやかな体を保つ
- 抗利尿ホルモンは、利尿をおさえて、体内の水分量を調節する。
- メラトニンは、夜に眠り昼は起きているという体内リズムをつくる。
- チロキシンは、体が食物を代謝する速度を決める。

食と消化を管理する
- レプチンは、食後に満腹感をもたらすことで食欲をおさえる。
- ガストリンは、食物を消化分解するための胃酸の分泌をうながす。
- インスリンとグルカゴンは、食べたあとに血液中に増える糖の量を調節する。

ストレスに対処する
- アドレナリンは、ストレスを受けたとき、脈拍を上げて、活力を生む。
- コルチゾールは、ストレスを受けたとき、体温、血圧、血糖値を上げて、生体の防御機能を高める。
- オキシトシンは、不安をやわらげ、信頼感を高めて、人とのきずなをつくる。

50　男性の第二次性徴期

体の変化

第二次性徴期は、内側からも外側からも体が変化する時期です。だれもが第二次性徴期を経験しますが、その経験には人それぞれの個性があります。

こちらもどうぞ	
◀ 46-47	第二次性徴ってなに？
◀ 48-49	男性ホルモン
精巣	52-53 ▶
ペニス	54-55 ▶

どんなことが起こる？

次にあげるのは、男の子の第二次性徴期のおもな変化です。その変化がいつはじまるのかは人によってちがいます。

▽ 学童前期 (5-7)　　▽ 学童後期 (8-12)　　▽ ティーンエイジ (13-19)　　▽ おとな

身長が伸びる

背がぐんと伸びるのは、第二次性徴がはじまるサインのひとつ。だいたい10歳から16歳のあいだですが、いつ、どれだけ伸びるかには個人差があります。

ひげがはえる

テストステロンというホルモンが顔にはえる毛の成長をうながします。はじめはまばらで細かった毛が、しだいに太く目立つようになります。

胸と肩が広くなる

胸が広くなり、おとなの男性のように横幅がつきます。胸の筋肉が発達しはじめ、目立つようになります。胸毛のはえる人もいます。

ペニスと精巣が大きくなる

ペニスと精巣が大きさを増し、陰のうの色が濃くなり、陰毛がはえます。精巣は精子をつくりはじめます。

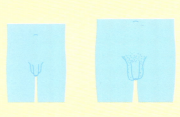  

体の変化　51

第二次性徴期の問題

　男子に第二次性徴があらわれる平均年齢は12歳ですが、おおよそ9歳から14歳までのどこかと考えればよいでしょう。第二次性徴が9歳より早くあらわれたとしたら、それは「思春期早発症」かもしれません。医療機関でアドバイスを受けましょう。早くから急に成長すると、早くに成長が止まり、身長が伸びきらないままおとなになる可能性があります。それとは反対に、14歳を過ぎても第二次性徴があらわれず精巣の発達も見られないような場合も、医療機関でアドバイスを受けましょう。
（→246ページ）

覚えておきたい
女性化乳房

男性の胸が女性のようにふくらむことを「女性化乳房」といい、思春期の男子にもホルモンバランスの変化によって起きる場合がある。よくあることで、一時的なものであり、たいていは半年から2年でもとにもどる。しかし、ふくらみがつづく、左右の大きさがちがう、胸部にしこりのようなかたまりが見つかるときは、診察を受けよう。

急激な成長

　12歳から15歳までのあいだに、男子の身長は平均すると1年につき約5センチ伸びます。このような成長期には、さまざまなタイミングで、体のあちこちに変化があらわれます。手や足がまず大きくなり、次にうでや脚が伸びます。せきついをふくむ上半身の成長は最後になります。

　このような各部分の発育のばらつきが、思春期特有のぎこちなさを生み出します。筋肉はなんとかして全身のバランスを保とうしますが、脳の空間認識をつかさどる領域は、新しい体の比率になかなかなじめないのです。

体への信頼を育てる

　外見に多くの変化が起きているとき、心のなかで自分の体への信頼を保っていられるかどうかは重要です。たいせつなのは、ほかの人になにが起きているかを気にしすぎないこと。おとなになっていく過程は、人それぞれちがいます。

子どもたちへ
変化を受け入れる

- 体があるからこそ、ワクワクするような活動に参加できる。自分の体がどう見えるかではなく、それを使ってなにができるかに気もちを向けよう。
- 友だちに話しかけるみたいに、自分をはげまそう。自分をほめてみる。自分のことを自分でけなさないこと。
- いい気分になれる服を選ぼう。自分の体でどこが気に入っているかについて考えてみるのもいい。

親への手引き
わが子をささえるために

- 人生の多感なこの時期に、子どもが前向きにのぞめるように、おとなになっていくことに自尊心がもてるように導きたい。
- 思春期の子が必要とする情報や役立つものをあたえることは、子どもが体に起こるさまざまな変化にそなえ、それを快適に乗り切っていくための助けになる。
- 思春期の体に関する話題を切り出すのにとまどったとしても、これだけは子どもに伝えておきたい——自分の体をありのままに受け入れ、たいせつにすることが、すこやかな人生をつくる。

△前向きでいこう
体を使ってできるすばらしいことについて考えてみよう。踊ること、走ること、歌うことなど、たくさんある。

52 男性の第二次性徴期

精巣

精巣は男性の生殖器の一部で、きんたまとか睾丸などの名でも呼ばれています。左右の精巣が、男性の生殖細胞である精子の生産工場になっています。男子の第二次性徴期に大きな役割をはたすホルモン、テストステロンも、精巣でつくられます。

こちらもどうぞ	
◀ 46-47　第二次性徴ってなに？	
◀ 48-49　男性ホルモン	
◀ 50-51　体の変化	
ペニス	54-55 ▶

精巣のしくみ

左右2つの精巣は、陰のうと呼ばれる袋で守られています。陰のうは、精巣の温度が体の深部体温37度よりも低く保たれるように助けます。陰のうが体の外にぶらさがっているのは、精巣が精子をつくるのに適した温度、35度を保つためなのです。また左右の精巣がぶつかり合わないように、ぶらさがったときの高さが少しずれているのがふつうです。左右対称でなくても、まったく問題ありません。

▽ **精子**
それぞれの精子が男性側の遺伝子情報をもっている。女性の生殖細胞である卵子に向かって進み、結合する役割をもつ。精子は数日しか生きられない。

中片
精子が進んでいくためのエネルギーを供給するミトコンドリアを多くふくんでいる。

▽ **精巣の断面図**
精子は楕円形の小さな器官で、長さは約5センチ。第二次性徴期がはじまると、2つの精巣が1秒あたり1000-1500個の精子をつくりはじめる。それは一生つづく。

先体
精子の先端をぼうしのようにおおう先体が、生殖のときに精子が卵子の中に侵入するのを助ける。

精管
精子を精巣上体からペニスまで運ぶ、長く太い管状の器官。

核
核にふくまれる23対の染色体が、遺伝子情報を運ぶ。

精巣上体
精子が自力で卵子に到達し受精させ能力をもつまで、ここで育てる。

尾部
ここを活発に動かすことで精子に推進力がつく。

精細管
精子は曲がりくねった精細管の中でつくられる。精巣の容積の約95パーセントを精細管がしめる。

陰のう
陰のうの筋肉が精巣を体のほうに引き上げている。表面にしわがあるのは、暑いときには伸びて放熱し、寒いときにはちぢんで放熱を防ぐため。

自分でチェック

少年期に精巣がんになることはめったにありません。それでも15歳を過ぎたら、月に1度は自分で精巣をチェックする習慣をつけましょう。睾丸に異状がないかどうかを調べる、数分しかかからないかんたんな方法があります。入浴かシャワーのあとにチェックするのがよいでしょう。お湯の温かさで陰のうがゆるんで、精巣をさぐりやすくなるからです。

気をつけよう！
自分で判断しない
もしも精巣にしこりや腫れや痛みを感じたら、かならず病院に行くこと。たいていは心配するようなものではないが、医師の診察を受けて確実な安心を得ることがたいせつだ。

1. 精巣
精巣を指でつまんで、両方向にそっとひねってみる。ときどき軽く押しながら、痛み、しこり、腫れがないか確かめる。

2. 精巣上体
精巣上体をさぐってみよう。精巣の裏に、英語のカンマ（,）のような形の帯状の器官がある。しこりや腫れとまちがわないように、ふだんから精巣上体のあるあたりにふれて、どんな感じかを知っておくといい。

3. 精管
陰のうの裏、左右の精巣のあいだを縦に通るように、ちょっとかたくて、少しもりあがった、さわると動くすじがある。これが精管だ。指で精管をなぞって、しこりや痛みがないかを調べよう。

精巣を守るために

精巣をすこやかに保つために、きちんと洗いましょう。また、事故などによるケガから守りましょう。

△ **すみずみまで洗う**
体臭や感染を防ぐために、陰のうのまわりや裏側までしっかり洗おう。

△ **適切に守る**
股間をなにかに打ちつけると、たまらなく痛い。スポーツをするとき、精巣を傷つけないように、股間を守るための「サポーター・カップ」「プロテクティブ・カップ」を使うのもよい考えだ。

こっちがほんと
精巣の真実
精巣が大きいから、「男らしい」ってことなどない。 精巣のサイズで男が上がったり下がったりするのはおかしい。ただ、人の体はそれぞれちがうというだけ。
精巣をどこかにぶつけても、がんになることはない。 ぶつけると、吐き気を感じることもあるが、たいていは1時間もしないうちに回復する。
パンツのしめつけが、将来の不妊につながるかもしれない。 きつい下着やズボンを長くはきつづけると、陰のうの温度が上がり、わずかだが精巣でつくられる精子の数が減る。

ペニス

ペニスには、おもに2つのはたらきがあります。ひとつは尿を出すこと。もうひとつは生殖です。セックスをすると、ペニスは精液、ザーメンとも呼ばれる液体を射出します。このとき精液の中には、男性の生殖細胞である精子が1億個以上ふくまれています。

こちらもどうぞ
◀ 46-47　第二次性徴ってなに？
◀ 48-49　男性ホルモン
◀ 50-51　体の変化
◀ 52-53　精巣

覚えておきたい
清潔にしよう

ペニスを毎日、お湯と石けんで洗って、清潔にしておこう。包皮があるなら、包皮の内側もしっかり洗おう。洗うことは、恥垢（死んだ細胞と皮脂でできた、においのするかたまり）がたまるのを防ぐためにも重要だ。

ペニスの解剖学

ペニスは、陰茎亀頭、尿道、陰茎海綿体、尿道海綿体など、いくつかの部分に分けられます。それぞれの機能を知って、男性の体のはたらきとしくみを理解しましょう。

▽ ペニス
だいたいいつも、ペニスは下にたれていて、やわらかくて、弛緩している。つまり、ふにゃふにゃしている。長さや太さは、十人十色。左にまがっていても、右にまがっていても、上にそっていても、それはまったくふつうのこと。

精のう
精液の70パーセントをしめる液体をここから分泌する。

膀胱
腎臓から送られてきた尿を、体から出すまでここにたくわえる。

前立腺
精液の30パーセントをしめる乳白色の液体が、前立腺から分泌される。

尿道海綿体
尿道をつつむスポンジ組織。ペニスが勃起するときには血液で満たされる。

精巣
男性の生殖細胞、精子は2つの精巣でつくられる。

精巣上体
精子はここで育つ。

精管
精巣でつくられた精子は、この精管を通って、精のうと前立腺に送られる。

陰茎海綿体
ペニスの表側にある2本のスポンジ状の組織。ペニスが勃起するときに血液で満たされる。

尿道
尿と精液を亀頭まで運ぶ管。

包皮
亀頭をつつむ、さわると動く薄い皮膚。

亀頭
ペニスの先っぽ、すなわち「頭」。

形と大きさ

思春期には、自分のペニスの形や大きさについて、人とくらべてなやむことがよくあります。覚えておきたいのに、弛緩しているときのペニスのサイズは、勃起したときのサイズとなんの関係もないということです。

割礼

　ペニスの包皮をとりのぞく手術を「割礼」と呼びます。全世界ではおおよそ3人にひとりの男性が割礼手術を受けているといわれます。多くの場合、宗教的な、文化的理由があってのことですが、包皮が極端にきつい場合、感染症をくり返す場合をのぞいて、医学的見地からはすすめられません。手術するときには、一般的な麻酔か、その土地独特の麻酔がほどこされます。割礼をしていてもいなくても、ペニスのはたらきや、勃起した状態での見た目はおなじです。

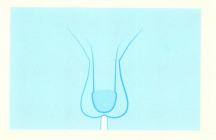

△ 割礼したペニス
包皮がとりのぞかれて、亀頭が外に出ている。

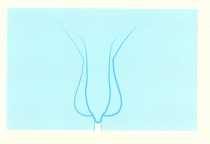

△ 割礼していないペニス
包皮が動かせるフードのように亀頭にかぶさっている。

勃起

　ペニスが血液で満たされて、かたくなった状態のことを、勃起といいます。そのとき、ペニスの表側にある陰茎海綿体と裏側にある尿道海綿体にはおよそ100ミリリットルの血液が流れこみます。多くの場合、ペニスは勃起すると上を向きますが、横を向いたり水平だったり下を向いたりすることもあります。

　勃起するのは、たいていは性的な興奮が高まったときですが、なんの理由もなく勝手に勃起することも、寝ているときに勃起することもあります。

△ ふいに勃起する
思春期には、突然の勃起がおとなよりも起こりやすい。ばつが悪いものだけど、笑い飛ばすくらいの気もちでいよう。

射精

　勃起したペニスから薄い乳白色の液体（精液）が噴出することを「射精」といいます。まず精巣でつくられた精子が、精巣上体に短期間たくわえられます。そこから精子は精管を通って精のうと前立腺に向かい、それぞれのつくりだす液体とまじりあって、精液になります。そののち、ペニスの根もとにある筋肉に信号が送られ、この筋肉が収縮します。この筋肉の収縮によって、勃起したペニスから精液が噴出するのです。

　射精はふつうマスターベーションやセックスをすると起こりますが、眠っているときに自分の意思とは関係なく起こることもあります。これを「夢精」といいます。

覚えておきたい
夢精

　夢精とは、眠っているあいだに射精すること。思春期にはたいていの男子が夢精を経験するが、それが特別に多い人もいる。

　最初はとまどうかもしれないが、おとなになっていく過程で起きるあたりまえのこと。朝目覚めて夢精したことに気づいたら、ペニスと陰のうをしっかり洗って、朝いちばんでシーツを取りかえてしまおう。

56　男性の第二次性徴期

声変わり

　第二次性徴期のあいだに、男子も女子も声が低くなります。女子の声の変化はほとんど気づかれないほどですが、男子の場合は、けっこうがらりと変わります。男子の声が変化することを、「声変わり」といいます。

こちらもどうぞ	
◀ **46-47**　第二次性徴ってなに？	
◀ **48-49**　男性ホルモン	
◀ **50-51**　体の変化	
自信と自尊心	**86-87** ▶

声が出るしくみ

　声を出す器官、「喉頭」は、顔と喉にある空間とともに、人が自在にしゃべったり歌ったりできる声をつくります。

　肺から押し出された空気は、勢いよく気管を通って、喉頭を通り抜けます。喉頭には筋肉と粘膜でできた1対のひだ、ちょっとゴムバンドにも似た「声帯」があります。左右の声帯のすきまを空気が通過するとき、声帯がふるえます。ギターの弦をかき鳴らすような感じです。このとき喉頭から声が生まれるのです。

思春期の一大事件

　第二次性徴期には、男性ホルモンであるテストステロンが刺激となって、喉頭の軟骨が成長します。また声帯は、それまでよりも60パーセント長く厚くなります。そして、ふるえる回数が減ります。1秒あたり200回だったのが、130回くらいになるのです。これによって、声はいっそう低くなります。

　なぜ、声がこのように変化するのか、はっきりとはわかっていません。多くの動物で、オスは深く響く声でメスを誘い、敵を怖がらせ、ほかのオスと競います。人間の声変わりも、おなじ理由によるのかもしれません。

声帯
喉頭の中央にあるV字型になった1対の声帯が、そのあいだを勢いよく通り抜ける空気に「かき鳴らされる」ことで、人間の声が生まれる。

喉頭蓋
軟骨でできた喉頭蓋がふたの役割をして、飲みこんだ食べものが気管に流れこむのを防ぐ。

喉頭

声帯

▷ **低い声をつくるもの**
喉頭が大きくなるにつれ、喉頭の真ん中にある声帯も厚みを増して、声が低くなる。

喉頭
軟骨が粘膜と筋肉でおおわれて喉頭をかたちづくっている。

気管
空気は気管を通って肺にとどく。「喉笛」とも言う。

食道
口から入れた食べものは食道を通って胃までとどく。

声変わり　57

顔のかたちの変化

　テストステロンに敏感に反応するのは喉頭だけではありません。顔の骨もおなじです。第二次性徴期に顔の骨が発育すると、頭がいの中にあるいくつかの空洞も大きくなります。空洞が大きいということは、肺から送り出された空気が声帯をふるわすとき、音の共鳴する空間が大きくなるということです。それもあって、声がいっそう低くなるのです。

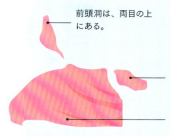

前頭洞は、両目の上にある。

蝶形骨洞は、眼球のうしろ、頭がいの奥のほうにある。

大きな洞がほお骨の奥にある。上顎洞という。

高い音を出すとき、喉頭はひかえめに共鳴する。

▷ **共鳴する空間**
顔の奥にある、いくつかのサイズの異なる空洞が、さまざまな声音と声の高さを生み出す。人によって空洞の大きさがちがうため、ひとりひとりの声の響きがちがう。

声がひっくり返る

　男の子の声変わりは、おおよそ、ペニスの急激な成長が終わるころにはじまります。喉頭も顔の骨も比較的ゆっくりと発育するため、声変わりもじょじょに進みます。でもなかには、いきなり声変わりがはじまる人もいます。そうなると、話そうとするたびに、声がひっくり返ります。きしんだり、かすれたり、コントロールがききません。それでも、数ヵ月ほどで喉頭の成長が止まり、声の不具合もおさまります。

◁ **声が安定しない**
喉頭の成長と変化にともなって、しばらくは声が安定しない。きしんだ高音とかすれた低音のあいだを行ったり来たりする。

子どもたちへ
どんなことが起こる？

- 声変わりの平均年齢は15歳だが、早い人もいれば、おそい人もいる。第二次性徴期の発達は人それぞれ。声変わりは第二次性徴期の終わりごろに起こるが、多くの場合、その後も声変わりはつづいて、20代でおとなの声になる。

- 自分の声について心配したりとまどったりするのは、あたりまえのこと。まわりの人たちもわかっている。そう、みんな、おなじことを経験してきたのだから。声の不調はだいたい数ヵ月で、早ければ数週間で終わる。

- 喉頭は成長とともに前方に突きだして、いわゆる「喉ぼとけ」になる。医学的には「喉頭隆起」という。「アダムのりんご」と呼ばれることもある。喉ぼとけが目立つ人もいればそうでない人もいる。

すこやかな体

清潔にしよう

体は清潔にしておきましょう。そのためには、健康的な食生活や、こまめな運動を心がけるとともに、体の手入れを習慣化することがたいせつです。においの心配も減らせます。清潔さは心の安定に通じるし、自信を高める意味でも重要です。

こちらもどうぞ	
◀ 38-39	月経の手当て
汗とにおい	62-63 ▶
体毛	64-65 ▶
運動	74-75 ▶

衛生意識

衛生状態が悪いと、体調をくずしやすいし、病気にもかかりやすくなります。若いうちに健康にいい習慣を身につけましょう。

▷ **気になるにおい**
思春期のうちに体を清潔にする習慣を身につけると、あまりばつの悪い思いをしなくてすむ。

毛髪

思春期になると、髪の根もとにある毛包でたくさんの皮脂がつくられるようになるので、髪が脂っぽくなったり、ひょろひょろになったりします。また、古くなった角質がつながってフケの原因になります。

こうした症状は定期的に髪を洗うことでおさえられます。洗うときはシャンプーの量を少なめにして、しっかり洗い流すこと。毎日洗わないとだめな人もいれば、週に一度でだいじょうぶな人もいます。

頭皮にシャンプーをなじませるときは指の腹を使おう。つめを立てると皮膚が傷つく。

目

目にふれるときは、そのまえに手を洗うようにしましょう。それだけで、目が赤くなることで知られている結膜炎などにかかりにくくなります。そして、定期的に眼科医を受診すること。とくにコンタクトレンズやめがねを使っている人はこまめに通って。

アイメイク用品の貸し借りはやめる。結膜炎などの病気がうつるかもしれない。

皮膚とつめ

皮膚は人体における最大の器官。水分や体温の調節、外部の刺激から体を守る、感覚器としてのはたらきなど、人間が生きていくうえで重要な役割をになっています。清潔に保ちましょう。ただし、洗いすぎは禁物。皮膚がかわいて炎症を起こすことがあるので、保湿剤を使ってうるおいをあたえます。手足のつめは毛足の短いブラシを使って洗いましょう。

つめの内側はブラシを使ってまめに洗うと、角質がとれて病気に感染しにくい。

清潔にしよう 61

洗濯

人の手を借りずに自分の衣類を洗えることは、生きていくうえでたいせつな技術のひとつです。

衣類はまず白っぽいもの、黒っぽいもの、色物に分けます。そのあと洗濯機に入れたり、手洗いしたりすると、色うつりなどのトラブルを防げます。しまうときは、かびくさくならないよう、しっかりかわかしてからにしましょう。

自分に合った製品を使う

敏感肌、オイリー肌、乾燥肌、あるいはアレルギー対応など、どんな人向けにつくられたものなのかに注意して製品を選ぶと、肌のトラブルが減ります。髪についてもおなじこと。乾燥した髪、脂っぽい髪、カールした髪、ストレートヘア、細い髪、多い髪、あるいは民族性のちがいなど、使う人に合わせていろんな製品が出ています。

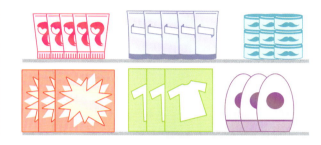

▷ 選ぶ目をもつ
高いものでなくていい。安い製品のなかにも、高いものに負けないくらい、品質のよいものがある。

歯

口の中を健康にしておくためには、少なくとも日に2回は歯みがきをしたいものです。フロスを使って歯のあいだにはさまった食べかすを取りのぞくと、虫歯の心配も減ります。甘い食べものや飲みものは、たまの楽しみにしましょう。

歯ブラシは清潔に。ブラシのほうを上にして立て、細菌がたまらないように3ヵ月ごとに交換する。

わきの下

わきの下にはたくさんの汗腺があります。うでと体にはさまれた温かな場所なので、細菌にとっては汗を分解するのに理想的な環境。それがこの部分のいやなにおいの原因になっています。

体のにおいをおさえるには、マイルドな石けんを使って、毎日お湯でわきの下を洗います。また、汗を防いで不快なにおいをやわらげるために、ふだんから体臭防止剤（デオドラント）を使っている人もいます。

わきの下を毎日洗うと、いやなにおいをくいとめられる。

足

体じゅうでいちばん汗腺が多いのが足の裏。そのぶん、ほかのどこよりくさくなりやすい場所です。足は石けんを使ってお湯で洗い、水気をしっかりふき取ります。とくに指のあいだは、念入りに洗いましょう。運動選手などに多い真菌感染症（水虫）を防ぐことができます。

足にウイルス感染によるイボがある人は、水泳のとき、専用の靴下をはいて足をおおう。

汗とにおい

第二次性徴期になると、汗の分泌量が増えて、においが強くなります。それまでよりもたくさん汗をかくこの時期、多くなった汗や強くなったにおいのせいで不安になることがあるかもしれません。清潔を心がけていると、そうした心配が少なくてすみます。

こちらもどうぞ	
◀ 60-61 清潔にしよう	
健康にいい食事	68-69 ▶
ボディイメージ	72-73 ▶
運動	74-75 ▶

汗とは

汗をつくる汗腺には2種類あり、どちらも皮膚の中でコイル状になっている細くて長い管です。生まれたときから活動しているエクリン汗腺は、ほぼ全身にあります。とうめいな液体を皮膚に直接出していて、その液体が蒸発することで体温が下がります。

アポクリン腺はわきの下と性器のあたりを中心にあります。緊張したり、ストレスがかかったりすると、そこで乳白色の濃い液体がつくられます。この液体にはタンパク質がたっぷりふくまれており、それを皮膚の常在菌が分解することでいわゆる体臭が発生します。においが強くなる症状を臭汗症といい、それがわきのにおいの場合を腋臭症、一般にワキガと呼びます。

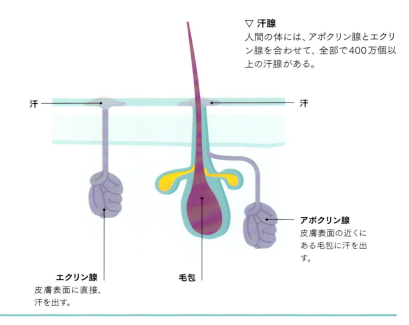

▽ 汗腺
人間の体には、アポクリン腺とエクリン腺を合わせて、全部で400万個以上の汗腺がある。

汗

汗

エクリン腺
皮膚表面に直接、汗を出す。

毛包

アポクリン腺
皮膚表面の近くにある毛包に汗を出す。

覚えておきたい
発汗

汗が出るのはこんなとき
- 気温が高いとき
- 運動などで体を動かしたとき
- 精神的な苦痛があるとき
- 熱いもの、からいものを食べたとき
- ホルモンが変化したとき

汗の量は人によってちがう。汗のことが気になるなら、医師に相談してみるといい。

思春期に汗はつきもの

アポクリン腺は思春期になってはじめて活動しだすので、この時期に入ると、子どもたちは自分が汗かきになったと感じます。また思春期は、ホルモンの分泌のしかたにも変化があり、そのことによっても汗が増えます。汗をかきやすくなった体に慣れて、自分なりに対処できるようになるには、少し時間がかかりますが、これも体の自然な機能です。活動的であろうとなかろうと、だれもが一日じゅう汗をかいていることを忘れないようにしましょう。

▷ 汗はかくもの
汗のかきかたは、活動内容によってちがう。あるいは、おなじ感情でも、不安などの感情は、汗の原因になりやすい。

汗とにおい　63

体臭

汗そのものは無臭です。皮膚表面や体毛についている細菌によって汗が分解されると、そのときはじめて、においが発生します。体臭のない人はいないので、みんなそれぞれ自分に合った体臭とのつきあいかたを学びます。毎日体を洗うことで皮膚表面の常在菌の数が減り、その結果として体臭が気にならなくなります。

▷ **毎日の習慣に**
毎日シャワーを浴びると、においのもととなる皮膚表面の細菌を減らせる。

体臭とのつきあいかた

- 運動したあとは、なるべく早く体を洗う。とくに汗をかきやすい、わきの下などは、念入りに洗おう。
- デオドラント剤や制汗剤を使う。デオドラント剤はにおいをおさえる。制汗剤は毛穴をふさいで、汗の量を減らす。特徴を生かして使い分けよう。
- 清潔な衣類を身につけて、靴下や下着を毎日取りかえよう。通気性のあるコットンなど天然繊維の衣類を選ぼう。

くさい息

くさい息、いわゆる口臭には、いくつかの原因がありますが、もっとも多いのが歯のあいだにはさまった食べかすです。口の中の細菌はそうした食べかすを攻撃して、分解し、そのときくさいにおいのするガスを発生します。歯ブラシやデンタルフロスでまめに食べかすを取りのぞくと、口臭と虫歯の予防になります。

くさい足

足にある汗腺は細菌に分解されにくいエクリン腺なので、においは発生しにくいのですが、皮膚から汗が蒸発できないと、やはりにおってきます。たとえば、長いあいだ靴下と靴をはきっぱなしのとき。汗でじめっとした靴の中は、細菌が汗を分解して悪臭を発生させるのにぴったりの環境なのです。

▷ **古い歯ブラシは細菌の巣**
3ヵ月ごとに歯ブラシを交換すると、細菌がたまるのを防ぐことができる。

▷ **通気性のいい靴**
足の汗で細菌がたまるのを避けるため、靴は続けてはかずに、かわかす時間をつくろう。足用のデオドラント剤を使って、いやなにおいをおさえる手もある。

口臭の減らしかた

- 少なくとも日に2度、2分から3分かけて歯と歯茎をみがく。また、舌をきれいにする習慣を取り入れる。歯のあいだにはさまった食べかすはフロスで取りのぞく。
- 食事のときに水を飲んで、口の中を洗い流す。
- たばこを吸わない。たばこは口臭を悪化させる。
- 定期的に歯医者に通う。

におう足にはこうして対処

- 毎日よく足を洗い、よくかわかす。
- 毎日、清潔な靴下をはく。
- 2日つづけておなじ靴をはかさない。できれば2足を交互にはいて、はいた靴を24時間以上かわかす。

体毛

思春期には体内のホルモン量が増えるので、体毛が濃く太くなります。通常、毛の色や質感や量は、その人の遺伝子構造によって決まり、体毛の濃い薄いは、人それぞれです。

こちらもどうぞ	
◀ 22-23	自己表現
◀ 60-61	清潔にしよう
ボディイメージ	72-73 ▶
仲間からの圧力	192-193 ▶

体毛にはこんな役割がある

人間の体毛にはいくつものはたらきがあります。ほぼ全身にはえている薄い色の細い毛は、空気を閉じこめて体温を調節するのに役立っています。髪の毛には、やはり熱をのがさない、そして頭がいを守るという役割があります。一方、目の周辺の毛と鼻の中の毛には、異物が入るのを防ぐ役割があり、陰毛には、生殖器を守るという役割があります。さらには、その部分に性的な関心を引きつけるという意味もありそうです。

▽ **思春期にはこうなる**
今までなかった場所に毛がはえ、今まであった毛が太く濃くなる。髪の毛と体毛は、おなじ色とはかぎらない。

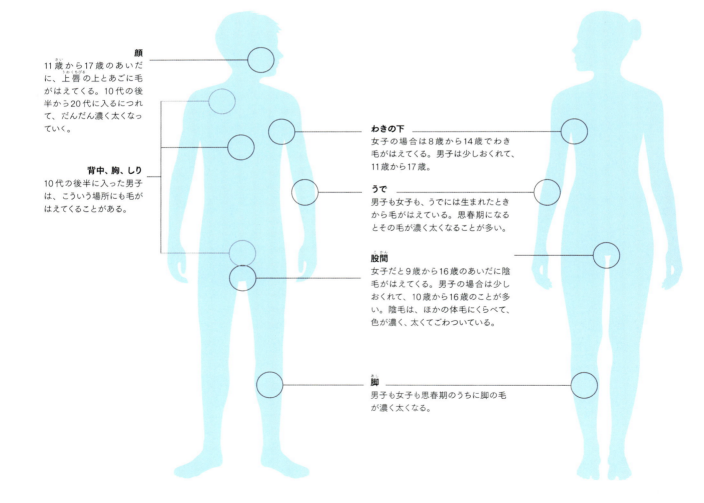

顔
11歳から17歳のあいだに、上唇の上とあごに毛がはえてくる。10代の後半から20代に入るにつれて、だんだん濃く太くなっていく。

背中、胸、しり
10代の後半に入った男子は、こういう場所にも毛がはえてくることがある。

わきの下
女子の場合は8歳から14歳でわき毛がはえてくる。男子は少しおくれて、11歳から17歳。

うで
男子も女子も、うでには生まれたときから毛がはえている。思春期になるとその毛が濃く太くなることが多い。

股間
女子だと9歳から16歳のあいだに陰毛がはえてくる。男子の場合は少しおくれて、10歳から16歳のことが多い。陰毛は、ほかの体毛にくらべて、色が濃く、太くてごわついている。

脚
男子も女子も思春期のうちに脚の毛が濃く太くなる。

体毛をどうするか決める

体毛を取りのぞきたい人もいれば、そのままはやしておきたい人、あるいは整える程度にしたい人もいます。体毛をどうすべきという決まりはなく、取りのぞかなければならないという医学的な根拠もありません。

▽個人の好きずき
体毛をどうするかは、本人の好みで。
どの選択肢にも長所と短所がある。

> **こっちがほんと**
> **体毛の処理に関する真実**
>
> 毛を剃っても、毛が太くなることも濃くなることもない。剃っても、次にはえてくる毛には影響がない。
>
> うもれた毛は、ほじくり出したり、引き抜いたりしないで。皮膚に傷がつくと炎症の原因になるので、皮膚をやさしくはがしてうもれた毛を表面に出す。

	処理のしかた	長所	短所
除毛クリーム	・化学薬品が皮膚の表面と少し下の毛をとかす。	・広い範囲に使える。 ・毛のあとが残らない。	・炎症を起こすことがある。
そのまま	・毛を自然なまま残す。	・お金も手間も努力もいらない。	・わき毛が細菌の巣になって、体臭が強まることがある。
抜く	・毛抜きを使って毛根から抜く。	・次にはえてくる毛が減る。 ・1週間ほどもつ。	・痛みがあるかも。 ・毛根に炎症を起こして、あとが残ることがある。
剃る	・皮膚の表面で毛をカットする。	・痛みがない。 ・安くて、手軽で、てっとり早い。	・炎症を起こすことがある。 ・皮膚に切り傷ができることがある。
ワックス	・ワックスシートを使って毛根から抜く。	・3週間から6週間ほどもつ。 ・次にはえてくる毛が減る。	・炎症を起こすことがある。 ・痛みがあるかも。 ・思ったよりお金がかかることがある。

ひげを剃る

あごや鼻の下に太い毛がはえてきた男子は、そろそろひげを剃ることを考えてもいいかもしれません。剃るかどうかは本人の好みですが、決めるときは、信頼できるおとなに相談にのってもらいましょう。

△ **1.** カミソリか電気カミソリかを決める。剃るのは、皮膚がやわらかくてみずみずしい入浴後かシャワー後が最適。

△ **2.** カミソリを使うなら、剃るまえにシェービング用のクリームかジェルをぬると、肌に傷をつけにくい。

カミソリをあまり強くおしつけないこと。

△ **3.** ひげのはえている向きに剃る。逆向きに剃ると、炎症を起こすことがある。

△ **4.** 石けんと水で洗ったあと、保湿ローションをぬって、肌の乾燥を防ぐ。

△ **5.** カミソリを使う場合は、切れ味を保つために刃を定期的に交換する。

ニキビ

　皮膚の角質と皮脂で毛穴がふさがれると、ニキビができます。思春期の子は、吹き出ものやニキビを必要以上に意識しがちですが、ニキビができるのは成長過程におけるごく一般的な現象です。

こちらもどうぞ	
◀ 60-61	清潔にしよう
◀ 62-63	汗とにおい
健康にいい食事	68-69 ▶
ボディイメージ	72-73 ▶

▷ **黒ニキビ**
古い角質と皮脂がむすびついてできた角栓が毛穴につまった状態を、黒ニキビという。黒ずみはよごれがつまっているからではなく、色素沈着によるもの。細菌がふくまれていることもある。ニキビの初期症状で、白ニキビと黒ニキビをあわせて、面ぽうともいう。

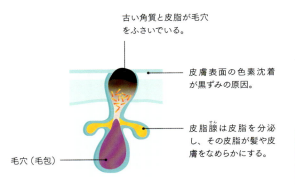

- 古い角質と皮脂が毛穴をふさいでいる。
- 皮膚表面の色素沈着が黒ずみの原因。
- 皮脂腺は皮脂を分泌し、その皮脂が髪や皮膚をなめらかにする。
- 毛穴（毛包）

▷ **白ニキビ**
薄い皮膚の内側に、古い角質と皮脂と細菌からなる角栓が閉じこめられると、白ニキビになる。皮脂腺が皮脂を分泌しつづけると大きくなり、皮膚がもりあがってくる。

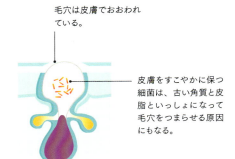

- 毛穴は皮膚でおおわれている。
- 皮膚をすこやかに保つ細菌は、古い角質と皮脂といっしょになって毛穴をつまらせる原因にもなる。

▷ **炎症ニキビ（膿疱）**
いわゆるニキビといわれる、赤く膿んだふくらみ。毛穴に炎症を起こすと、膿がたまる。

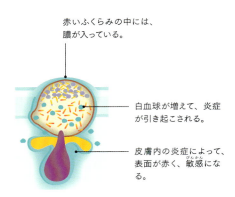

- 赤いふくらみの中には、膿が入っている。
- 白血球が増えて、炎症が引き起こされる。
- 皮膚内の炎症によって、表面が赤く、敏感になる。

ニキビ

　ニキビは黒ニキビや白ニキビなどの総称で、医学的には尋常性ざ瘡といい、アクネとも呼ばれます。毛穴（毛包）が古い角質と皮脂によってふさがれるのが、ニキビのはじまり。どんな種類のニキビができているかがわかると、効果的に手入れすることができます。（→246ページ）

こっちがほんと
ニキビに関する真実

貧しい食生活が肌のトラブルの原因ではない。 ニキビを引き起こす食材はないけれど、健康にいい食事をしていれば予防になる。

ニキビの原因は不潔さではない。 ニキビは皮膚の内側ではじまる。つまり皮膚を洗わないことが原因ではない。

月経はニキビの原因になることがある。 生理のまえから最中にかけて変化するホルモンの量によって多少の影響はあるが、一時的なことが多い。

炎症

　黒ニキビ、白ニキビの中で細菌が増えると、体の免疫システムは、細菌の感染に対抗するために白血球を送り出し、それが赤い腫れの原因となって、ニキビの痛みにつながります。

　このような炎症をともなうニキビは、炎症の度合によって、丘疹、膿疱、結節、嚢胞の4種類に分けられます。丘疹と膿疱は赤い腫れで、膿疱の先端には膿がたまっています。結節と嚢胞はさらに大きく、皮膚の深いところまで達しています。結節はかたさがあるのに対して、嚢胞には体液が入っています。

ニキビを予防する

できてしまったニキビを治すより、ニキビの予防に手をかけるほうがかんたんです。まだニキビがないうちにスキンケアの方法を決めて、それを守るようにすると、思春期の肌をすこやかに保てます。

髪が顔にかからないようにする。

ティーツリーオイルのように殺菌作用のある成分が配合されたスキンケア用品を使う。

毎日、軽めの保湿剤を使う。

ぬるま湯を使って手で顔を洗う。肌が乾燥しないように、日に2回以内にする。

メイク用品でかくそうすると、かえってニキビが悪くなることがあるので、気をつけよう。それでもメイクをしたいときは、オイルフリーの製品をさがす。

たっぷりの水を飲み、健康にいい食事をする。

週に1回、古い角質をそっとこすり落とす。

人目が気になる

ニキビができていると、人目が気になったり、引け目を感じたりします。けれど、実際は気がつかない人のほうが多いことを忘れないようにしましょう。かりに気がつく人がいたとしても、若いころ自分もニキビがあった経験から、温かい目で見てくれていることがほとんどです。

◁ **ひとりで苦しまないで**
ニキビのことでなやんだら、病院で治療してもらうのも、いい考えだ。

覚えておきたい
ニキビをつぶす

ニキビをなくしたいのはわかるけれど、いちばんいいのは、そっとしておくこと。つぶすと細菌による炎症が広がって、あとが残ることがある。どうしてもつぶしたくなったときは、まずしっかりと手を洗い、指先以外を使わないように。ただし破裂しそうなニキビや、血が出てなかなか引きそうにないニキビには、ふれないで。

▷ **がまんする**
気もちはわかるけれど、ニキビはつぶすとかえって悪くなることが多い。

すこやかな体

健康にいい食事

思春期の子どもの体には、その時期に特有の変化に対応するため、特別なエネルギーと栄養素が必要になります。どんな食事がいいのか、若いうちによい食習慣を身につけておくと、健康的な人生を送りやすくなります。そういう習慣は、おとなになっても引き継がれることが多いからです。

こちらもどうぞ	
摂食障害	70-71 ▶
ボディイメージ	72-73 ▶
運動	74-75 ▶
試験にそなえる	104-105 ▶

バランスのとれた食事

それぞれの食品群から食品を選んで、それを適切な割合で食べます。食事や間食にはカラフルな果物や野菜を多くして、必須栄養素をもれなくとるようにしましょう。

覚えておきたい
さまざまな食品の選び方

世の中には、宗教上の理由から、特定の種類の肉を食べなかったり、決められた方法で食事を準備したりする人たちがいる。また倫理的な理由から、ペスクタリアンは魚を食べて肉を食べず、ベジタリアンとビーガンは肉も魚も食べないが、代わりに彼らはそれ以外の食品群から体が必要とする栄養素をすべて摂取できるように気をつけている。

▷ **健康的な食事法**
バランスよく食べられるように、毎日すべての食品群からまんべんなく選ぼう。
1単位はだいたいその人のこぶしの大きさ。

果物と野菜
日に5～7単位。必須ミネラルと必須ビタミンを供給。生、冷凍、缶詰、ドライフード、ジュースなどから選ぶ。

炭水化物、デンプン
日に4～6単位。消化がよく、体のエネルギー源になる。穀類はできるだけ全粒のものを選ぼう。

カルシウムが豊富な食品
日に3単位。骨や歯をじょうぶにするカルシウムを供給。

タンパク質
日に2～3単位。タンパク質には、体をつくり、組織を修復するはたらきがある。

良質な脂質
ひかえめに取り入れよう。エネルギーをたくわえ、臓器を守るはたらきがある。

健康にいい食事　69

体にいい食事がもたらしてくれるもの

健康的な食事をしていると、エネルギーがわき、集中力がついて、満足感が高まります。思春期の子どもでも、少しずつ食べかたを変えていくと、むりがありません。

健康にいい食習慣

健康的な食生活を送るためにできることはたくさんあります。以下にいくつかあげておきます。

△ 水分をとる
日にコップ6～8杯の水分をとるのがいいとされている。いちばんいいのは水なので、できたらフルーツジュースやスムージーは日に150mlまでにしよう。

△ 朝食をとる
英語で朝食を表すブレックファストは、ファストをブレーキングする、つまり断食をやめるという意味。脳と体に栄養をあたえて、これからはじまる一日にそなえる。

△ 健康的に間食をとる
体にいいおやつも、砂糖まみれのおやつとおなじくらい、かんたんに手に入る。それに、満腹感が長もちする。

△ 食べる量に気をつける
炭水化物とタンパク質と野菜の1単位は、だいたいその人のこぶしの大きさくらい。

△ 食べる時間を決める
一日を通して動けるように、食事と間食は決まった時間にとろう。

△ 果物と野菜はたっぷりと
毎日5～7種類の果物と野菜を食べる。

健康的とはいえない

毎日の生活のなかに不健康な食習慣がまぎれこんでいないかどうか、点検してみましょう。健康のためには、特別なごちそうやおやつはひかえめにすること。

ファストフード
ファストフードはすぐに食べられるし、おいしいけれど、脂も塩分も糖分も多く、カロリーが高くなりがち。たまの楽しみにしよう。

甘いお菓子
チョコレートやアイスクリーム、炭酸飲料、その他甘いお菓子のかずかずは、健康にいい果物よりもおいしそうに見える。だが、とりすぎると、糖尿病や虫歯になりやすく、体重も増える。

デトックスダイエット
「デトックス」をうたったダイエット、あるいは食事を抜いたり1種類の食品だけを食べるダイエットは、思春期の子にはすすめられない。危険をともなうし、摂食障害の原因にもなりうる。

摂食障害

ふつうとはちがう不健康な食べかたをしている人、ときに危険ですらある食習慣におちいっている人は、ひょっとしたら摂食障害になっているかもしれません。摂食障害は、性別にも人種にも育った環境にも関係なく、どんな人でもかかりうる病気です。

こちらもどうぞ	
◀ 68-69 健康にいい食事	
ボディイメージ	72-73 ▶
自信と自尊心	86-87 ▶
不安とうつ	94-95 ▶

食べることとの関係

人は食べることによって体と心の健康を保っています。食事の時間は、家族や友人とのつながりを深め、ともにいることを楽しむ時間でもあります。けれど、もし食べもののことで頭がいっぱいになり、食べかたが不健全で体に害が出てきていたら、摂食障害という病気にかかっています。

摂食障害の症状は、食べものとの関係が心の重荷になっているとき、あるいは状況をコントロールする手段として食べることを使っているときにあらわれます。特定の容姿に対する強いこだわりや、ストレスのかかる人生の一大事など、発症する原因はさまざまです。

△ 食事と人づきあい
食事が日々の生活にしめる割合は大きい。だが、摂食障害の人にとっては、食卓が悪戦苦闘の場になることも。

摂食障害のタイプ

摂食障害にも、いろんなタイプがあります。時とともにタイプが変わることもあるし、複数のタイプをあわせもつ人もいます。下にあげるのは、もっとも一般的な3タイプです。

神経性拒食症

自分のことを太りすぎだという誤った認識があるため、食事の量をごく少なくしたり、食事を抜いたり、ちょくちょく断食したりする。

ほかにこんな特徴も

極端な低体重、体重やカロリーへの強いこだわり、過度の運動などの過活動、下剤の乱用。

合併症

めまい、失神、ドライスキン（皮膚がかわく）、疲労感、抜け毛、記憶障害、月経停止、月経不順、筋力低下。腎臓・肝臓障害になるリスクが高まる。骨がもろくなる。

神経性過食症

ストレスや情緒不安を解消するために過食をする。そのあと体重を増やさないために、吐いて食べものを排出する。その行為をくり返す。

ほかにこんな特徴も

むちゃ食い後の断食や、過活動。食事のしかたにむりな制約をもうけ、それが守れないことに対して不安や罪悪感をいだく。

合併症

脱水症、月経不順、ミネラル欠乏症、胃かいよう、唾液腺の腫れ。腸管・心臓障害、虫歯になるリスクが高まる。

むちゃ食い障害

いやな気分をはらすために、こっそりむちゃ食いをくり返す。

ほかにこんな特徴も

不安やうつ、罪悪感、恥辱感、コントロール感の喪失、むちゃ食いがはじまるまえにあらかじめ特定の食品を買いこむ。

合併症

肥満、糖尿病、高コレステロール、変形性関節症、関節の痛みや腫れ。心臓障害、大腸がん、乳がんになるリスクが高まる。

危険信号

摂食障害が疑われるサインとして、次のようなものがあります。

- 急にやせる。しょっちゅう体重が増減する。
- 極端な小食や大食といった、乱れた食行動。
- くり返し体重をはかる、カロリー計算にこだわる。
- 人と食事をすることをこばむ。外での食事をいやがる。
- 体について否定的なことを言う。
- 疲れて元気がない。
- 体をかくすため、ぶかぶかの服、大きめの服を着たがる。
- 過度な運動や活動が習慣になっている。
- 食事のあとこっそりトイレに行く。

助けを求めよう

摂食障害を治療せずにほうっておくと、命をおびやかすほど深刻化することがあります。できるだけ早期に問題に対処することが重要です。愛するわが子を救いだすのは、生やさしいことではありません。本人が否定し、身構えている場合はなおさらです。医師の診断をあおいだあと、あらためて摂食障害を専門とするクリニックを受診する必要があるかもしれません。また、当事者による自助グループもあります。(→246ページ)

▷ 最初の一歩
医師の診察を受けることが、治療と回復にむかうはじめの一歩。

覚えておきたい
わが子をささえるために

- まずは親が落ちつく。決めつけや批判を避け、適切にほめることで子の自尊心をはぐくむよう心がける。
- 押しつけがましい助言をしない。どんなことに手を貸してもらいたいか、本人に尋ねる。
- 子どもから拒否されたり、否定的な反応がかえってきたりするかもしれないが、いちいち動じない。
- 本人の前で見た目や体重についての話をしない。
- 本人が人と交わりたがらない場合も、人の輪の中に引き入れる努力をつづける。
- 本人が専門的な支援を求めるようにはたらきかける。かかりつけの医師から言ってもらうのもいいし、子どもに電話相談窓口を利用させるのもいい。

治療は時間をかけて

摂食障害の症状が出ている場合、その根底に不安やうつ、孤立感など、べつの問題がかくされていることがままあります。つまり、摂食障害の治療にあたっては、健康的な体重にもどすだけではなく、異常な食行動の背後にひそんでいる情緒的、精神的な問題に取り組まなければなりません。回復には時間がかかります。摂食障害にかかった本人が、食べものや体との関係を少しずつ構築しなおしていかなければならないからです。再発することもありますが、時間をかけて適切なサポートを受ければ、よくなる病気です。

△ 治療方法
治療方法は人によって異なる。投薬、カウンセリング、家族療法など。

ボディイメージ

　思春期に入ると、人は自分のボディイメージに敏感になります。これは、アイデンティティの感覚が外見によってより左右されるようになるからです。自分の外見が好きになれないと、自信や自尊心にまで影響が出ることがあります。

こちらもどうぞ	
◀ 22-23	自己表現
◀ 68-69	健康にいい食事
◀ 70-71	摂食障害
自信と自尊心	86-87 ▶

ボディイメージとは

　ボディイメージとは、その人が自分の外見をどう知覚しているか、そしてそれに対してどう感じ、どう考えているかまでをふくめた自己像のことです。肯定的にとらえている場合もあれば、否定的にとらえている場合もあり、その両者が少しずつまじりあっていることもあります。ボディイメージは、かならずしも実際の見た目とは一致しません。

> ボディイメージとは、実際にどう見えるかではなく、本人が自分の見た目をどう感じているか。

ボディイメージへの影響

　思春期はボディイメージが混乱しがちな時期です。思春期を通じて、強まった自意識になやまされる子もいます。ボディイメージに影響をあたえるのは、体の変化だけではありません。次のようなものも影響します。

マスコミの情報操作
セレブがもてはやされ、デジタル処理された画像があふれている今の時代、思春期の子たちは、現実ばなれした「理想」の体形や、標準とされる美しさにとらわれる。そして、こうした基準からはずれまいと、ダイエットなどの不健康な行動に走る。

△ にせの「完璧」
メディアに登場する画像には手が加えられていることを忘れないように。「完璧」というにせの印象をあたえるためだ。

外見いじめ
他人や自分の外見を批判すること。本人に面と向かって言ったり、うわさという形で流したりする。オンライン上でおこなわれることもある。いじめの一種であり、受けたほうは自分の見た目についていやな気分になり、それが直接ボディイメージの悪化や、自尊心の低下につながることもある。

△ からかい
自信たっぷりに見える子でも、容姿について心ないことばをかけられたら、へこんだり動揺したりする。

人生の一大事
転校や親の離婚など、人生の大問題に直面しているティーンエイジャーは、見た目に関して傷つきやすくなることがある。自分に対してしんらつになることで、ストレスを発散させようとしたり、むずかしい状況に対処しようとしたりするためだ。

△ 大変動
新しい環境で人と出会うことは、自分がどう思われるかという不安を引き起こす。

身体醜形障害（BDD）

　身体醜形障害とは、不安障害の一種で、自分の身体像をゆがませる強迫的な考えにとらわれることをいいます。この障害にかかった人は、鏡の前で長い時間を過ごしたり、体のある部分を異様に気にしたり、つねに他人と外見をくらべたりします。ほかの人から見ると、まったく問題のないことが多いのですが、みずからが感じる欠点が気になって、人生をじゅうぶんに楽しめません。

△ 事実ではなく、感覚の問題
体に対する自信のなさが、自分自身に対するゆがんだ見方につながる。

覚えておきたい
筋肉醜形障害

筋肉醜形障害は、BDDの一種。おもに少年や成年男性がかかる。この障害をもつ人は、実際は体格がよくて筋肉質でも、自分のことを小さくて弱々しいと思いこんでいる。筋肉をつけようと過度の運動に走り、友だちづきあいを拒否してまでも、そのための時間を確保しようとする。理想の体形を追いもとめて、ステロイド剤を使う人も多い。

否定的なボディイメージ

　自分の体に対して否定的な思いをいだいていることに気づいていない思春期の子はおおぜいいます。そういう思いは本人の思考や、ほかの人たちとの会話のはしばしにあらわれるだけですが、そのまま放置すると、やがて定着して、動かしがたくなります。
　否定的なコメントの背後にパターンがあることを認識できれば、それが最初の大きな一歩になります。そうした自分の感覚に気づくことで、それがどこからきているのかをさぐるプロセスがはじまるのです。

ボディイメージを向上させる

　ティーンエイジャーのボディイメージは、よい方向に変えることができます。自分に対する認識を変えることなので、時間はかかるかもしれませんが、自分に対して肯定的な感覚をもてるというのは、大きな変化です。ティーンエイジャーにとってなによりたいせつなのは、どんなに時間がかかっても、自分の個性を丸ごと抱きしめられるようになること。それがボディイメージの健全化と自尊心の強さにつながります。

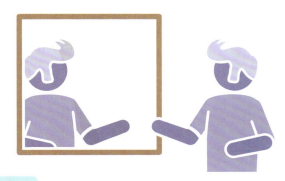

▷ わたしの個性
鏡を見たら、そのたびに「自分のここが好き」という部分に注目しよう。

親への手引き
わが子をささえるために

- 親自身のボディイメージについて肯定的に語る。とくに子どもの前では気をつける。
- 体重や体形を達成すべき目標にしない。健康で元気でいられることに子どもの意識を向ける。
- 雑誌やテレビで紹介されるイメージには手が加わっていることをはっきり指摘して、完璧な体などないことをわからせる。
- わが子の体の変化に寄り添い、話をするときは聞き役にまわって、子どもが気楽に話せるふんいきをつくる。

子どもたちへ
外見に自信をもつには

- 自分が自分の友だちになったつもりで、毎日3つずつ、自分の体のいいところをほめよう。
- 体を動かすと、気分がはれやかになる。走ったり、泳いだり、踊ったり。これなら楽しめるという活動を見つけよう。
- 否定的な感情で頭がいっぱいになってしまったら、そのことを信頼できるおとなに話してみよう。

74　すこやかな体

運動

運動は、体にも脳にもききます。思春期の子の体をすこやかに保つのはもちろんのこと、記憶力がよくなり、睡眠の質が向上して、自分に対する自信がつくなど、いいことづくめです。

こちらもどうぞ	
◀ 68-69	健康にいい食事
◀ 70-71	摂食障害
◀ 72-73	ボディイメージ
ストレス	92-93 ▶

活動的でいよう

思春期の子どもたちの日常には、日々なんらかの運動が欠かせません。1週間単位で、異なる強度の運動を組みこむようにすると、筋肉を育て、骨を強くして、心臓や血管の健康を維持することができます。

▷ ティーンエイジャーにおすすめの運動時間
毎日少なくとも60分はなんらかの形で体を動かそう。

バランスを保つ

宿題がたまっているなど、ストレスのかかる状態だと、運動する時間をつくりだすのも一苦労です。ですが、運動にはおおいにストレスを発散させてくれる作用があります。運動のためにまとまった時間をつくるのがむずかしいときは、こまめに体を動かすだけでもちがってきます。エレベーターの代わりに階段をのぼるなどのくふうをしてみましょう。

体を動かさない時間：少々
一日のなかで体を動かさない時間を増やさないようにする。

筋肉を育てて骨を強化する運動を試す。たとえば水泳。

おだやかな運動：週に2〜3回
おだやかな有酸素運動。話はできるが、心拍数が上がり、汗をかく状態。

心拍数を上げるため、スプリントなどを試みるのもいい。

激しい運動：週に3回
心拍数が上がって、呼吸の回数が増える運動は、すべて激しい運動。話すのがむずかしい状態。

軽度の身体活動：毎日
日常的におこなっている身体活動の多くも、思春期の子どもたちの健康を守るのに役立っている。

運動 **75**

いろいろやってみる

　ジムに通うだけが運動ではありません。自分のお気に入りの運動を見つけるには時間がかかるけれど、好きな運動なら、義務ではなく楽しみとして体を動かすことができます。

　あきずに運動をつづけるには、これまでやったことのないものを試すのがいいでしょう。新しいことをするのに不安があるようなら、友だちを誘って体験レッスンに行ってみたら？　必要な助けが得られます。習うより慣れろのたとえどおり、はじめのうちは進歩を感じられないかもしれませんが、あきらめずにつづけましょう。

▽ **種類は多く**
いろんな運動を試して、新しいスキルを学ぼう。
そのうちなにがいちばん楽しめるか、わかってくる。

> **子どもたちへ**
> ## 動機づけ
> 運動というのは、やればやるほどエネルギーが高まって、より楽しめるようになるので、定期的に運動する時間をつくろう。たとえば放課後に、いっしょに運動する友だちがいると、ひとりより楽しめて習慣化しやすい。また、勝ち負けより、自分を基準にした目標があると、やる気が高まる。たとえば、新しい人に出会うとか、もっと健康になるとか、ストレスを発散するとか。

△ ランニングは筋肉をつけ、心臓の血管を強くし、忍耐力を養う。

△ サイクリングは健康的な移動手段。筋肉をつけ、心臓の血管を強めてくれる。

△ 山登りは骨と筋肉を強くし、問題解決能力を高めてくれる。

△ チームスポーツは自信を高め、定期的に運動する機会をあたえてくれる。

△ ボクシングは身体の協調性を養い、規律正しさと、体力がつく。

△ ダンスは身体の協調性とリズム感とスタミナを養う。

△ ヨガは柔軟性を高め、筋力をつけ、ストレスをやわらげてくれる。

△ グループ活動はチームワークを通じて友だちをつくるのにぴったり。

△ ピラティスはコアマッスルを強化し、柔軟性を高めてくれる。

睡眠

思春期の子どもの体と脳を育てるには、毎夜、8時間から9時間の質のよい睡眠が必要です。休息すべき時間にぐっすり眠れていると、体にエネルギーが補充されて、学習能力や記憶力が向上します。

こちらもどうぞ	
◀ 14-15	思春期の脳
◀ 20-21	気分のゆれ
心の健康を守る	82-83 ▶
ストレス	92-93 ▶

睡眠のたいせつさ

生きていくうえで、睡眠は欠かせないものです。子どもの体と脳が大きく変化する思春期には、なおのことたいせつです。眠りは心身を休ませるものであると同時に、体がいくつもの処理をおこなう時間でもあります。質のいい睡眠は免疫システムを強めて、筋肉をはぐくみ、ホルモンのはたらきをよくして、心の安定につながります。

▽ 寝室を整える

よい睡眠とは、寝ている時間の長さだけではなく、眠りの質に関係する。睡眠の質を上げるため、寝室はちらかさず、やすらげる場所にしておこう。

◁ **就寝時**
ベッドに入るときは、決まった手順をふむ。寝心地のよい服装をして、ほっとできるものをもつと、自然と疲れがやってくる。

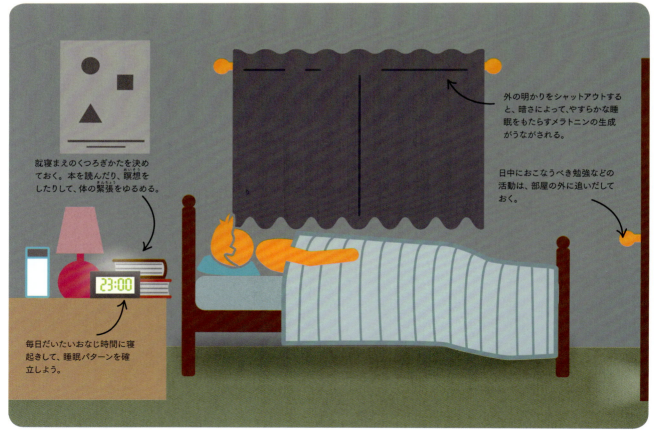

外の明かりをシャットアウトすると、暗さによって、やすらかな睡眠をもたらすメラトニンの生成がうながされる。

日中におこなうべき勉強などの活動は、部屋の外に追いだしておく。

就寝まえのくつろぎかたを決めておく。本を読んだり、瞑想をしたりして、体の緊張をゆるめる。

毎日だいたいおなじ時間に寝起きして、睡眠パターンを確立しよう。

サーカディアンリズム

わたしたちは朝になると目が覚めて活動をはじめ、夜になると眠くなって体を休めるという、ほぼ1日を単位とするリズムをきざんで生活しています。覚せい・睡眠の感覚を調整しているのは、脳から分泌されるメラトニンというホルモンで、そのはたらきによってきざまれる生体リズムをサーカディアンリズムといいます。体内のメラトニン濃度は、脳で分泌されるメラトニン量によって変わり、取り入れる光の量に影響されます。脳は日が落ちるとメラトニン量を増やして疲れの感覚をもたらし、また明るくなると、メラトニン量を減らして人を覚せいに導きます。

思春期の子どもとおとなではそのリズムが異なり、思春期に早起きが苦手な理由はそこにあります。思春期の子の脳では、おとなの脳よりも2、3時間おくれてメラトニンが放出され、そのぶん、おそい時間まで疲れを感じません。また、おとなよりも3時間ほどおそくまでメラトニンをつくりつづけるので、通学に合わせて起床することに、真夜中に起きるような苦痛を感じることがあります。

> 覚えておきたい
> ### 不眠症
> 眠りにつきにくいとか、途中で目が覚めるなど、睡眠に困難をともなう障害。不眠症の人は疲れを引きずったまま目覚めることが多く、疲れがあっても仮眠できないため、日中の活動に集中しにくいといった症状がある。不安やストレス、健康上の問題、生活上の要因、よくない睡眠習慣など、原因はいろいろ。
>
> カフェイン入りの飲みものは、午後のおやつぐらいまでにして、眠りにつく何時間かまえからパソコンやスマホの使用をひかえると、症状が改善するかもしれない。それでもよく眠れない状態がつづくようなら医師に相談しよう。

▽ **悪い習慣**
睡眠の質が悪かったり、睡眠時間が足りなかったりすると、気もちが不安定になって、集中力が弱まる。その状態が長くつづくと、病気などにかかりやすくなる。

注意すべき病気

ホルモンバランスの変化や、試験の心配、仲間との身体的接触の多さなど——そんなことが重なって、思春期はなんらかの感染症にかかったり、病気になったりしやすい時期です。

こちらもどうぞ	
◀ 68-69	健康にいい食事
◀ 74-75	運動
◀ 76-77	睡眠
ストレス	92-93 ▶

かかりやすい病気

ここには思春期にかかりやすい病気をあげました。この時期の子どもたちの体はさまざまな変化にさらされ、しかも多くの時間を集団で過ごすからこその病気です。

人の免疫システムは、細菌やウイルスや菌類や寄生虫など、ごくふつうの生活のなかにひそむ感染性のある病原体に対して、体を守ろうと激しく抵抗しています。ですが、ときには自力ではどうにもならないこともあるので、次のような病気があることを頭において、感染しないように予防すること、さらには必要に応じて医療機関に相談することがたいせつです。

はしか

発疹が特徴のウイルス性の疾患。感染力が強い。
合併症：目、肝臓、肺、神経などにダメージを負う。命に関わることも。
原因：はしかウイルス。
症状：風邪に似た症状。発熱、明かりに対する過敏さ、目の赤みと痛み、皮膚への発疹、口内に白い斑点。
診断：血液や唾液の検査、臨床診断。
治療：解熱剤、痛み止めの処方。症状は7～10日で自然におさまる。
予防：ワクチン接種。

伝染性単核球症

若い人に多いウイルス性の感染症。
合併症：リンパ節の腫れ、長引く疲労感、ときに血球減少、脾臓の腫れ、神経障害。
原因：エプスタイン・バー・ウイルス。キスや歯ブラシの共有、ナイフ、フォークの共有などにより、唾液を介して広がることが多い。
症状：強い疲労感、発熱、喉の痛み、首のリンパ腺の腫れ。
診断：血液検査。
治療：補液、鎮痛剤、安静。
予防：ストローやナイフ、フォークなどの共有を避け、病気の人とはキスをしない。

髄膜炎

脊髄や脳を保護する膜を髄膜という。その髄膜に炎症が生じる病気。
合併症：神経障害、四肢切断、治療がおくれると死にいたることも。
原因：細菌（危険度が高い）もしくはウイルス（一般的）による感染。くしゃみ、咳、キス、ナイフやフォークの共有などで広がることが多い。
症状：筋肉痛、しみ状の発疹、眠気、発熱、頭痛、明かりに対する過敏さ、けいれん、おう吐。
診断：血液検査、脊髄や脳から採取した脳髄液の検査。
治療：早期の受診。補液、抗生物質の静脈投与、酸素吸入（細菌性髄膜炎の場合）。ウイルス性髄膜炎は7～10日で治癒。
予防：ワクチン接種。数種類ある。

注意すべき病気 79

片頭痛

通常、頭の片側に発生する頭痛。痛みはひどいことも、にぶいこともある。視界にもやがかかるなど、事前に前兆があることも。

合併症：ときに吐き気、おう吐。
原因：不明。異常な神経信号が脳内の化学物質や血管に影響をあたえている可能性も。
症状：かすみ目、頭痛、音や光への過敏さ、吐き気、おう吐。
診断：症状のパターンから臨床診断。
治療：片頭痛薬、鎮痛剤、静養。
予防：引き金となる要因を避ける、減らす。予防薬の摂取。

流行性耳下腺炎（おたふくかぜ）

耳から下の顔側面が痛みをもって腫れあがるウイルス性の伝染病。

合併症：膵臓の炎症、不妊症（まれ）、髄膜炎、卵巣炎、精巣炎。
原因：ウイルス感染。唾液を介して広がる。
症状：発熱、頭痛、関節痛、耳の下にある唾液腺の腫れ。
診断：唾液検査。
治療：腫れた唾液腺への冷湿布、補液、おだやかな鎮痛剤、静養。通常は2週間以内に炎症がおさまる。
予防：ワクチン接種。

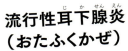

性感染症（STI）

多種多様な細菌、寄生虫、ウイルスによる感染症。

合併症：受精能障害、皮膚病、神経障害。
原因：細菌、ウイルス、寄生虫。
症状：ときに無症状。月経時の出血異常、性器からの分泌、かゆみ、発疹、排尿困難、下腹部痛。
診断：血液検査、性器からの検体採取、尿検査。
治療：感染症の種類による。抗生物質、抗ウイルス剤、抗寄生虫剤。現時点ではHIVの治療薬はないが、長いあいだ健康に暮らしていけるようにする薬はある。
予防：定期的な検査。性行為のパートナーに検査を受けているかどうか尋ねる。より安全なセックス、つまりより感染しにくいセックスをくふうする。

尿路感染症（UTI）

膀胱と呼ばれる膜状の袋に細菌がついて、炎症を起こしたもの。

合併症：反復性の尿路感染症による腎臓へのダメージ。
原因：細菌感染。
症状：血尿、頻尿、排尿時の痛み、尿がくさい。
診断：尿検査。
治療：抗生物質、補液、静養。
予防：水分摂取、女性の場合は排便のあと、前からうしろへふくこと。

ワクチンの効用

細菌やウイルスなど、感染症の原因となる微生物を病原体といいます。この病原体を無毒化あるいは弱毒化したものがワクチンです。それを接種することで、人体には病原体に対する抗体がつくられ、それが将来、出会うであろう病原体と戦うときの主戦力となります。ワクチンを接種するのは、命に関わる多くの病気にかかる可能性を少しでも低くするためです。

> **覚えておきたい**
> ### ワクチンを接種しよう
> 11歳から18歳までには、接種しておいたほうがいいワクチンが数多くあります。ワクチンを接種したら、そのつど記録を残し、接種したかどうかがわかるようにしておく。2回接種するワクチンについては、2回めも初回とおなじように重要。免疫機能が保たれるように適切な時期に接種すること。

すこやかな心

82　すこやかな心

心の健康を守る

　心が健康であるとは、感情面でも、社会生活の面でも調和がとれていて、内的にも安定している状態をいいます。人は運動や食事、そしてじゅうぶんな睡眠によって、体の健康を保とうとします。心についても、その健康を保つためには、おなじように時間をかけることがたいせつです。

こちらもどうぞ	
自信と自尊心	86-87 ▶
レジリエンス	90-91 ▶
ストレス	92-93 ▶
不安とうつ	94-95 ▶

前向きでいるためには

　健康な心でいるためには、中心となる要素が4つあります。自分がなにを感じているか気づく能力、気づいた感情に対処する能力、精神の安定を保つ習慣、自分をささえてくれる強固なネットワークをつくりあげる能力の4つです。この要素がもれなくそろっていると、前向きな気分でいやすく、前向きでいることができれば、困難や障害があっても、それに向き合いながら人生をぞんぶんに生きることができます。(→246ページ)

親への手引き
わが子をささえるために

- あなたから見てえらいなと思う部分を子どもに伝える。たとえば、友人や家族に対して思いやりが深いとか。
- 子どものお手本となるべく、思慮深くありたい。いらだちを感じているときは、今、自分がどんな気分なのかを伝えて、その問題をどう解決するつもりかを具体的に話す。
- 子どもが試験中でも、楽しむ時間を確保させよう。ストレスに押しつぶされることなく、実力を発揮しやすくなる。

自分の心を守る

　今、絶好調。そう思うときでも、心を健康に保つには、そのための時間をとることがたいせつです。精神的にすこやかなときは、自分はなにがあると前向きな気分になり、どういうことに落ちこむかがわかります。自分の心の健康をだいじにしようとすること——思春期の子どもたちは、その試みを通じて自分の感情に注意をはらうようになり、人生と自分自身の両方についてバランスのとれた見方ができるようになっていきます。

自分の才能を認める
自分なんかまだまだだとか、あの人のほうができが良かったとか、そういう否定的な考えや感情がわいてきたときは、自分が得意なことや、これまでにやってきたことを思い出して、自分を認めてあげよう。ひとりとしておなじ人はいない。みなそれぞれにほかの人にはない才能や、独自のやりかたをもっている。それがわかると、自分自身の持ち味をよろこべるようになる。

マインドフルネスを心がける
マインドフルネスとは、今このときに意識を向けて、そのときどきの思考や感情を認知するテクニック。そのときの思考をひとつずつたんねんに拾うことで、落ちこんだ気もちやあせりを遠ざけ、自分をコントロールできているという感覚が得られる。呼吸を意識する練習も、マインドフルネスに通じる。

▷ 前向きでいるための戦略
状態の良いとき、悪いとき。どちらの場合も、前向きになる方法はたくさんある。

人に話してみる

考えがまとまらないときや、悪いほうにばかり考えて、そこから抜けられないときは、今の気もちを友だちや親に話してみましょう。外部の目を借りると、自分で思っているよりうまく対処できているのがわかるかもしれません。また、次に困難にぶちあたったときにそなえて、そのとき友だちや親がくれる肯定的なコメントを、覚えておきましょう。

▷ **ひとりじゃない**
悲しんでいたり、落ちこんでいたりすると、人にそのことを話しにくい。けれど、話すだけで、考えが整理できることが多い。

建設的な関係をきずく
頼りになる友だちは、自信をくれ、可能性を広げてくれる。良い友だちはきみの前向きな考えを認め、できたことをいっしょになってよろこび、困ったときはささえてくれる。そんな友人関係は、人がしあわせに暮らしていくうえで、かけがえのない宝物だ。

友だちの力になる
友だちに力を貸したり、友だちが困っていることに気づいてあげられたりすると、自分が好きになれるし、友情をいいものだと感じられる。

自分にやさしくする
人はともすると自分よりも他人にやさしくしてしまう。自分に対する語りかけのことをセルフトークといい、つい自分に厳しくなって、自分を責めるセルフトークをしがちだけれど、そのことに気づいて、より建設的で思いやり深い考えに置きかえることがたいせつ。自分をコントロールできている感覚がもてて、自信につながる。

新しいスキルを学ぶ
慣れ親しんだ安全な環境から出て、新しいスキルを学ぶと、レジリエンスが育つし、今までとはちがう種類の人たちに出会って、仲良くなるチャンスができる。

体を動かそう
運動をすると、多幸感をもたらすエンドルフィンが分泌される。このホルモンは、体にも心にも効く。

瞑想する
人類は数千年もまえから、瞑想によって思考や感情をコントロールして、忙しくさまよう心をくつろがせてきた。マインドフルネスと似ているが、方法は異なる。ときにはべつのやりかたで気もちを落ちつかせてみよう。

目標や夢をもつ
大きくても小さくてもいいから、目標をもつと、今していることに集中しやすい。自分で決めた目標に向けて努力することは、レジリエンスを育てる意味でもたいせつだ。人生という旅には苦難や挫折がつきもの。たいへんだからこそ、目標にたどり着いたときのよろこびは大きい。

リラックス
新作映画を観る、好きなバンドの音楽を聴く、本を読む。くつろいで楽しむ時間をもとう。心の安定のためには、ただ「ある」ことがだいじ。

情動と感情

自分や自分のまわりで起きたことに対して、とっさに起こる生理的な反応を、情動（エモーション）といいます。情動は脳内で分泌される化学物質によって引き起こされ、ひいては個々人の精神反応——感情（フィーリング）——となります。情動がほとんど個人差なくすべての人にあてはまるのに対して、感情は個別的なもので、なにをどう感じるかは人によって異なります。

こちらもどうぞ	
◀ 20-21	気分のゆれ
◀ 82-83	心の健康を守る
レジリエンス	90-91 ▶
不安とうつ	94-95 ▶

情動（エモーション）とは

情動とは、自然に引き起こされる反応です。この反応があるおかげで、人は自分が今なにを経験していて、それをどう受けとっているかを理解することができます。赤ちゃんは、ほほ笑む、笑い声をあげる、あるいは泣くといった行為を通じて、みずからの情動を感じとり、まわりの人の情動にこたえています。こうした反応をするのに、理屈はいらないということです。赤ちゃんはやがて子どもになり、思春期を迎えます。年齢が上がっても、生理的な反応——楽しいと声をあげて笑い、あせると汗ばみ、怒るとまっ赤になる——についてはほとんど変わりませんが、自分の状態を理解して、表現することについては、まえよりじょうずになります。これは第二次性徴期のあいだに、論理的な思考を受けもつ脳の部分が発達するからです。

▷ **情動と記憶**
情動と記憶はむすびついている。楽しかった休暇のことを思い出すと、しあわせな気分になるのは、その一例。

情動の役割

人には生きのびようとする本能があり、その本能の中心となっているのが情動です。恐れや、怒り、嫌悪や、驚き。そうした情動のすべてが危険を避けるため、あるいは危険に対処するためにあり、戦うか、逃げるか、心のなかから恐怖を締めだすかという、いずれも本能的な反応を引き起こします。「ポジティブシンキング」は精神衛生上いいとされていますが、人が心身ともに外界に対応できるのは、情動に幅があるからです。

△ **本能としての情動**
わきあがった情動に対してどう反応するかは、その人その人によってちがう。

覚えておきたい
普遍的に認められる情動

どんな文化圏に住み、どんな言語を使っていたとしても、その人が経験している情動は、顔の表情によって伝わる。1960年代、心理学者たちは、人には基本となる普遍的な情動が6つあるとした。恐れ、怒り、嫌悪、よろこび、悲しみ、驚きである。ただし、怒りと嫌悪、恐れと驚きをきわめて似たものとして、情動を4つとする心理学者もいるし、情動の種類はもっと多いとする心理学者もいる。

思春期の情動

　ティーンエイジャーはおとなといるときより、仲間といるときのほうが、むちゃをしがちです。とくに人からほめられたり、評価されたりなど、周囲の声に影響を受けます。その原因のひとつとなっているのが、脳の前頭前野と呼ばれる部分の発達がおくれていることです。情動のバランス調整やリスクの判断、自意識などを制御している前頭前野の発達がなぜおくれているのか——じつは、そのおくれには生物学的に見て、意味があります。たとえばリスクの認識があまいからこそ、保護者である親からはなれて、自立に向かうことができるのです。

▷ **おおげさな反応**
前頭前野の発達途上では、ちょっとした出来事に、とても過敏に反応することがある。

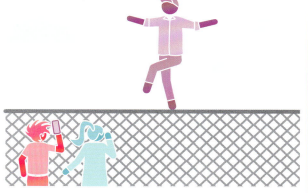

△ **スリルに引かれる**
興奮するとドーパミンという快感をもたらすホルモンが放出される。冒険やスリルに満ちた行動に走るのは、そのためだ。

情動のコントロールは学べる

　ティーンエイジャーは、思春期まえの子どもやおとなよりも情動を強く感じる傾向があります。これは、情動にもとづく反応を引き起こす部分よりも、「思考」する部分である前頭前野のほうが、あとから発達するためです。つまり前頭前野の発育が追いつくまでは、ある状況や行動に対する自分の情動的な反応を認知したり、コントロールしたりすることがへたくそなのです。

　ただありがたいことに、前頭前野は状況に適応する能力をもっています。たとえば情動のコントロールです。本能的な情動そのものとはちがって、情動をコントロールする方法は、前頭前野の成熟を待たずに、日々学ぶことができます。

情動が暴走したときは

　情動はときに人を乗っとって、ふたたび「思考」脳がはたらきだしたときに後悔するような行動に走らせます。思春期にはそうしたことがめずらしくありません。

- 可能であれば、その場からはなれる（たとえば別室に移動するとか）。
- 呼吸に集中して、ゆっくりと10数える。
- 自分の情動を認めて受け入れる。建設的な反応のしかたを考えるのは、そのあと。
- 運動をする、音楽を聴く、思いつくまま気もちを書く。いずれも自分の心に向きあう良い方法だ。

親への手引き
子が情動にふりまわされていたら

- 思春期のわが子が情動にふりまわされているときは、余裕をもって対処し、子どもの気もちを落ちつかせる。原因について話しあうのはそのあとだ。
- わが子が経験している情動を認めて、それに向きあう。
- 情動のたかぶりがおさまったら、問題の大小にかかわらず解決すべきことを話しあう。
- わが子の自立につながる機会を見逃さない。大胆さと思慮深さは同時に実現できることを伝える。

すこやかな心

自信と自尊心

おなじもののように考えられることが多い自信と自尊心ですが、実際はまったくべつのものです。自信は、本人がある特定のなにかに対してもつ感覚、自尊心は、本人が自分自身をどう感じているかを表しています。

こちらもどうぞ	
◀ 72-73 ボディイメージ	
内向性と外向性	88-89 ▶
レジリエンス	90-91 ▶
いじめ	150-151 ▶

自信とは

自信とは、なにかをすることについて、自分ならうまくやれるという信念をもっていることです。また、自信は、特定のなにかに関わることです。つまりスピーチで聴衆を感動させることには自信があっても、レポートを書くことには自信がなかったりします。

自分に自信のある人は、自分に能力があると信じているので、なにかにチャレンジするときや、責任のある立場に置かれたとき、あまりひるみません。つまり自信とは、今自分がもっている能力を最大限に生かしつつ新たな能力を育てるのに役立つ、建設的な資質なのです。

前へ、上へ

自信があると、むずかしいことにも強い意志と熱意をもって挑戦できるので、おのずと夢に向かってひとつずつ目標を達成しやすくなります。実際、自信がないとちょっとしたことにつまずいて、前に進めなくなったりします。人生に障害はつきものですが、そのせいでやりたいことができなくなるのは避けたいものです。

▽ 障害を乗り越える
困難にぶちあたっても、自信をもちつづけるのは、それ自体が困難なことだが、小さな一歩ずつが大きな成果につながる。

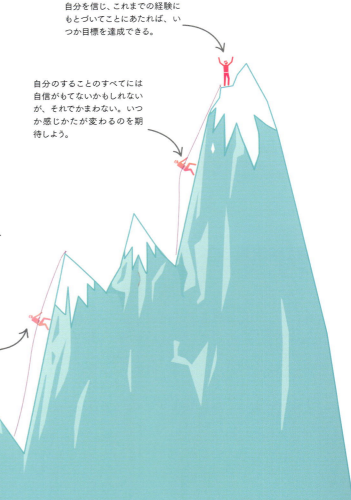

自分を信じ、これまでの経験にもとづいてことにあたれば、いつか目標を達成できる。

自分のすることのすべてには自信がもてないかもしれないが、それでかまわない。いつか感じかたが変わるのを期待しよう。

ときには、苦戦を強いられているように感じるものだ。じっと耐えて、なぜその目標をかかげたかを思い出そう。前に進む気力がわいてくるのでは?

障害を乗り越える最初の一歩は、自分にはできると信じることだ。

自信と自尊心　87

「僕が僕であって、誰か別の人間でないことは、僕にとってのひとつの重要な資産なのだ。」

村上春樹　作家

自尊心

　自尊心とは自分自身に対する感じかたです。自分自身の重要さとか、自分の絶対的、相対的な価値をどう感じているかを表しています。自信は人生における一側面に関するものなので、すべてに対して自信がある必要はありませんが、自尊心の場合は、これが低いと、夢や目標の達成のしやすさがちがってくるだけでなく、心の健康にまで影響します。

　自尊心の低い人は自分に対しておそろしくしんらつです。自分にダメ出しをしてばかりいると、不安や抑うつ状態になることも。でも、解決策はあります。ありがたいことに、人には自分のことをどう考えて、自分にどう語りかけるかを選ぶことができます。否定的な考えなどさっさと捨てて、自分に対してやさしく肯定的な意見をもつようにしましょう。

子どもたちへ
自尊心を育てる

人生のあらゆる面に関わってくるのが自尊心だ。人づきあいにも、学業や仕事の成果にも、関係してくる。だから、自分の価値を認めて、それにふさわしいあつかいをしよう。

- 毎日、自分のことや自分の長所を思い出し、それを口に出して言う。
- 自分にいじわるなことを言わない。自分を親友と思って、やさしさと敬意をもって接する。
- 人からほめられたら、すなおに受け入れる。
- 自分がやりとげたことを毎日3つ、書きとめる

親への手引き
子どもの手本になる

次のようなステップをふむと、わが子の自尊心を高めることができる。

- 親自身、なにかがうまくできたときはよろこび、自分をほめる。これを子どものまえでおこなう。
- 子どもの長所や成果をなんども口に出して強調する。
- 親自身が自尊心を高めるためにどうしているかを話して、子どものレジリエンスをはぐくむ。だれもが日々、自尊心の問題に取り組んでいることが子どもに伝わるように。

シャイネス

　人と会っているとき、とくに初対面の人に会っているときに感じる、おどおどした自信のない感覚や、それにともなう行動傾向をシャイネスといいます。シャイネスは内気、人見知り、照れ、はにかみなどとしてあらわれます。また、人前でのふるまいかたや、感じかたに影響があり、居心地の悪さを感じたり、過敏になったり、神経質になったりします。また顔が赤らむ、汗をかく、息が切れる、話せなくなるといった、身体的な反応が引き起こされることもあります。

　シャイネスはよくある感覚・行動傾向で、それ自体は問題がありません。ただ、そのことで精神的な苦痛がある、能力がぞんぶんに発揮できないなど、日常生活に支障が出ているときは、友だちや家族、あるいはカウンセラーに相談しましょう。

△ 話題
はじめての人に会うときは、あらかじめ話題を用意しておこう。気おくれせずに会話の流れに乗りやすくなる。

内向性と外向性

にぎやかさと静けさ、少人数の集まりと大人数の集まり。どちらを好むかは、その人の性格によります。自分の傾向を自覚していると、おくすることなく世間に出ていけます。自分に適したやりかたでいいのです。

こちらもどうぞ	
◀ 82-83	心の健康を守る
◀ 86-87	自信と自尊心
不安とうつ	94-95 ▶
スピーチしよう	124-125 ▶

気質と特性

人の性格（パーソナリティ）を考える場合、分類のひとつとして、内向型（内的な世界に意識を向ける傾向が強い）と、外向型（外的な世界のほうを好む）があります。どの程度の社会的なやりとりが心地よいかによって、その人がどちらに分類されるかが決まります。通常、内向型の人は一対一もしくは小集団での交際を好み、人とつきあったあとはひとりになって再充電したいと感じます。外向型の人は大人数の集まりに出ると活気づき、エネルギーが高まるのを感じます。新しい人と出会ったとき、新しい状況に身を置いたときもおなじです。

内向型と外向型は両極端に位置します。自分はそのどちらかだと思う人がいる一方で、その両方をあわせもっていると感じる人がたくさんいるところに、人の性格の複雑さがあらわれています。こういうタイプを両向型といいます。

> 「いい人生を送る秘訣は、自分に適した照明のなかに身を置くことです。それがブロードウェイのスポットライトの人もいれば、ランプのともったデスクの人もいます。」
>
> スーザン・ケイン　著作家

内向型

両向型

外向型

内向型
内向型の人は刺激の少ない静かな環境を好む。そのため、おのずとひとりでいることや、少人数の集まりを選ぶことが多い。仕事には集中して、慎重な態度でのぞみ、話すよりも聞き役にまわりがちで、話すときは、そのまえによく考える。

両向型
両向型の人は内向型と外向型の性質をあわせもつ。なごやかかつ意欲的な態度で社交の場を楽しむが、静かな環境にも適応し、仕事もぬかりなく終わらせる。

外向型
外向型の人はにぎやかな場を好む。外の世界から刺激を受け、それを活動の原動力にする。おおぜいの人が集まる場で人に会うのが好きで、リスクを恐れず、果敢に人生に立ち向かう。

内向性と外向性　89

外向型がもてはやされる社会

　今の社会では、外向的な気質が高く評価される風潮があります。学校ではグループ学習がおこなわれ、職場ではチーム単位での協働が勧められています。内向型の人にとっては、居心地が悪かったり、気が重かったりすることも、少なくないでしょう。

　こうした風潮はさておき、たいせつなのは、何型だろうと、だれもが自分の置かれた環境で目標に向かって努力していることです。この事実を受け入れると、各自の環境でそれぞれの持ち味を発揮する方法を学びとれるようになります。あとはそれを形にして、実行に移すだけです。

こっちがほんと
内向型・外向型に関する真実

外向型だからといって、人前で話すのが得意とはかぎらない。
得意な人もいれば、不得意な人もいる。人前で話すというのは、ひとつのスキルとして、学んだり練習したりする必要があるものだからだ。外向型の人のほうがはらはらどきどきは少ないかもしれないが、話の内容を練らなければならないのはどちらもおなじ。これは内向型の人が得意とするスキルだ。

内向性とシャイネスはかならずしも一致しない。
外向型か内向型かということと、対人関係に自信があるかどうかは関係がない。

◁ **どの型の子も輝ける**
外向型の子は、学校という世界で脚光を浴びることが多く、それは本人の希望にも一致している。だが、内向型の子には、周囲の騒音にまどわされることなくものごとに集中できるという長所がある。その安定した性質がまたべつの形の輝きをもたらす。

脳科学的な説明

　外向型の人の脳を観察すると、処理されるメッセージが直線的なルートをたどっているのがわかります。それが外向型の人が新しい話題や新しい経験を好む原因の一部になっているのかもしれません。逆に内向型の人のより長いルートは、彼らがなにごとも徹底して考えるのを好み、メッセージの処理に時間がかかることの説明になるとも考えられます。

△ **内向型の情報処理ルート**
内向型の人の脳では、より複雑なルートをたどって情報が処理されている。記憶、計画、問題解決などに関わる脳の部位を通っている。

△ **外向型の情報処理ルート**
外向型の人のルートは短く、おもに感覚を知覚する脳の部分で情報が処理されている。外向型の人がつねに新しいインプットを求める理由はそこにあるのかもしれない。

親への手引き
わが子をささえるために

外向型にしろ内向型にしろ、わが子がどちらによりあてはまるかわかっていると、力になりやすい。

内向型の場合：
- 結論を出すまでにじっくり考える時間をあたえる。
- 子どもの個性を尊重して、外でも家でも、子どもが静かに過ごす時間をたいせつにする。
- 内向型の子はひとりで作業することを好む。それを認め、彼らの集中力の高さや自分を律する能力をほめる。

外向型の場合：
- 外向型の子は、なにはともあれ立ちあがって、自分の好きなほうに走りだすので、だまってそれを見守る。
- 子どもの熱意をほめ、頭にあることを考えさせるため、口で説明させるようにする。
- 外向型の子はいくつかのことを同時にやろうとしがちだ。結果として時間がかかることになっても、口出ししない。

すこやかな心

レジリエンス

もともと「反発力」をしめす物理学用語だったレジリエンス——近年では、「回復力」「立ち直る力」などを意味する心理学用語としても使われています。この能力が高いかどうかによって、プレッシャーや挫折やストレスとうまく折りあえるかどうか、そして困難なときにくじけずがんばれるかどうかが決まります。

こちらもどうぞ	
◀ 82-83	心の健康を守る
◀ 86-87	自信と自尊心
ストレス	92-93 ▶
目標やこころざし	112-113 ▶

逆境に耐える

人生に浮き沈みはつきものです。毎日の暮らしにはプレッシャーとストレスが満ちているし、たいせつな人の死や病気など、ときには心に傷を残すような出来事が起きて、その人のしあわせや心の健康をおびやかします。思春期の大きな課題は、逆境の切り抜けかたを学び、その体験を通じてさらに強くなることです。

▷ レジリエンスは人生のツール
レジリエンスがあると、困難な状況にあっても、身動きできないほど打ちひしがれたり、不安になったりせず、うつうつとした気分をはね返すことができる。

失敗することを学ぶ

新しくなにかをはじめるのは、おそろしいもの。リスクを覚悟でなにかをすることもです。結果がうまくいかなければ、恥ずかしいし、つらいし、まわりが冷ややかだったりしたら、なおさらです。それでも、がっかりしてばかりではもったいない——失敗には学ぶべき点がたくさんあります。

失敗するという経験を通じて、思春期の子どもたちは挫折に向きあい、状況に適応して問題を解決する能力を高めていきます。目標の中身やその実現に必要なことに関する知識を増やし、自分についてよく知ることで、その目標の達成に向かって進んでいくのです。

▽ くじけない
失敗があるから、成功したときよけいにうれしい。

「なんの失敗もなく生きるのは不可能です。生きているとはいえないぐらい慎重に生きれば可能かもしれませんが、そんな生きかたはそもそもが失敗です。」
J・K・ローリング　作家

うしろ向きの考えかた

なにかに行きづまると、自分のなかでくせになっているうしろ向きの考えがうかんできて、問題や失敗に対処する能力を発揮できなくなります。

問題を見ないふりをする
現状から目をそらすと、そのときは息がつけるけれど、無視したところで問題がなくなるわけではない。問題に向きあう時間をつくって、必要とあらば、助けを求めよう。

自分を責める
失敗したことばかり考えていると、かえって事態は悪くなる。それより失敗の原因を明らかにして、次に似たようなことがあったらどうするかを考えよう。

失敗をおおげさに考える
なにかに失敗したとき、それが修復不能に思えたり、すべてがダメになったと感じることがある。そんなときは友だちに意見を聞いてみよう。もっと広い視野でその失敗をながめられるかもしれない。

レジリエンス **91**

レジリエンスを鍛える

　ティーンエイジャーでも、根気よく鍛えれば、困難な局面で前進できるふるまいかたや考えかたを身につけることができます。

自分をはげます

自分を責めない。それより前向きに考えて、どんな小さなことでも、なにかをなしとげたら自分をほめる。

自分の力を知る

自分が得意としていることを考えると、なにができるか見えてくる。

助けを求める

自分をささえてくれそうな、似たような立場にいる人をさがす。助けを求めるのはちっとも悪いことじゃない。

過去の困難を思いだす

おなじようなことを感じたことはないか？　そのとき自分がなにをして、そのあとどう感じたかを思い出す。

他者から学ぶ

超一流の運動選手や発明家や作家は、成功するまでにたくさんの挫折と失敗を味わっている。彼らのねばり強さを見習おう。

ささえてくれる人のネットワークをつくる

なやみごとがあるとき、そのなやみに耳をかたむけて、手をさしのべてくれるのが友だちや家族。彼らと過ごす時間は最高のなぐさめになる。

目標に向かって努力する

目標をはっきりさせておくと、それに向かってなにをすべきかが見えてくる。

先を見越した行動

変化をうながす行動をとると、状況をコントロールしている感覚が得られる。前回うまくいかなかったら、次はべつのやりかたを試してみよう。

前向きに考える

もっと楽観的になれるよう、べつの角度からものごとを見てみよう。ちょっとしたユーモアが役に立つ。

自分の感情をだいじにする

自分が今なにを感じているかを意識して、理解しようと試みる。状況を変える道筋が見えてくることがある。

子どもたちへ
変化に対応する

思春期にある今、新しい状況に直面したきみたちが、居心地の悪さを感じるのは、ごくあたりまえのことだ。そうした変化がもたらす感情と折りあいをつけるのも、レジリエンスのはたらきの一部。不安になっている自分に気づくのは悪いことじゃない。不安を感じるおかげで、自分がなにに価値を置いているかがわかる。自信をもってその状況にあたりたければ、予行演習をしたり、計画を立てたりしよう。

健康でいる

しっかり食べて、まめに運動していると、心が健康になるだけでなく、困難な状況に対処する能力も高まる。

自分がいいと思うことをたいせつにする

好きな歌を聴くとか、いい本を読むとか。そんな小さなことでも効果がある。

すこやかな心

ストレス

試験のこととか、家族とのごたごたとか、だれもがなにかしらのストレスをかかえながら生活しています。プレッシャーがあってもがんばれるのはストレスのおかげですが、それも強くなりすぎると、心身の健康に害が出ることがあります。

こちらもどうぞ		
◀ 82-83	心の健康を守る	
◀ 86-87	自信と自尊心	
◀ 90-91	レジリエンス	
不安とうつ		94-95 ▶

戦うか逃げるか

ストレスがかかると、体は「戦うか逃げるか」モードに切り替わり、次の行動にそなえるためにいくつかのホルモンが放出されます。こうしたホルモンによってエネルギーが高まり、脳へ送られるはずの血が筋肉にまわります。命の危険があるときには有効な反応ですが、たとえば試験を受けるなどの日常的なストレスの場合は、そうとばかりもいえません。

△ 戦う
「戦闘」メカニズムがはたらくと、脳と体が守りに入る。

△ 逃げる
「逃走」メカニズムがはたらくと、その状況から逃げる方法をさぐる。

ストレッサー

ストレス反応を引き起こす原因を「ストレッサー」といいます。ストレッサーのほとんどは外的な因子、つまり試験や家庭内の問題など、その人の外で起きていることですが、その人がみずから自分にあたえているプレッシャーという内的な因子もあります。良いことも悪いことも、変化はストレスの原因になりえます。

▽ こんなことがストレスの原因に
ティーンエイジャーがストレスを感じる原因はたくさんある。

子どもたちへ
ストレスの原因はなに？

一度にたくさんのことが起きていると、なにがストレスの原因になっているか、わからなくなる。そんなときは時間をかけて考えてみよう。もやもやの原因になっていることを書きだすと、具体的に変えられる部分が見えてきて、ストレスの感覚がやわらぐかもしれない。

覚えておきたい
良いストレスと悪いストレス

ストレスは、ときにはとても役に立つ。追いつめられた状況で、すべきことをつづける原動力となり、課題をやりきらせてくれるからだ。けれど、それも度が過ぎると、ストレスが足かせになって実力が発揮できなくなる。ストレスを感じたときは、まずはそれを動力源として課題に立ち向かってみて、ストレスが重すぎて手に負えないようなら、人に助けを求めよう。

ストレス　93

ストレスのサイン

　人によってストレスのあらわれ方はさまざまですが、多くの人に共通する症状も少なくありません。また、疲れを感じたとき、同時に感情的になるなど、ここにあげたサインを一度に複数経験することもあるし、ある症状によって、べつの症状が引き起こされることもあります。頭がすっきりしない、休んだ気がしないなど、全体的になんとなくストレスを感じているときに、ここにあげたような症状が重なると、ストレスがずっしり重くなったように感じます。

△ **疲れ**
ストレスによって頭や筋肉が疲れる。睡眠に影響が出て、集中力が損なわれることも。

△ **感情的になる**
パニック発作を起こしたり、突然泣きだしたりするのは、ストレスによる急性不安のサイン。

△ **胃腸の不調**
ストレスが胃腸に表れるケースもある。腹痛や、食欲不振、便秘、下痢などの症状が出る。

△ **怒り**
人によっては、ストレスがかかると、いらだったり、あせったり、怒ったりしやすくなる。

△ **頭痛**
片頭痛と頭痛は、体の消もうをまねくストレス性の症状。

△ **胸の痛み**
ストレスが原因で、胸の痛みや動悸が引き起こされることがある。

ストレスとつきあう

　ストレスをぱっと消せる魔法はありませんが、時間をかけてストレスを減らす方法なら、いくつもあります。あたりまえのことばかりに見えるけれど、こうした対処法にしたがって落ちつきややすらぎや人からささえられていることを感じとれると、自分をコントロールできている感覚がよみがえってきます。

> 「ストレスに対してもっとも効果的な武器。それは考える対象を選ぶことができるという、わたしたちにそなわった能力だ。」
> ウィリアム・ジェームズ　哲学者

休憩する
頭をなやませている問題からいったんはなれると、視野が広がって、落ちつきがもどる。

睡眠をとる
ストレスがかかっているとむずかしいかもしれないが、質のいい夜の睡眠は、ストレスと不安を乗り越える特効薬だ。

話す
緊張をほぐすには、人に話を聞いてもらうのがいちばん。ストレスの原因を解決する糸口が見つかるかもしれない。

運動する
体を動かすことは、心の平穏につながる。それに睡眠の質も高めてくれる。

不安とうつ

もっとも一般的な心の病気が、不安とうつです。ただなにかを心配したり悲しんだりするというのではなく、もっと強い症状が長期にわたってつづくのが特徴です。

こちらもどうぞ	
◀ 82-83	心の健康を守る
◀ 84-85	情動と感情
◀ 92-93	ストレス
パニック発作と恐怖症	96-97 ▶

不安

どんなストレスでも、ストレスがかかると不安になるのは、ごくあたりまえの反応です。そのときの思考や感情が心配や恐れにむすびついていることをしめしています。気もちのいいものではありませんが、不安は「戦うか逃げるか」という、命に関わる状況に対する生物学的な反応からきています。危険に対処しながら生きていかなければならないという意味では、人間もほかの動物とおなじなのです。

◁ **戦うか逃げるか**
危機を感じると、体内からホルモンが放出されて、戦うか逃げるかするための準備がはじまる。心拍数が上がり、脳は警戒態勢に入る。

不安が問題になるとき

ストレスの原因となる出来事が終わっても、それにともなう不安感が残ってしまうことがあります。その感覚が強くて重荷に感じるときや、長くつづくとき、あるいは生活に支障をきたすときは、もはや自力では対処できないかもしれません。

▷ **助けを求めよう**
不安が強くて子どもの生活に影響が出はじめたら、医師に診せるのが最善。

不安とうつに対処する

体をすこやかに保つ方法があるように、ティーンエイジャー本人にも、心のすこやかさを保つためにできることがたくさんあります。

マインドフルネス
ヨガや瞑想は今ここにあることを教えてくれる。

自然にふれる
自然は心をいやしてくれる。

友だちや家族
ほかの人とつながるのは、心の健康を増進するうえで、とてもたいせつ。

運動
運動すると脳から天然の抗うつ剤であるエンドルフィンが分泌される。

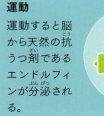

創造的な活動
創造的・芸術的な活動をおこなうと、気分がよくなって、満足感がある。

健康に気をつける
活動的で健康な生活を送っていると、心の健康も保ちやすい。

うつ

人は悲しい気分のとき、よく「うつっぽい」という言いかたをします。けれどほんとうのうつは、なにかに対して起こる一時的な感情とはちがって、長くつづきます。愛する人を失うとか、引っ越しや転校など、心に傷が残るような出来事を引き金とするうつがある一方で、とくに理由もなくうつになることもあります。うつ状態にある人たちは、沈んだ気分が抜けず、次にあげる症状のひとつまたは複数をかかえています。

症状

- つねに悲しみや、重苦しさ、自分には価値がないという思いがある。いらだったり、涙もろくなったりするケースもある。
- いつもなら楽しめることであっても、興味がわかなかったり、楽しめなかったりする。
- 集中力がつづかず、決断力がにぶる。
- 寝つきが悪い。ふだんより眠れなかったり、逆に寝すぎたりする。
- 食欲が乱れ、結果として体重が増えたり減ったりする。
- 頭痛、疲れ、エネルギー不足、そわつき感。

気をつけよう!
死にたくなる

自分の命をみずから絶つ行為が自殺だ。うつ状態にある人や、強い不快感にとらわれている人は、ときにこんな人生なら生きている価値がないと考えるようになる。だいたいは一時的なものだが、そういう感情がわいたときは、助けてくれる人をすぐにさがそう。

場合によっては、知らない人のほうが話しやすいこともある。そのときは24時間365日対応してくれる電話相談窓口があるし、メールに対応してくれるカウンセラーもいる。（→246ページ）

心配な友だちがいるときは、どんな気もちなのか尋ねて、じっくり話を聞こう。そして、早く助けを求めたほうがいいと、助言すること。最初はきみを遠ざけようとしたり、無関心なふりをしたりするかもしれないが、力になれるよう友だちに寄り添おう。

落とし穴

不安やうつを感じているときは、次のような行動にはまりやすいので、避けましょう。

医師に相談する
専門的なささえが必要になったときは、看護師や医師が力になってくれる。

投薬治療
不安やうつの症状がつづくときは、医師から薬が処方されるかもしれない。

ネットのやりすぎ
インターネットのやりすぎに注意。とくにソーシャルメディアは、精神状態を悪化させることがある。

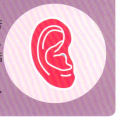
カウンセリング
不安やうつに苦しんでいるとき、最善の方法は話をすることだ。まっさきに試してほしい。

認知行動療法（CBT）
否定的な思考パターンを変えていく心理療法。

アルコールやドラッグ
アルコールやドラッグで気分を高めようとしない。うつや不安をかえって悪化させる。

パニック発作と恐怖症

強い不安感がとつぜん襲いかかってくることを、パニック発作といいます。おなじような強烈な不安感に襲われるものに恐怖症がありますが、恐怖症の場合は、なにか特定のものに対する恐怖が不安感の引き金となります。

こちらもどうぞ	
◀ 82-83	心の健康を守る
◀ 90-91	レジリエンス
◀ 92-93	ストレス
◀ 94-95	不安とうつ

パニック発作

まえぶれもなくやってくる強烈な不安感がパニック発作です。パニック発作が起こると、その苦しさから、失神してしまうのではないか、心臓発作が起こるのではないか、あるいは死んでしまうのではないかと、ひどく怖くなります。通常は体に実害のないまま、10分ほどでじょじょにその感覚が薄らいでいくものの、本人には、ひどい疲れが残ります。

パニック発作は理由なく起こることもあれば、なにかが引き金になることもありますが、なにが引き金になったかということはつねに明らかとはかぎりません。ある時ある場所で発作を起こした場合、おなじような状況に置かれることが、次の発作の引き金になることもあります。

△ 心臓の鼓動が速くなったり、大きくなったりする。　△ 震え、発汗。　△ めまい、吐き気。

△ 耳鳴り、音に対する過敏さ。　△ 息苦しさ。　△ 手足のしびれ。

△ パニック発作の症状
こうした症状が出ると怖くなるが、体に実害はない。

子どもたちへ
友だちの力になろう

- まずはきみが落ちつき、友だちをあせらせない。いずれおさまるからと声をかけて、安心させる。「しっかりしろ」とか「終わらせろ」といったことばは禁物。
- 友だちの意識を呼吸に向けさせる。きみもいっしょに呼吸しながら、ゆっくりと吸ったり吐いたりさせる。3つ数えて吸い、3つ数えて吐く。
- その場できみもいっしょに足踏みをしてストレスを発散させたり、まわりにあるものを5つあげさせたりする。

パニック発作を起こりにくくするには

パニック発作を起こりにくくする方法として、次のようなものがあります。

気づく
- 「戦うか逃げるか」という身体反応が引き金になって、パニック発作が起こる。この反応は、人間をふくむすべての動物が危険から自分の身を守るためにある。
- 症状が起きると怖くなるけれど、実害はない。

どうするか決めておく
- 発作が起きたら、どうするかを決めておく。発作が起きそうなときや、引き金となる状況に置かれたとき、対処する方法が決まっていると、周囲をふくめてとまどわずにすむ。

ゆとりをもつ
- 呼吸法の練習をする。瞑想やマインドフルネス（今この瞬間に意識を向けること）もいい。
- いつでも聴けるように、心をしずめる音楽を準備しておく。

パニック発作と恐怖症　97

恐怖症

ある特定のなにかに対して強い不安感をいだくのが、恐怖症です。ほかの人たちにしてみたら危険でも困難でもないことが、恐怖症の人には不安の対象です。そのことで強い緊張を強いられ、パニックを起こしそうになります。

名前	恐怖の対象
高所恐怖症	高い場所
広場恐怖症	一般に開かれた場所、公的な場所。発症すると、外出がむずかしくなる
閉所恐怖症	閉ざされた場所。発症すると、エレベーターに乗るのがむずかしくなる
不潔恐怖症／細菌恐怖症	病原菌
飛行恐怖症	飛行機に乗ること
対人恐怖症	社交の場。発症すると、ひどく孤立する
先端恐怖症	針や注射など先のとがったもの
クモ恐怖症	クモ
ヘビ恐怖症	ヘビ

覚えておきたい
強迫性障害（OCD）

いわゆる心配性の人のなかにも、強迫性障害（OCD）をわずらっている人がいる。不安な気もちをコントロールするために、したくもない特定の行動をくり返したり、くり返しうかんでくる否定的な考えにとらわれたりする。たとえば、なにか悪いことが起きるのではとか、自分が人に迷惑をかけるのでは、といった考えだ。彼らが強迫行為をする目的は、こうした否定的な考えを打ち消すことにある。強迫行為には、ものをならべなおす、くり返し確認する、数を数える、掃除をするなどがある。

▷ **一般的な恐怖症**
ここにあげたのは、ごく一般的な恐怖症。ほかにもまだまだある。

その他の精神疾患

精神疾患にかかると、考えかたや感じかた、行動のしかたが変わります。不安症やうつといったかかる人の多い疾患もあれば、双極性障害や統合失調症といった、かかる人が比較的少ない疾患もあります。こうした精神疾患の多くが、脳のなかでさまざまな変化が起きる思春期に発症します。医師の診察を受けることが治療の第一歩になることが多いのは、体の病気とおなじです。

覚えておきたい
精神疾患は恥じゃない

体の病気だとそんなことはないのに、心の病気だと、なかなかそれを認められないことがある。精神疾患を恥とする感覚があるからだ。

だが、心の病気はけっしてめずらしいものではないので、信頼できる友だちや家族と率直に話しあうことがたいせつだ。開かれたふんいきがあれば、病気にかかった本人も治療に入りやすいし、必要に応じて助けを求められる。

◁ **治療と医療**
カウンセリングから投薬まで、さまざまな治療方法がある。

自傷行為

自分で自分の体を傷つけることを自傷行為といいます。自分では処理できない感情や、むずかしい状況があって、それに対処するために自分の体を傷つけるのかもしれません。複数の要因が重なったときに、強すぎるストレスや悲しみに対する身体的な反応となっていることが多いようです。

こちらもどうぞ
◀ 82-83　心の健康を守る
◀ 86-87　自信と自尊心
◀ 92-93　ストレス
◀ 94-95　不安とうつ

自傷行為って？

意図的にみずから自分の体を傷つけるのが自傷行為です。自傷行為の方法はさまざま。もっともよく知られているのは皮膚を切るカッティングですが、ほかにもタバコなどで皮膚を焼く、髪を抜く、アルコールやドラッグなど害のある物質を摂取する、つねる、壁やドアをなぐる、ひっかくなどがあります。危険な行為に走ることや、投げやりになること、とりつかれたように運動することも、自傷行為の一形態と見なされることがあります。

こっちがほんと
自傷行為に関する真実

自傷行為をするのは女子だけじゃない。 女子のほうが多いけれど、男子にも自傷行為はある。たとえば、壁をなぐったり、危険なことをしてケガをしたり。一見してそれとわからないもののなかにも、自傷行為はある。

注目を浴びるための行為ではない。 むしろ自傷行為は秘密にされることが多い。

自傷行為に走る子の多くは、死にたいとは思っていない。 困難への対処方法として自傷行為を使っていることが多い。

自傷行為は精神疾患ではない。 ただし、不安やうつ、摂食障害、心的外傷後ストレス障害などの精神疾患が関係しているケースもある。

▷ **危険な行為**
通常は自傷行為と見なされないが、危険な行為に走る子の心のなかにも、自分を傷つけたいという気もちがあるかもしれない。

自傷行為に走るメカニズム

人を自傷行為に走らせる理由は、たくさんあります。「安全弁」としてのはたらきがそのひとつ。耐えがたい感情に対処する手段として使っている場合です。肉体的な苦痛が、感情的な苦痛から目をそらす逃げ道になっているともいえます。また自尊心の低さを表明したり、自分を罰したりする手段になっていることもあります。なかにはほんとうに自殺するつもりで自傷行為に走る人もいます。

▽ **耐えがたい感情**
自傷行為をするのは、怒りや苦しみ、抑うつ、恐れ、自尊心の低下、心配など、否定的な感情をかかえているときが多い。自分を痛めつける行為によって、苦痛をもたらしていた耐えがたい感情は解き放たれるが、代わりに罪の意識や恥の感覚が生まれる。それがまた次の自傷行為の原因となり、悪循環となって、抜けだすのがむずかしくなる。

- 試験中など、ストレスとプレッシャーがかかる時期。
- 意見の対立や、仲たがいなど、人間関係に行きづまったとき。
- 親しい人や家族の死といった、痛手となる大きな出来事。また、その記念日。
- なにかから逃げたいとき。
- 人から拒絶されたと感じているとき。無力感、不安、怒り、苦痛。
- 自分の気もちが伝わらない、思いを表現するのがむずかしいと感じるとき。
- 友だち関係や対人関係におけるいじめや抑圧。
- 虐待の目撃者や被害者になる。虐待には、性的、感情的なものもふくまれる。

自傷行為　99

問題があることを認める

自傷行為は不健康な対処方法なだけに、なかなか人に話せません。相手からなにかを言われるのが怖くて、ひとりでかかえもったままになることも、めずらしくないのです。助けを求めやすくするためには、周囲の人たちが自傷行為に対する偏見をもたず、自傷行為全般に対して公平かつ率直な態度を心がけることがたいせつです。

子どもたちへ
助けを求めよう

- 信頼できる人に話を聞いてもらおう。知らない人のほうがよければ、「いのちの電話」や「チャイルドライン」など、名前を言わなくても相談にのってもらえる電話相談窓口を使う。（→246ページ）
- 場合によっては、なにかをしながらのほうが話しやすい。食事のしたくをしながらでもいいし、庭仕事をしながらでもいい。あらかじめリストをつくったり、手紙を書いたりしておくと、相手に知ってもらいたいことを正確に伝えやすい。
- 専門家に相談するのはどうだろう？　お医者さんとか、スクールカウンセラーとか。

親への手引き
わが子をささえるために

- 子の自傷行為を知っても、動揺して性急な行動に出ないこと。
- 行動にあらわれるサインに気をつける。孤立や、引きこもり。食習慣の変化や、体重の増減、抑うつ、飲酒やドラッグの摂取、投げやりな態度など。傷をかくすために肌が見えない服を着たがること、水着やスポーツウェアをいやがることもある。
- 自傷行為はひそかにおこなわれることが多く、ぱっと見ではわからないことがある。はげあがった部分、あざ、やけど、切り傷。そうしたサインに注意をはらう。
- 子どもが話しやすいふんいきをつくり、批判せず、おだやかに話を聞く。次にどうするかは子どもといっしょに決める。
- 自分には手に負えないと思ったら、専門家の助けを借りる。

さまざまな対処方法

なにが自傷行為のきっかけになっているかがわかると、その代わりになる対処方法も見つけやすくなります。思いきり枕をなぐったら怒りの感情を発散できるかもしれないし、呼吸の練習をおこなったら、自分をコントロールしている感覚をとりもどせるかもしれません。

▽ **気をそらす方法を見つける**
信頼できる人にすぐに話ができないときも、やっかいな感情に対処する方法はいろいろある。

△ 氷を握って、溶けるまでそのままでいる。

△ 皮膚に線を引いたり、絵を描いたりする。

△ 手首に輪ゴムをはめて、パチンとはじく。

△ シャワーを浴びる。冷たいとさらに効果的かも。

△ スポーツや運動をする。

△ くつろげる音楽を演奏する。

△ 大声でさけぶ。

△ 今の気もちを文字にして、それを線で塗りつぶす。

能力を生かす

学校生活

目覚ましのアラームで起きて、弁当をかばんに入れて、遅刻しないように家を出る。授業を受けて、宿題をやって、新しい友だちをつくって……。学校生活はいつだって、やることがもりだくさん。でもそれは、挑戦とチャンスの連続です。

こちらもどうぞ	
◀ 90-91　レジリエンス	
試験にそなえる	104-105 ▶
目標やこころざし	112-113 ▶
いじめ	150-151 ▶

いろんな学びかた

ひとつの勉強法が好きで、それ一辺倒の人もいますが、ほとんどの人は、いろんなやりかたを組み合わせています。科目によって、作業の種類によって、勉強する場所によって、使い分けていきましょう。

耳から
耳から学ぶ。ノートを声に出して読んでみる。要点を録音して、くり返し聞く。

目から
目から学ぶ。「マインドマップ」といって、頭に浮かんだことを短いことばと線を使って紙の上で枝葉のように広げていくやりかたもある。スケッチする、図表をつくるのも視覚的な勉強法。

手や足で
体を動かして学ぶ。手で書き写して覚えることも、足で歩いて見学してまわることも体を使った勉強法。

▷ **さまざまなやりかたを試そう**
自分にはどんなやりかたが合っているか、この科目にはどれが向いているか。そういうことがわかっていれば、勉強はさくさく進むし、成果も上がる。だから、いろんなやりかたを試してみることがたいせつだ。

時間を管理する

この課題にはどれくらい時間がかかるだろう。課題の提出期限までに使える時間はどれくらいだろう。そういったことを頭に入れておきましょう。作業に必要な時間と作業にあてられる時間がわかっていれば、現実的な予定を立て、時間を有効に使って成果を上げられます。

計画と優先順位
いそがしいときこそ、予定表をつくろう。たいへんそうな課題でも、できそうな気がしてくる。明日、あるいは週のうちに終わらせたいことを全部書き出し、なにを優先するかを決める。そうすれば、そんなに重要じゃないことで時間をむだにしなくてすむ。

断ることもだいじ
「ノー」を言えるようになるのも、時間を管理するためにだいじなこと。なんでもかんでも引き受けていると、頭が混乱して、ストレスがかかる。心と体の健康を優先させよう。

課題を小さく分ける
大きな課題に取り組むときは、それを3つか4つに分けて、書き出してみる。そうして、ひとつずつかたづけていく。やりとげられそうな気がしてくるし、課題の大きさに押しつぶされずにすむ。

休みをはさむ
ときどき休むのも、勉強へのやる気を失わないために重要だ。体を休めるだけではなく、運動する、趣味を楽しむ、友だちと会うことなども取り入れて、気分を一新させよう。

宿題をためないこつ

宿題を日々の重荷に感じることも、ときにはあるでしょう。勉強熱心な生徒だって、それはおなじこと。宿題をためなければ、ストレスは減り、うまく時間を管理しようという意欲がわいてくるはずです。

- 宿題の期限を守る。提出期日に合わせてがんばる。
- 学校から帰ったら、すぐにとりかかる。
- たくさんあるときは、どれから優先してやるべきか先生に聞いてみる。
- 提出が間に合いそうにないときは、なるべく早く先生に伝える。
- 図書館のような、自宅以外の気が散らない場所でやってみる。

△ **宿題を生活の一部に**
宿題を習慣づけよう。そうすれば、ストレスはたまらない。

好きなこと／苦手なこと

好きな科目だけに集中し、興味のわかない科目を切り捨てるのは、かんたんかもしれません。しかし学校では、苦手科目でも毛嫌いせずに、はば広く学ぶことがたいせつです。だれかといっしょに勉強してみると、苦手科目でも案外おもしろく感じられるようになるものです。その科目が大好きだという友だちなら、なおさらよい。苦手な分野について専門家が解説してくれる映像を見る、その分野に関する展示を博物館に見に行くのも、よい考えです。

△ **自分で勉強をおもしろくする**
友だちと問題を出しあってみる、習ったことをいっしょに復習する、今勉強中の問題について実際の現場を見に行く。そんなことから、その科目に興味がわいてくるかもしれない。

転校することになったら

転校の経験者はけっこういるものです。とはいえ、自分が転校するとなると、やっぱり気もちが落ちつきません。新しいクラスメート、新しい先生、新しい決まりごとや日課、そういったことがいっぺんにやってくるのです。新しい環境に早くなじんで気もちを楽にしたいときは、次のような基本的なことからはじめましょう。

△ **新しい友だちをつくる**
席の近い子に笑いかけ、思いきって話しかける。新しい友だちをつくるには、それがいちばん。

△ **参加する**
チームやクラブに所属する、あるいは学校の活動に参加することで、学校生活に早くなじめるし、新しい場所でのやりかたがわかってくる。

△ **おとなと話してみる**
新しい学校のようすを、親に話してみよう。転校先でなにか問題が起こったら、だれに相談すればいいかも、まえもって知っておく。

△ **自分らしく自然体で**
仲間になりたくて、強がったり、いい子ぶったりするのはやめよう。新しいクラスメートは、自然体でふるまうきみを好ましいと思うだろう。

試験にそなえる

　試験といってもいろんな種類があります。でもどんな試験も、その時点において生徒がどれだけ知識をたくわえ理解を深めているかを試すという点ではおなじです。試験勉強の予定を立て、時間をかけて準備することが、試験にのぞむときの自信につながります。

こちらもどうぞ	
◀ 90-91	レジリエンス
◀ 92-93	ストレス
◀ 102-103	学校生活
目標やこころざし	112-113 ▶

試験勉強

　いくつもの試験が短期間に集中していると、けっこうたいへんです。試験勉強の成果を上げるには、早くから取りかかることがたいせつです。新しいことを学んだとき、それをノートに書きとめたときから、試験勉強ははじまっています。

▽ いろんな勉強法
どんなふうに勉強するかは、どれだけ時間をかけるのかとおなじくらい重要だ。いろんな方法を試してみよう。

子どもたちへ
どこで勉強するか

どんな場所で勉強するかによって、成果に差がつくことがある。静かで、明るくて、気が散らない場所を選ぼう。いすはすわりつづけても疲れないものを。できるなら、ベッドのそばからはなれる。ベッドのそばだと気がゆるみやすい。

ノートを読む
試験勉強に取りかかるとき、まず、授業でとったノートを読み返すと、学んだことに理解が深まり、これからなにを勉強すればいいか見えてくる。筆記具の色を変えながらノートを書き写す、要点をまとめる、新たに書きこむ。理解したことを枝葉のように広がる線とことばで書き出して「マインドマップ」をつくるなど、授業ノートを最大限に生かす勉強法を試してみよう。

記憶する
いろんな記憶術や暗記術を使おう。ノートを主題や項目ごとに色分けすると覚えやすいという人もいる。情報を目に見える形に置きかえる。絵にかいたり、図表にしてみるのもいい。授業ノートを声に出して読み、それを録音して、くり返し聞くという手もある。さまざまなことがらを関連づけて覚えるために、「マインドマップ」や図表を使う人もいる。

過去の問題に取り組む
もし手に入るなら、過去の試験問題を解いてみよう。時間制限をもうけて取り組むと、実際の試験の感じをつかめるし、それぞれの問題に時間をどうふり分ければよいかも見えてくる。自分の答えと解答例をくらべ、疑問が出てきたら、先生に尋ねよう。

試験にそなえる　105

勉強の予定表をつくる

全科目の試験日も入れた試験勉強の予定表をつくってみましょう。試験にそなえて準備することから自信が生まれます。早いうちから気負わずに準備していれば、あとでもっと時間や集中が必要になっても、あわてなくてすみます。

1週間ごとの毎日の予定表をつくる。朝から夜まで、時間ごとに予定を立てよう。

くつろぐ時間、運動する時間も忘れずに。

▷ **色分けした予定表**
いろんな色を使い分けて、なにをいつやればいいか、すぐにわかるようにしておこう。

あと数ヵ月	あと数週間	試験前夜	試験当日
試験の全科目にそなえる勉強の予定表をつくろう。試験でどんな問題が出されるか予測を立てることで、勉強のやり方が見えてくる。	必要なときは、先生に助けを求めよう。健康を保ち、やる気をなくさないためにも、くつろぐ時間をちゃんととる。過去の試験問題を解いてみよう。	一夜漬けはやめよう。教科書からはなれて、気分がほぐれることをする。筆記用具など必要なものを準備し、目覚ましをセット。くつろぐこと、体を動かすことも忘れずに。	朝食をとろう。なるべく早めに試験のある場所へ。試験では、問題をよく読み、得点の配分も考えながら、それぞれの問題にどれだけ時間をかけられるかを見きわめよう。

集中力をなくさないために

試験もだいじなことですが、心がすこやかであることがすべての基本。ストレスを減らし、やる気がわいてくるような生活を送りましょう。

休みを入れる
短い休憩でも疲れがとれるし、集中力がもどってくる。勉強中に気が散りはじめたと感じたときが、そろそろ休憩を入れるころあい。

すこやかな体を保つ
体を動かす習慣をもつことが健康を保ち、心の疲れをいやす。じゅうぶんな睡眠は、集中力と意思力を高めるために必要不可欠だ。

しっかり食べる
3度の食事と健康的なおやつで1日を乗り切ろう。水分をとるのも忘れずに。砂糖まみれのおやつや市販の栄養ドリンクに気をそそられるかもしれないが、一瞬元気が出るような気がするだけで、持続的なエネルギーは得られない。

ささえてもらう
試験にストレスはつきものだ。いくつもの試験が一度に重なれば、なおさらだろう。やることがたくさんありすぎると、ストレスと不安がおそってくる。苦しくなったら、ひとりでかかえこまず、友だちや信頼できるおとなに話してみよう。

問題を解決する

自転車がパンクしようが、服がやぶけようが、勉強で行きづまろうが、困難がふりかかろうが、問題を見きわめて解決方法を見つけだす。それは、生きていくために重要なスキルです。

こちらもどうぞ		
◀ 18-19	自立的思考	
◀ 90-91	レジリエンス	
◀ 104-105	試験にそなえる	
目標やこころざし		112-113 ▶

障害を乗り越える

人は生きているかぎり、試練やトラブルに何度もぶつかります。大きな問題もあれば、小さな問題もある。かんたんに解決する場合もあれば、ひどく手こずる場合もあるでしょう。すぐれた問題解決能力をもった人は、こんがらがった状況でも、それをよくよくながめ、事実を分析し、解決につながるようなアイディアを思いつくものです。

子どもたちへ
心がつぶれそうなときには

- 試練とは、なにかを変えて前に進むためのチャンスだと考えよう。
- ほんとうはどうなのかを知るためには、一歩下がってながめてみる。思っていたほど、状況は悪くないかもしれない。
- 問題をひとりでかかえて悩まずに、きみをささえてくれる友人や家族に話してみること。

◁ **落ちつこう**
問題にぶつかると、たいてい、うんざりしたり、イライラしてしまったりする。でも、気もちを落ちつけてじっくり考えたほうが、解決策が早く見つかるものだ。

一歩ずつ進んでいく

ものごとがうまくいかないとき、くじけるのはかんたんです。でもこのとき、いちばん現実的で前向きな対応は、問題解決に向かって一歩ずつふみだしていくことです。おおかた、最初の一歩からうまくいくことはありません。でも、失敗すれば、なにがうまくいかないのかわかります。だれだってまちがえるし、どこかで失敗するものです。でも、そこから得た知識は、きっと次の一歩をふみだすのに役立ちます。

▽ **解決に向かって**
どのように取り組み、問題を乗り越えていくか、最善の方法をさぐるためには、一歩ずつ段階をふんで。

問題を見きわめる
状況について考えをめぐらし、なにを変えたいのかをはっきりさせる。自分にとって問題をうまく解決できた状況とはどのようなものかを見きわめる。

解決策をさぐる
最初は思いつくままに、できるだけ多くの案を出し、それぞれの案について考える。リストにして、それぞれの長所と短所をくらべる。どれくらい時間がかかる？　これと引きかえになくすものは？　助けを求めるかどうかはべつとして、これを実行するとき、話しておかなければならない人はだれだろう？

最善策を選ぶ
現状についてよく考え、それぞれの案の長所と短所も検討しながら、もっともよいと思われる解決策を選ぶ。確信がもてないときは、信頼できるだれかに相談する。最初の案がうまくいかなかったときのために、2番めの案も心のなかで用意しておくといい。

さまざまなアプローチ

どんな問題だろうと、立ち向かう方法はひとつではありません。新しい案を取り入れ、臨機応変にのぞみましょう。そうすることで、最善の解決策を見つけられる可能性が高くなります。

論理的にじりじりと

問題解決に向かって着実に考えを進めていく。今考えていることが意味をなし、説得力をもつまで、次の段階には進まない。

ヒントはそこらじゅうに

問題とは直接関わりのないところから、アイディアやひらめきをとりこんでみよう。ある授業で学んだことを応用して、まったくべつの科目の問題を解くようなことが、人生には起きるかも……。

独創的に思考する

問題をいじりまわし、あっちからこっちからながめてみる。結果から考える、逆から見なおす。思いつくかぎりの解決法を紙に書いて壁に貼る。「マインドマップ」を使って思考する。新しいやりかたは、きみが独創的に問題を解決するのを助けてくれる。

ちがう道をさがす

問題に真正面から立ち向かうのは、もっともわかりやすいやりかただ。でも、ほかに解決策はないだろうか。決めつけというわくをはずして考えてみると、問題を乗り越えていくべつの道が見つかることもある。

探偵のように考える

できるだけたくさんの問いを考える。証明できないことは事実として受け入れず、ひとつひとつの問いに、ひとつひとつ答えを出す。そこから、むずかしい問題を解決するための突破口が見つかるかもしれない。

成功を思いえがく

将来どうなっているかを思いえがいてみると、そこに行きつくにはどうしたらいいかが見えてくる。成功を思いえがくことによって自信がつき、やる気がつづく。目標もはっきりする。

問題を共有する

だれかに意見を求めるのも、すばらしい問題解決法だ。ときには、ものごとの外側にいるほうが、問題の本質がよく見える。親や先生や友だちもきっと、きみの役に立ちたいと思っている。

動いてみよう

行きづまっていると感じたら、いったんはなれよう。散歩に出たり、ゲームをやったりする。少し休んだら、また問題にもどる。そうすると、問題を新鮮な目でながめられるし、新しい意気ごみもわいてくる。

能力を生かす

趣味や興味

趣味を通して自信が育ちます。新しい経験に出会い、新しい人々とも知りあえます。趣味は体をほぐし、心をとらえます。とにかくだいじなことは、趣味は楽しくなくっちゃ、ということです。

こちらもどうぞ	
◀ 74-75	運動
◀ 86-87	自信と自尊心
◀ 102-103	学校生活
仕事を見つける	122-123 ▶

趣味を選ぶ

人は自分にとってだいじだと思えるものを趣味にします。なかには技術をみがきたいから、あるいは、特定のなにかに興味があるから、それを趣味にする人もいます。新しい興味を趣味としてはぐくんでいきたいのなら、それを試してみるために、時間をかけることです。思春期は新しいものをさがして経験するには、うってつけの時代です。

△ **楽しさに導かれて**
楽しめること、興味をもてることについて考えてみよう。小さなころからのものでも、ごく最近出会ったものでもいい。楽しめる趣味なら、むりなく長くつづけられる。

△ **だれかに尋ねる**
なにかを試したいときは、すでにそれをはじめている人と話してみるといい。どんな感じか、どれくらい時間を必要とするかがわかる。

趣味の世界

自由時間の過ごしかたはかぎりなくたくさんあるように思えるけれど、似たものどうしをグループ分けすると、心をつかむものが見えてくるかもしれません。たとえば、テニスをする人は、ほかのスポーツでも楽しめるかもしれない。そんな手がかりから、新しい趣味をさがしてみましょう。

格闘技
ボクシングなど格闘技系の運動は、体を調整しながらきたえられる。

手仕事
ぬいもの、編みものなどの手仕事は、創造性を伸ばし、集中力を高める。

ウォータースポーツ
水泳、スキューバダイビング、シュノーケリングなど。地域のプールで試せるものもある。

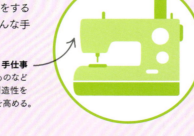

創作活動
文章を書く、絵やイラストをえがくなどの創作活動を通して、自分自身を独創的に表現できる。

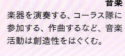

音楽
楽器を演奏する、コーラス隊に参加する、作曲するなど、音楽活動は創造性をはぐくむ。

趣味や興味　109

子どもたちへ
不安を感じたとしても
新しいなにかに挑戦するとき、おじけづくのはあたりまえのこと。だからって、それでやめないことがかんじんだ。楽しかったら、とにかくつづけよう。やりつづけることで、自信がついてくる。

△ **試してみる**
新しい趣味を見つけるには、まず思いきって試してみることだ。最初から自信のある人なんていない。がんばりつづければ、だんだんできるようになってくる。

△ **練習あるのみ！**
趣味をもつには、そのために時間をあけなくてはならない。多くの趣味についていえることだが、長く努力をつづけて、だんだん上達し、その成果を実感することに、ほんとうのよろこびがある。

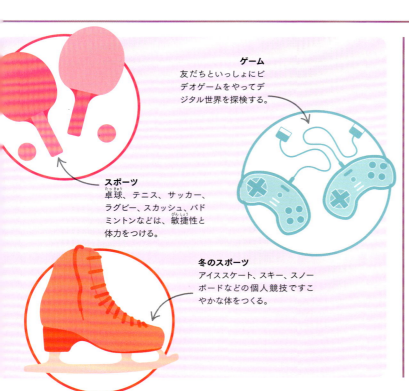

ゲーム
友だちといっしょにビデオゲームをやってデジタル世界を探検する。

スポーツ
卓球、テニス、サッカー、ラグビー、スカッシュ、バドミントンなどは、敏捷性と体力をつける。

冬のスポーツ
アイススケート、スキー、スノーボードなどの個人競技ですこやかな体をつくる。

ほかにも考えることが……
　趣味は、現実的な側面も考えて選びましょう。たとえば、お金はどれくらいかかる？　必要な道具は？　場所は？　どれくらい時間をかけることになる？　学校生活や友だち関係に支障をきたすような趣味はおすすめできません。人生のストレスを軽くしてくれるのが趣味。趣味が新たなストレスになるようなことは避けたいものです。

お金のこと

自分のお金を管理することを学ぶために、思春期はとてもたいせつな時代です。最初は家事を手伝って、こづかいをもらうところからはじまります。はじめてアルバイトを経験する人もいるでしょう。収支計画を立てる、銀行口座をもつ、貯金することなどを、この時期からはじめるのはよい考えです。

こちらもどうぞ	
目標やこころざし	112-113 ▶
大学に進む	118-119 ▶
大学以外の選択	120-121 ▶
仕事を見つける	122-123 ▶

収支計画

収支計画とは、どれだけお金が入ってきて、この先どれだけ出ていくか見積もることです。よい収支計画は、現実に見あった見積もりをもとにしています。まずは、こづかいをどれだけもらったか、あるいはバイトでいくら稼いだかを計算し、記録するところからはじめましょう。文房具など必要なものを買ったときも記録しておきます。そういった出費のあとにお金が残っていたら、ゲーム機や楽器など、ぜいたくで高価なものをいずれ買うときのためにたくわえておきましょう。

子どもたちへ
こづかいについて

こづかいは、いつか経済的自立を手に入れるためのたいせつなスタートライン。家事を手伝って、親からこづかいをもらおう。バイト代が入るようになったら、収支計画を立てることを習慣にして、がんばってつづけてみる。うまくいけば、お金がたまり、ほんとうにほしいものを自分のお金で買うことができる。

▽ **値段をくらべる**
あちこち店をまわって、かしこい買いものをしよう。ウェブの価格比較サイトはすぐに調べられて頼りになる。お金の節約にもなる。

お金をかけずにできること

お金をかけずに楽しむ方法は、いくらでもあります。図書館で過ごす、友だちと服を交換する、無料の博物館や美術館を訪ねる。公共の場でもよおされる無料コンサートに出かける。公園で遊ぶ。これらは、お金を使わずに楽しめることのほんの一部です。

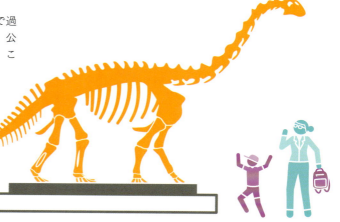

お金のこと 111

アルバイト

　パートタイムの仕事につくのは、思春期の若者にとって、世の中にある職業を知るための貴重な体験になります。ただし、18歳未満の就労については、何歳から働けるのか、週に何時間まで働けるのかなど、さまざまな法律の規制があります。アルバイトが学校生活に、とりわけ試験勉強に支障をきたすようなものであってはなりません。

　当然ながら、学校の規則で禁じられている場合は、それを守りましょう。

▷ **新聞配達**
仕事を地道にこなすことによって、社会のなかで責任をはたすことや、人と接する技術を学ぶ。

覚えておきたい
税金について

　税金とは、収入や収益、商品、サービスなどに課せられて、政府や地方公共団体に支払われるお金のこと。集めた税金から警官や公立校の教師のような公務員の給料が支払われ、道路などの公共施設がつくられる。所得に課せられる税率は何段階もあり、所得が一定額（日本では、給与所得の場合、年収103万円）を超えなければ税金を払う必要はない。つまり、高校生の平均的なバイトの所得なら、まず税金はかからない。

預金口座

　銀行に預金口座をもっていれば、お金を預けて、必要なときに引きだせます。預金口座にはさまざまな種類があるので、自分に合ったものを選びましょう。銀行や口座によって利息やATM（現金自動預け払い機）を使うときの手数料にちがいがあるので、よく調べて選びましょう。

△ **デビットカード**
ほとんどの銀行のキャッシュカードは、デビットカードを兼ねている。デビットカードは、あと払いであるクレジットカードとちがい、買いものをしたとき、銀行口座の預金から即時に代金が引き落とされる。

貯金

　余ったお金をたくわえることで、将来、必要なものやほしいものを買える余裕が生まれます。18歳未満の場合、口座を開設する手続きは銀行ごとにちがいます。利息や特典もちがうので、いろいろ比較してみるとよいでしょう。あらかじめ決めておいた金額を毎月口座から自動的に引き落として貯蓄にまわしてくれる自動積立預金のシステムは、こつこつとお金をためるには便利です。

▽ **お金をためよう**
パソコンの購入や運転免許の取得など、費用がかかることには貯蓄計画を立ててのぞもう。目標を達成するはげみになる。

親への手引き
親が手本をしめす

- あなたが堅実な収支計画と貯蓄を実践する親なら、子どもはそこから学ぶ。

- あなたが過去に金銭問題をかかえていたなら、それを語ることは子どものためになる。どのように失敗したのか、それを避けるためにはどうすればいいかを子に教えよう。

- 親が経済的になにかを決定する場に子どもを参加させることは、お金について意識させ、教育するよい方法だ。自動車保険や、休暇旅行のプランについて費用を比較検討するようなことでもいい。

能力を生かす

目標やこころざし

目標やこころざしをもつことは、日々の生活に方針と集中力をあたえます。学校の成績を上げる、スポーツで成功する、心に決めた仕事につく。それぞれの目標やこころざしは、思春期の心をかき立て、ワクワクするような希望を未来につなぎます。

こちらもどうぞ	
◀ 86-87	自信と自尊心
◀ 102-103	学校生活
将来の職業	114-115 ▶
さまざまな職業	116-117 ▶

未来を見つめる

目標やこころざしは、なにかをなしとげたいとひたむきに願う気もちです。早く達成できる小さな目標もあれば、かなり長い期間を要する目標もあります。大学に進学する、あこがれの業界で職を得るなど、時間のかかる大きな目標は、その過程で小さめの課題にたくさんぶつかることでしょう。それは、大きな目標を達成するために越えなければならない難所、行く手に待ち受けるハードルのようなものです。

△ **短期的目標**
学校の演劇で役を演じることは、短期的目標。公演を成功させるために、かぎられた期間でせりふや場面を覚えなければならない。

△ **長期的目標**
役者になるというような長期的な計画には、未来の自分を想像する力が求められる。想像することによって、未来に向かう長い道のりに一歩をふみだせる。

目標やこころざしをもつ

自分がどんなことに興味をもつか、心をゆさぶられるか、ワクワクするか、それを考えることが、目標やこころざしを見つける最善の方法です。

> 「偉業をなしとげるまえに、だれよりも自分自身がそれを期待しなければならない。」
>
> マイケル・ジョーダン　バスケットボール選手

学校生活での達成
この科目でいちばんをとりたいなど、特別な順位を得ることを目標にするのはめずらしくない。

技能をきわめる
サッカーですばらしいセーブを決めるなど、技能をきわめてなにかを達成することも、目標のひとつになる。

いろいろやってみる
さまざまなことに挑戦し、いくつもの目標をかかげることもある。楽器を習って、スポーツをやって、勉強もがんばる、というように。

目標やこころざし 113

行動に移そう

目標を決めると、がんばろうという気力がみなぎります。でも、目標に向かってすべてをそそぎこむまえに、それが現実的な目標であるかどうかをよく考えてみましょう。大きなこころざしがあるなら、それを小さめの目標や行動に分けていくと、達成までの道すじが見えてくるものです。時がたてば、目標も変わっていくかもしれません。若いうちは、それが自分にとってほんとうに必要な、やりたいことかどうかを、ときどき確かめながら進んでいくことがたいせつです。

▷ **高いこころざし**
目標やこころざしを達成するために必要なのは、忍耐、熱意、たゆまぬ努力。

子どもたちへ
よくわからなくても

強くきっぱりとした目標やこころざしをもっている人もいる。でも、多くの場合、自分の心をかき立てるものがなにかを知るには、長い時間がかかる。思春期の子にとっては、それがあたりまえだし、むりしてなにか決める必要もない。選択のはばを広げ、いっぱい試してみよう。そうすれば、新しい興味が芽ばえるかもしれないし、夢中になれることが見つかるかもしれない。それが年齢を重ねてからだって、ぜんぜんかまわない。

やる気を保つ

目標やこころざしが目的地なら、やる気は、困難に負けずにそこにたどりつくための燃料です。いらついたり、がっかりしたりすることがあるのは、あたりまえ。そんなときに、自分をはげまし、活力をあたえるために、頭にうかべるとよいことがいくつかあります。

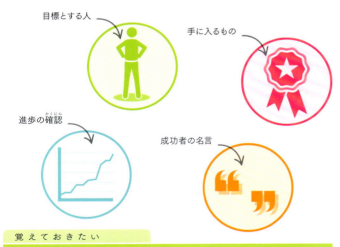

▷ **勝利を祝おう**
達成したことが大きくても小さくても、それは誇っていい、自信をもっていいことだ。

成功を祝う

がんばり抜いて目標を達成すると、おおいに心が満たされます。試練を乗り越えてなにかをなしとげられると身をもって知れば、自信や自尊心が育ちます。大きな目標に向かって進むときには、その道のりにある小さな成功を祝うこともたいせつです。

覚えておきたい
思いえがくこと

- 目標をできるだけ細かく思いえがくこと。それが、目標を達成するためになにが必要かを知る手立てになる。
- 苦しいときには、目標を達成したらどんな気もちになるかを想像する。そうするとまたやる気がわいてくる。

親への手引き
失敗したときは

目標やこころざしを達成できなくて、子どもががっくり落ちこんでしまうことがある。自分が思っているよりも時間がかかるということを子に伝えたい。失敗から学び、どうやって乗り越えるかを自分で考えること、粘り強くがんばれば最後にはきっと目標に到達できるということも伝えたい。

114　能力を生かす

将来の職業

　専門的な技術や知識を生かした仕事、英語でいう「キャリア」は、人生の長い期間をかけて取り組む職業です。仕事についたあともつねにうでをみがき、新しい技術を取り入れていかなければなりません。自分のキャリアにたどりつく第一歩は、将来はこうなりたいという夢をえがき、その夢を現実に変えるにはどうすればよいかをさぐることからはじまります。

こちらもどうぞ	
◀ 112-113	目標やこころざし
大学に進む	118-119 ▶
大学以外の選択	120-121 ▶
仕事を見つける	122-123 ▶

将来について考える

　仕事は長い旅のようなもの。その道のりには、数多くのレッスン、チャンス、挑戦が待ち受けています。自分がなにをしたいのか、早くからしっかりとした考えをもつ人もいます。しかし、おおかたの人は、いろんな道をさぐりながら、なにがいちばん自分に合うかを試していきます。思春期のうちにやりたいことを見つけられなくてもかまわないし、決めるのを急ぐ必要もありません。

▷ **さまざまな選択**
世の中には実にたくさんの職業がある。ときには、将来の仕事を決めようとするだけで、思いなやんでしまう。

自分を知ろう

　どんな人も、その人独自の技術や、才能、興味、価値観、目標などをあわせもっているものです。志望動機もたいせつですが、自分の資質とはなにかについても、じっくり考えてみましょう。

▷ **自分に尋ねてみよう**
ここにあげた質問について考えてみると、将来の仕事の方向性を決める助けになる。

どんなことに興味がある？

戸外ではたらきたい？

いくら稼ぎたい？

なにをなしとげたい？

刺激をあたえてくれる人はだれ？

どんなスキルを伸ばしたい？

職業について考える

興味を引かれた業種や職種について調べるときは、その仕事につけるチャンスがあるかどうかだけでなく、どんな資格や経験が求められるかについても考えてみましょう。学校や大学でなにを学ぶか、どんな職業体験に志願するかを決めるときの助けになります。

> **覚えておきたい**
> ### 転職もあり
> かつての時代は、ひとつの仕事を生涯にわたってつづけるのがふつうだった。でも今は、業界内の転職も、業種を変えることもよくあり、むしろそれがふつうになっている。転職を考えるのは、新しい興味が芽ばえたり、新しい技能を身につけたりしたときだ。新しい職種が生まれ、労働市場に変化が生じるときにも転職は起こりうる。

学歴
ある種の仕事にどんな学歴が求められているのかは、調べてみる価値がある。職種によっては、特定の学科で学んでいることや、学位をもっていることが要求される。

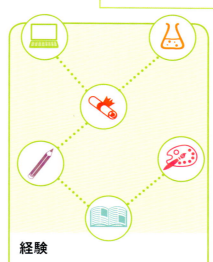

経験
就職のさいには、以前にもおなじ職種を経験していることが有利にはたらく場合もある。学生時代に、職業体験やボランティアを通して体験しておくのが最善の方法だ。

実現の可能性
仕事の世界には、きびしい競争もある。その仕事につくことができて、そこでスキルを伸ばせる可能性はどれくらいかについても考えておこう。

職業体験

職業体験やインターンシップを通して、さまざまな職業を体験し、それぞれの仕事の魅力にふれることができます。職業体験は、未来の雇用者になるかもしれない人に、自分の熱意や興味や意志をしめすチャンスです。仕事の世界について理解を深められることはもちろん、将来、履歴書に書くことができる貴重な経験になります。

▷ **仕事をしながら学ぶ**
職業体験やインターンシップを通して、自分にはどんな職場環境が向いているかをつかもう。

> **子どもたちへ**
> ### 職業体験をするために
> 職業体験を希望するなら、きみが興味をもっている業界ではたらいている人が、家族や親せきや近所の人のなかにいないか調べてみよう。もしいるなら、その人にたのんでみる。べつの手として、学校の進路アドバイザーの先生に窓口になってもらえないか尋ねてみる。そして最後の手は、職業体験の機会をもうけているかどうかを、自分で会社に直接尋ねてみることだ。

さまざまな職業

職業の選択肢がありすぎて、どうしたらよいか混乱するかもしれません。でも、興味のある科目や学科がどんな仕事とつながっているかがわかれば、選びやすくなるはずです。

こちらもどうぞ	
◀ 112-113	目標やこころざし
◀ 114-115	将来の職業
大学以外の選択	120-121 ▶
仕事を見つける	122-123 ▶

選択する

将来どんな職業につくかを決めるのは、大きな決断です。進路アドバイザーの先生や家族と話しあったり、ネットで調べたりすれば、さまざまな職業についてもっとくわしく知ることができるでしょう。それでも、最後に決めるのは自分です。自分自身が、自分の目標や興味や技能について考え、どうしたら将来、自分に合った仕事の世界に身を置けるかを検討するのです。

「あなたがいちばん好きなことを見つけなさい。そして、あなたがそれをするのに必要なお金を払ってくれる人と出会いなさい。」

キャサリン・ホワイトホーン　ジャーナリスト

芸術

芸術を学ぶ人は、とても独創的で、想像力が豊か。アイディアにあふれ、自分の才能を使って、新しい音や映像やメッセージを生みだそうとします。芸術系の仕事は、役者、ミュージシャン、衣装デザイナー、イベント・マネージャーなどいろいろあります。

芸術系の学科や科目
- 美術
- グラフィック／プロダクト・デザイン
- メディア研究
- 演劇
- ダンス
- 音楽

△ 役者
映画やテレビドラマ、劇場などで、脚本のなかの人物を演じる役者には、文学の素養も必要だ。長いせりふを覚えて、演じる役になりきらなくてはならない。

人文科学

人間の文化を学ぶさまざまな学科は、「人文科学」というわくでひとくくりにされます。いわゆる「文系」です。人文科学を学ぶ人々は、本や資料を読むこと、分析すること、テーマについて討論することなどを好みます。人文科学系の専門職には、教師、歴史家、翻訳家、ジャーナリストなどもふくまれます。

人文科学系の学科や科目
- 歴史学
- 地理学
- 哲学
- 古典学
- 言語、言語学
- 文学
- 宗教学

△ 教師
よい教師は、生徒たちに知識と気づきをあたえる。この世界で生徒たちがいつか自分の力をぞんぶんに発揮できるように手助けする。

さまざまな職業　**117**

実技

　実技系の学科は、身体機能にすぐれ、戸外に出ることや体験活動を好む人に向いています。ものをつくることや修理することを好む人、スポーツに打ちこむ人、動物とともにはたらくことをめざす人にも向いています。このような特性を生かした仕事には、新しいアイディアを取りこみ、問題を解決する能力も求められます。実技系の仕事には、技師、農場経営者、大工、警官などがあります。

実技系の学科や科目
- 体育、スポーツ
- 飲食業、接客業
- 建設業
- 木工、金属加工
- 警察、消防
- 農業
- 機械学

△ 技師
機械の修理と維持にたずさわる職業ははば広い分野にわたってある。自動車、航空機、工業機械など、それぞれの分野に専門の技師がいる。

自然科学

　自然科学に親しむ、いわゆる「理系」の人々は、論理的で、分析力があり、探究心に富んでおり、さまざまな実験や、試作品の設計・開発、新しい学説を検証することなどを好みます。自然科学系の専門職には、医師、科学者、研究員、コンピュータ技術者などがあります。

自然科学系の学科や科目
- 生物学
- 化学
- 物理学
- 数学
- コンピュータ工学
- 工学全般
- 環境学

△ 医師
病気やけがを診断し、治療をおこなうことが、医師のおもな仕事。健康問題や病気の予防についてアドバイスすることもある。

社会科学

　社会科学者は、人間が社会とどのようにつながっているか、政治や政策がどのように国民の日常に影響をあたえているか、そういったことに興味をもち、研究します。社会科学も「文系」に分類されます。社会科学系の職業には、弁護士、政治家、起業家、社会学者などがあります。

社会科学系の学科や科目
- 心理学
- 社会学
- 政治学
- 経済学
- 経営学
- 財政金融学
- 法学

△ 弁護士
弁護士は困っている人の法律相談にのり、代理人となって、法律にもとづいてトラブルの解決や争いごとの調整をはかる。裁判で弁護人をつとめることもある。

能力を生かす

大学に進む

大学に行くのは、学位を取るためだけではありません。そこには胸をおどらせるような、さまざまな科目を学ぶチャンス、またとない体験、新しい友だちとの出会いがあります。

こちらもどうぞ	
◀ 102-103	学校生活
◀ 114-115	将来の職業
大学以外の選択	120-121 ▶
仕事を見つける	122-123 ▶

くらべて選ぶ

大学では、将来にそなえて学ぶだけでなく、新しい友だちをつくり、新しい趣味や関心ごとに挑戦し、独立の自由を得るなど、すばらしい人生の経験を積むことができます。ただし、大学進学が良いことずくめではないことも、最初に考えておかなくてはなりません。

▷ **どちらを選ぶか**
大学に進むかどうか決めるのは、重大な選択。

良いこと ✓

- 就職の強みとなる学位や、さまざまな資格が得られる。
- 仕事の場で生かせる技能が学べる。
- 好きな科目を学び、知識を広げられる。
- ひとり暮らしという貴重な経験をすることができ、生活のスキルが身につく。
- 楽しいことがたくさん！

悪いこと

- 授業料や生活費が高くつくかもしれない。
- 大学に行ったからといって、就職がうまくいくとはかぎらない。

自分にふさわしい大学を選ぶ

志望大学を決めるために、考えるべきことはたくさんありますが、いちばん重要なのは、自分の学びたい学科がその大学にあるかどうか、自分がその学科に出願できる要件を満たしているかどうかです。

▽ **選択する**
あまりにたくさんの大学があって、選ぶのがむずかしい。そういうときは以下のようなことを考えてみよう。

学科
伝統的な学科と、就職にねらいをしぼった新しい学科、どちらに興味がある？

将来の職業
卒業したあと仕事につくために、この学位は役立つだろうか。

出願資格
出願に必要な資格、入学要件や応募条件が、現実的にきみに合致している大学はどこだろう？

評判
その大学の評判は？ それは、きみにとってどれくらい重要だろう？

立地
いつか住みたいと思いつづけていた土地はある？ 大都市か、小さな町か。

入学審査
小論文、課題提出、試験、面接など——入学の可否を判断するために、どんな審査がおこなわれる？

大学に進む　119

出願する

希望する学科やコースが決まったら、願書のしめきりなど、各大学のくわしい情報を集めて、出願の準備を進めましょう。AO入試や推薦入試では、志望理由書の提出が求められます。多くの大学が期日に余裕をもたせているので、なにを書くかをじっくり考えましょう。面接をおこなう大学もあります。

> 「知識に投資することは、つねに最大の利益をもたらす。」
> ベンジャミン・フランクリン　科学者

△ オープンキャンパス
オープンキャンパスに行ってみることで、その大学に出願する決心がつくかもしれない。現役学生と話して、印象をつかむのもいいだろう。

△ 願書を出す
志望理由書は、文章をよく練って、説得力があり、独創性のあるものを。学部でなにを学びたいか、学生として大学にどんな貢献ができるかについても書く。

△ 下宿・寮
大学が決まったら、次は暮らす場所を決めよう。選択肢はいろいろある。下宿やアパート、大学内に学生寮がある場合も。

留学する

交換留学制度を利用して外国で一定期間学ぶ人もいれば、はじめから外国の大学に入って卒業まで学ぶ人もいます。ティーンエイジャーにとって、外国の文化を経験し、言語を学べるすばらしいチャンスです。将来、就職などのために履歴書を書くときも、国際性をアピールできます。

奨学金

多くの学生が奨学金や教育ローンを申し込みます。そうなると、日々の生活も節約を心がけねばなりません。生活費を稼ぐためにアルバイトをはじめる学生もいるでしょう。大学独自の成績優秀者を対象にした奨学金制度もありますが、通常はきびしい競争になります。

△ 生活のスキル
親は子が大学でうまくやっていけるだろうかと心配するかもしれないけれど、お金のことも、健康を保つことも、時間を管理することも、生活経験を通してスキルがみがかれていく。

大学以外の選択

自分は大学進学には向いていない、と感じる人もいるでしょう。大学に進まないで、ワクワクするような人生経験を積む選択もたくさんあります。仕事で役立つスキルを覚えることも、この時期に生涯残るような体験をすることもできます。

こちらもどうぞ	
◀ 102-103	学校生活
◀ 112-113	目標やこころざし
◀ 114-115	将来の職業
◀ 118-119	大学に進む

いろんな選択肢

自分は大学に向いていると思う人もいれば、それとはちがう道に進んで目標を達成したいと考える人もいるでしょう。人生には、さまざまな選択肢とチャンスがあります。仕事に必要な技能を専門学校で、あるいは見習い制度によって学ぶこともできます。ボランティアを志願する人もいれば、旅に出たくなる人もいるでしょう。一刻も早く仕事の世界に飛びこんで、キャリアをきずきたいと考える人もいるでしょう。どんな選択にも有利な点と不利な点があります。だからこそ、ひとつの道を選ぶことを決断するまえに、じっくりと考えてみるべきなのです。

子どもたちへ
まわりの意見もたいせつに

ここにあげた選択肢は、どれも魅力的で、履歴書に加えられそうな体験になるだろう。でも、ときには将来をどうするかで意見が分かれることがある。もし親がきみの計画に同意しないのなら、家族全員の気もちが落ちついているタイミングを見はからい、家族会議の予定を組むというのもよい考えだ。全員にまえもって言いたいことを考えておいてもらう。そしてきみが、自分の計画の良い点も悪い点もよく考えたこと、家族の意見も取り入れるつもりだということを伝えて、家族を安心させよう。

専門学校や短大で学ぶ

専門学校では、職種別に必要とされる知識や技術を講義と実習を通して学び、必要な資格の取得をめざす（1～4年）。短期大学では短期間（多くは2年、医療系は3年）で、特定の職業に必要な資格の取得をめざし、教養科目も学ぶ。短期大学は、4年制大学と専門学校の中間的存在だ。

△ 就職にねらいを定めた短大を選ぶ
卒業と同時に、取得した資格を生かして仕事したい人向き。さまざまな教養科目も用意されている。

見習いとして仕事につく

フルタイムで企業や団体に勤めながら、仕事に必要な技能を身につけ、資格をとることもできる。それを支援する雇用者もいる。見習い制度を国家政策として進めている国もあり、英国では学位取得までふくんだ見習い制度がはじまっている。国のバックアップについては、日本はまだまだこれから。

△ はたらきながら学ぶ
お金を稼ぎながら新しいスキルを学ぶ。自立のチャンスになる。

大学以外の選択　**121**

ボランティアに志願する

特定の団体に属して無償ではたらくことも、ボランティアにふくまれる。寄付の代わりに労働力を提供する。自分の賛同する目的に貢献しながら、仕事を体験し、スキルをみがいていくことができる。人のため、動物のため、自然環境のために役立ちたいというのは、とてもよい考えだ。

△ **だれかを助ける**
思春期に奉仕体験をすることは、共同体への興味と目的意識をはぐくむ。

旅をする

旅はティーンエイジャーに世界と出会うチャンスをあたえる。外国ではたらいたり、外国のことばを習得したりするきっかけにもなるだろう。異文化を理解し、新しい視点でものごとを見るのは楽しい。のちのち仕事につくときにも役立つ経験をあたえてくれる。旅のあいだにはたらけば、お金の節約にもなる。

△ **新しい体験**
旅はすばらしい体験だ。友だちをつくり、新しい文化のなかに入り、世界について知ることができる。

インターンシップ

インターンシップとは、企業や団体で実際にはたらき、職業研修を受ける期間のこと、またはその研修生のこと。残念ながら、日本の場合は1～数週間と短期のものが多く、ほとんどが就職活動をひかえた学生を対象にしている。海外のインターンシップに応募することはできるが、募集要件や費用、研修の内容など、しっかりと調査する必要がある。

△ **お試し期間**
欧米ではインターンシップの期間が日本よりかなり長いが、いくつもこなして自分に合った職業をさがす人たちもいる。

仕事を見つける

人生の早いうちから仕事の世界に飛びこめば、それだけ早く特定の仕事のスキルを身につけ、お金を稼ぎ、経済的自立を手に入れることができる。賃金をもらいながら技術を学べる。なかには、自分で起業したいという人もいるだろう。パートタイムだった仕事をフルタイムにしたい、あるいは、知っているおとなのもとで仕事の経験を積みたいという人もいるだろう。

△ **支援**
自分で起業したい人は、利用できる起業支援制度がないかさがしてみよう。

能力を生かす

仕事を見つける

仕事に応募するときや面接を受けるとき、履歴書と送付状がきちんと書かれていれば、人事担当者に良い印象をあたえます。

こちらもどうぞ	
◀ 90-91	レジリエンス
◀ 108-109	趣味や興味
◀ 110-111	お金のこと
◀ 112-113	目標やこころざし

求人をさがす

さまざまな手段を駆使して求人をさがすのも、ひとつの仕事のようなものです。一般的には、新聞、求人サイト、会社の公式サイト、ソーシャルメディアなどを使います。つてを利用して応募企業の人とオンラインで、あるいは直接会って、あらかじめつながっていれば、採用担当者の目にとまりやすくなります。ボランティアや職業体験やインターシップに申し込むときもおなじです。

子どもたちへ
ソーシャルメディア

ソーシャルメディアは、求人募集や欠員情報をさがすのにも活用できる。また、ソーシャルメディアを、自分をアピールする場として就職活動に使う人もいる。ただし注意したいのは、そこに投稿したすべてが、就職希望先の採用担当者の目にとまる可能性があるということだ。

◁ 仕事のさがしかた
新聞、各種ウェブサイト、求人アプリは、仕事さがしにとても役立つ。

求人に応募する

求人への応募は、多くの場合、送付状をそえて履歴書を企業に送るところからはじまります。募集要項にある「仕事の内容」を読めば、企業が応募者にどんな種類の技能を求めているかがわかります。そのうえで、自分にはどのような適性があるか、それが求められている職種に向いているかどうかを考えてみましょう。

▽ しっかりと準備
履歴書と送付状を書くときは、誤字や脱字、文法の誤りがないかどうかも、しっかりとチェックする。それが採用に向けての第一歩。

送付状に書くこと
- 名前と連絡先(住所、電話番号、メールアドレス)。
- 頭語と時候のあいさつ。頭語はふつう「拝啓」を使う。「前略」は使わない。
- 求人に応募するという用件。
- 自己PR。ただし簡潔に。募集要項に見あった自分の経験、知識、資格、技能や適性など。
- 面接の機会をあたえてほしいというお願い。
- 結語。頭語が「拝啓」なら、結語は「敬具」。
- 送付内容。同封書類とその枚数を書く。
- 送付状の書きかたはインターネットにも数多くテンプレートがあるので参考にしよう。

履歴書に書くこと
- 名前と連絡先(住所、電話番号、メールアドレス)。
- 学歴、職歴。年度など正確に記入することがたいせつ。
- 免許、資格。略さないで正式名称で記入する。
- 志望動機。自分が応募先の企業で貢献できることをアピールする。
- 趣味、特技、本人希望欄。複数の職種を募集している場合は、希望を書く。
- 履歴書のフォーマットをインターネットからダウンロードして利用するとよい。手書きと指定されていなければ、パソコンで作成してもかまわない。

仕事を見つける 123

面接にのぞむ

面接は神経をすり減らすものですが、希望する仕事につけるかどうかが決まる重要な場です。ふつうは直接会っておこなわれますが、最近では電話やウェブチャットによる面接も増えています。どんな面接にせよ、成功させるためには、それなりの準備が必要です。

面接に向けての準備
応募先の企業についてよく調べる。想定される質問に対する答えを考えておく。募集要項をもう一度よく読む。自分の履歴書と送付状も読みなおしておく。

面接直前
清潔感のある服装と身だしなみを心がける。落ちついて面接にのぞめるように、早めに到着する。道に迷ってイライラするようなことは避けたい。

面接で
質問には、はっきりと正確に答えよう。アイコンタクトをしっかりとる。最後に、笑顔で面接担当者に感謝を伝えること。

採用されたら

内定の知らせには心がおどるものです。その企業ではたらきたい、スキルを学びたいという熱意に変化がないなら、それは願ってもないチャンス。ただし、入社を承諾するまえに、契約条件や他社で採用されるかもしれない可能性について、今一度考えてみましょう。勤務条件や賃金、待遇などについて不明な点があれば、この時点で確認しておきましょう。返事を留保したいときも、そのむねをすぐに伝えることです。

◁ **採用通知に返事する**
仕事の契約期間が満足できるものかどうかも、しっかりとチェックを。

不採用になったら

採用通知がとどかなくて、がっかりすることがあるかもしれません。でもそれは、なにかを学んで将来に役立たせるチャンスととらえましょう。反省すべき点があれば反省し、次に生かします。企業は不採用の理由をまず教えてくれませんが、それを尋ねるのはマナー違反ではありません。どうしても気になる場合は、丁重に問い合わせてみるとよいでしょう。答えてくれてもくれなくても、それで気もちの切り替えができるかもしれません。

▷ **さあ、もう一度**
不採用になったことは、レジリエンスをきたえるチャンスととらえよう。

スピーチしよう

10代後半になると、学校や大学で、おおぜいを相手に話す機会が増えていきます。特別な機会を得て話す場合もあれば、もちあがった重要な問題に対処するために話す場合もあるでしょう。人前で自分の考えや意見を言うことは、ちょっと怖くもありますが、経験することで自信が育ちます。

こちらもどうぞ	
◀ 18-19	自立的思考
◀ 22-23	自己表現
◀ 86-87	自信と自尊心
◀ 90-91	レジリエンス

だいじな場面で

趣味のクラブでスピーチする、賞をもらってひとこと言う、あるいは大学を卒業するときなにか話す。人生には、晴れ舞台がけっこうあるものです。

▽ さまざまな状況で

どんな状況でスピーチするかによって、それにふさわしいやりかたがある。

△ 教室でスピーチするときは、声を張りあげない会話のトーンで。

△ 集会でスピーチをするときは、自分の意見を明確にしめし、みんなにとどく大きな声を出す。

△ 公開討論のときは、メモをとりながら、頭をフル回転させて話し、聞いている人を納得させる。

△ 趣味のクラブでなにか話すときは、自慢のものや作品を見せたりすると、話しやすくなる。

△ 結婚式のスピーチではジョークをまじえつつ、新郎新婦について心あたたまるエピソードを語る。

△ なにかに抗議するときのコールは、短くて印象に残るフレーズを、リズムにのせて。

△ グループで戸外活動をするときは、計画をしっかり説明し、わかりやすい指示を出すよう心がける。

△ 賞をもらったときのスピーチは、謙虚に、ユーモアをまじえて、短く。

△ 卒業式のスピーチは、学校で過ごした日々をみんなが振り返って、心をゆさぶられるようなものを。

公共の場で話す

多かれ少なかれ、おおやけの場で発言する機会はだれにでもあるものです。そのとき、どれくらい長く話していいかは状況しだいです。1〜2分におさめなければならないこともありますが、おおぜいの聞き手にプレゼンテーションするときや、だいじなテーマについて訴えかけるときには、もっと時間をとります。準備する時間もたっぷりと必要です。

▽ **準備をしっかり**
親族、友人、クラスメートなどもふくめて、とにかく大人数を相手にプレゼンテーションやスピーチをするとき、あらかじめ考えておきたいことがいくつかある。

> 覚えておきたい
> ### おおやけの場で話すときのこつ
> - 話すまえに、なにが言いたいかをよく考え、それを書きとめておこう。話している最中でも確認できるように、まとまりよく読みやすい字で。
> - 聞き手に、一語一語がしっかり伝わるように心がける。とにかく、ふだんよりもゆっくりと。重要なことを言ったら、少し間をおいて、そのことばが聞き手にしみこんでいくのを待とう。
> - 堂々と立って、聞いている人たちと目を合わせる。ときどき動いたり、手ぶりをつけたりするのは、注意を引きつけておく効果がある。

- 聞き手はどんな人？　家族、仲間、将来の雇用者かもしれない人、信仰をおなじにする人？　どれくらいていねいな口調で話せばいい？　どんな話題が関心を引きつける？

- 聞き手になにを知ってほしい？　聞き手がきみの言ったことをあとになってひとつ思い出すとしたら、なにを思い出してほしい？　そう、その部分を強調しよう。

- この話の目的は？　相手を説得したいのか。きみの新しい考えをみんなに広めたいのか。それとも、きみが重要と考えている問題について、もっとくわしくみんなに知ってほしいのか。

- 構成について考えよう。スピーチのはじまり、真ん中、しめくくり――それぞれでなにを話すか。聞き手を引きつけるエピソードやジョークを最初に入れるかどうか……。

- あの手この手を使って、創造的に話を進めよう。写真を見せたり、資料のプリントを配布したりするのはどうだろう？

- 聞き手は質問してくるだろうか。どんな質問がくるかを予想して、答えを準備しておく必要はあるだろうか。

おどおどしないために

晴れ舞台をまえに、おじけづくのは当然です。人前で話すのに慣れていなければ、なおさらでしょう。練習と準備が、本番当日の自信につながります。こういった経験を前向きにとらえること、前日によく眠ることもたいせつです。

> 子どもたちへ
> ### 不安と期待
> - 準備しよう。話すテーマについて、せいいっぱい調べよう。
> - 本番のまえに、本番よりも少ない聞き手の前で、スピーチしてみよう。感想を言ってもらって、それを生かすようにする。練習が自信をつちかう。
> - 楽しもう。これは、きみの考えをみんなに広める、またとないチャンスだ。
> - スピーチするまえに、深く息を吸いこみ、3つ数え、ゆっくりと息を吐き出す。

◁ **練習あるのみ**
おおぜいの聞き手がいる感覚に近づくために、まずは鏡の前に立って話してみるといい。

デジタル生活

デジタル生活

インターネット

友だちとのおしゃべりから買いもの、ニュースのチェック、新しい技能を学ぶことまで、インターネットは日常的にとても役立ってくれます。くつろぎの場にも、友だちどうしで集まる場にもなり、ネットを通じてより広い世界とつながることもできます。

こちらもどうぞ	
ソーシャルメディア	130-131 ▶
情報を判断する	134-135 ▶
オンラインの安全対策	140-141 ▶
ゲーム	144-145 ▶

つねに更新される

インターネットにつながりつづけて、いつも最新情報を入手できる。これは、さまざまな新しい機能をそなえた「スマートデバイス」と呼ばれる情報機器のひとつの特徴です。スマートデバイスは、ユーザーの好みを学習していく能力ももっています。

発見する
- ほとんどあらゆる情報が見つかる。
- ぶつかっている問題に助言してくれる。
- 新しい土地に案内してくれる。
- 自分とおなじような興味をもつ人々と出会える。

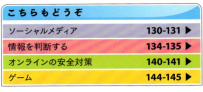

学ぶ
- 学校の勉強や調べものに役立つ。
- 新しい趣味や興味を見つける。
- 新しい機器やソフトなどの基本的操作を動画から学ぶ。
- はなれた場所でおこなわれている授業に参加する。
- デジタル分野の新しい技能を学ぶ。

遊ぶ
- 世界各地の人とゲームで遊ぶ。
- まるで現実であるかのような仮想現実（バーチャル・リアリティ）、実際にそこにいるかのような拡張現実（オーグメンテッド・リアリティ）を体験する。

インターネット **129**

計画する
- さまざまなイベントを企画し、準備する。
- 天気予報をチェックする。
- 「やることリスト」をつくり、課題や計画の進み具合を確かめる。
- 健康状態や運動について記録する。

覚えておきたい

広がるチャンス
インターネットは、ときどきやっかいでめんどうくさいものに感じられるけれど、日々の暮らしにとても役立っている。より広い世界に導いてワクワクさせてくれるし、自分を表現する場にもなる。ネットを通じて友情をはぐくんだり、くつろいだり、楽しんだり、学んだりすることができる。

つくる
- ウェブサイトをつくる。
- ブログを書く。
- ビデオブログを作成する。
- アート、音楽、文章などをシェアする。

親への手引き

インターネットを有益に使う
- 映像や教育的なゲーム、質問に答える対話型サイトなどによって、インターネットは子どもの教育をおぎなってくれる。
- インターネットは、子どもといっしょに過ごしたり、学んだりするチャンスをつくる。どんなサイトを見るのが好きか、デジタル技術のうち、どんなものが便利だと思うか、などを子どもに尋ねてみよう。
- 学童後期やティーンエイジの年齢にふさわしいサイトがある。親として、わが子の年齢に適切だと思えるサイトを見つけ、そこに子どもの関心が向かうようにしたい。
- 子どもがタブレットやスマホのせいで気を散らされているのなら、アプリからの通知を止めさせるのも一案だ。

コミュニケーション
- なつかしい友だちと交流し、新しい友だちに出会う。
- 写真やビデオをシェアする。
- 募金集めやクラウドファンディング(資金提供の呼びかけ)に使う。
- 支援活動や反対運動を立ちあげる。

デジタル生活

ソーシャルメディア

世界の数十億人もの人たちがソーシャルメディアを使っています。ソーシャルメディアがつくりだす場は、ティーンエイジャーにとって刺激的です。そこに接続するだけで、楽しんだり、イベントを企画したり、まわりの世界で起きていることを知ったりできるのです。

こちらもどうぞ	
ネットのなかの自分	132-133 ▶
ネットいじめ	138-139 ▶
オンラインの安全対策	140-141 ▶
プライバシー	142-143 ▶

ソーシャルメディアを使って

ソーシャルメディアの役割を理解し、どうすれば安全でもっとも有益な使いかたができるかを考えましょう。ソーシャルメディアのおもな目的は、家族や友人や世界じゅうの人々とただちに、かんたんにつながる手段をユーザーに提供することです。多くのウェブサイトで、アイディアやイメージ、ビデオなどをシェアし、それに「いいね」をつけたり、コメントを寄せたりできます。そういった反応をほかの多くの人が閲覧できて、そこから新たな議論が生まれたり、新たな興味がわいたりもします。

「インターネットは、明日の『世界村』の中央広場になろうとしている。」
ビル・ゲイツ　マイクロソフト共同創業者

▽ **ソーシャルメディアでなにができる？**
ソーシャルメディアの利用法はつねに進化している。ここにあげたのは、一般的な利用法のほんの一部。ほかにもまだたくさんある。

交流する
ソーシャルメディアで人々が交流する方法は何通りもある。ユーザーは、相手を特定してメッセージを送ることができるし、設定によっては、そのやりとりをほかの人々が見ることもできる。おなじような興味をもった人々とつながり、望むなら現実の世界で会うこともできる。

作品をシェアする
ソーシャルメディアを介して多くのユーザーに画像、動画、音楽などのコンテンツを配信できる。ほかのユーザーがそれにコメントしたり、それを拡散したりする。人気に火がつくと、何十万回も再生される。いわゆる「バズる」という状態だ。

イベントを企画する
ソーシャルメディアを使って——多くの場合は、あっというまの早わざで——イベントを企画できる。誕生日パーティーや勉強会、あるいは政治的なデモを計画することもできる。ソーシャルメディアは、それぞれのユーザーの生活に合わせて使える電子掲示板のようなものだ。

ニュースを読む／議論する
報道機関は、ニュース記事をソーシャルメディアに流す。ユーザーはその記事を拡散したり、それにコメントしたり、ネット上で議論したりできる。それによって、さらに多くのユーザーの関心が集まる。ソーシャルメディアの出現によって、ニュースはいっそう広範囲に伝わるようになった。

位置情報について

　ソーシャルメディアへの接続や投稿によって、自分が今どこにいて、なにをしているかを、不特定多数の人に教えてしまうことは危険です。外出して自宅がからっぽだということを泥棒に知られたり、ストーカーに毎日の行動パターンを読まれたりするかもしれません。

　SNS（ソーシャル・ネットワーキング・サービス、ツイッターやフェイスブックなど）の設定を変えて、親しい人にしか自分の居場所がわからないようにしましょう。居住地もけっして明かしてはいけません。

△ 良い面と悪い面

ビジネスを目的とした、たとえばレストランやショップのウェブサイトにログインすることで、割引を受けたり、レビューしたりできる。ただし、そのようなサイトが、ログイン・ユーザーからどのような個人データを集めているか、それが将来どのように使われるかについては、あいまいなところがある。

休みをとろう

　ときどきは、ソーシャルメディアからはなれて、休みをとりましょう。そのための選択肢はおおよそ3つあります。

- SNSにログインしない。アカウントはそのままにしておき、通知はまえとおなじように受けとる。
- アカウントの利用を一時的に解除し、プロフィールがサイトに表示されないようにする。ユーザーの情報はそのまま残り、利用を再開すると、まえとおなじ状態に復帰できる。
- アカウントを完全に削除する。すべての情報が消える（アカウントを削除しても、一定期間内なら復活できるSNSもある）。

子どもたちへ
くらべるのはやめよう

ソーシャルメディアによって、人と人がつながり、交流することができる。でも、友だちやセレブの暮らしや、その人たちがネットで浴びる注目を見ていると、ついつい自分とくらべてしまう。そういう比較をつづけていると、悲しさやさみしさ、他人をうらやむ気もちばかりがつのる。でも、思い出してほしい。ソーシャルメディアのなかの人たちは、本人を都合よく編集しなおしたつくりもの、生活のなかの最良の部分を公開しているにすぎない。その人たちだって、退屈するし、さみしくなるし、むっつりしているときもある。

ソーシャルメディアと広告

　ほとんどのSNSが無料で利用できるのは、それらが広告収入で成り立っているからです。SNS内の広告は、多くの場合、ユーザーの登録情報や、そのサイトでなにを好み、なにに興味をしめしたかにもとづいて、ユーザーにねらいをしぼって表示されています。

ユーザーが情報をインプット
個人の特徴や傾向を伝えるような情報、たとえば関心のあるもの、写真、意見などを投稿する。

広告主がお金をはらう
広告を出したい企業が、おおぜいの人が集まるSNSに対して、そのサイトに広告料を支払う契約をする。

ユーザー向けの広告が出る
ユーザーを個別にねらった広告があらわれる。たとえば、あるバンドが好きだと投稿すると、そのバンドのコンサートや商品の広告が表示される。

デジタル生活

ネットのなかの自分

インターネットは、思春期の子にとって、自分を解放できる空間です。友だちと交流し、より広い世界を知るだけでなく、自分をどう見せるかを考え、自分を演出する場でもあるのです。とはいえ、ネット空間はあまりにも広大で、危険もひそんでいます。ネット上の自分がどう見られているか意識することが必要です。

こちらもどうぞ	
◀ 130-131	ソーシャルメディア
情報を判断する	134-135 ▶
ネットとのつきあいかた	136-137 ▶
ネットいじめ	138-139 ▶

自撮り

スマホで自分の写真を撮る、いわゆる「自撮り」によって、ネット上の自分を演出したい人もいるでしょう。自撮り写真によって、こう見られたいという自分に近づけたり、今の気分を表現したり、あるいは、自分の体験をネットのコミュニティーで伝えたりします。それに対して、コメントや「いいね」が返ってきます。しかし残念なことに、ネットでは、肯定的反応とおなじくらいかんたんに、否定的反応も返ってきます。それが、思春期の子の自尊感情を傷つけることがあります。自撮り画像や他人の評価に依存することで自尊心をささえている子にとっては、心身の不調をまねきかねません。

気をつけよう！
自撮りする場所

危険な場所での自撮りが、ソーシャルメディアでたくさん拡散されてきた。向こう見ずな自撮りで命を落としたり、けがを負ったりする人が世界じゅうで増えている。脳内に起きる変化によって冒険に走りやすくなる思春期だからこそ、そのような命にも関わる危険な流行に巻きこまれないように注意しよう。自撮りするときには、安全な場所かどうかの確認をおこたらないこと。

▷ **自尊感情と自撮り**
思春期の子にとって、自撮り画像は、自信をふくらませたり、新しいアイデンティティを試したり、自分が今なにをしているかを友だちに知らせたりするのに効果的な手段だ。

投稿するまえに考えよう

写真やコメントをSNSに投稿するのがあたりまえになっている人ほど、自分の投稿がなにを言おうとしているのか、なにをさらそうとしているのか、立ち止まって考えてみるべきです。

投稿する写真やコメントが特定の人物やグループに向けたものだとしても、それがもっと広い範囲で人々の目にふれるかもしれないことを忘れないようにしましょう。投稿は、そのときだけではなく、何年も先まで残ります。それは、デジタルで記録される歴史の一部のようなものなのです。

▷ **結果を考えよう**
投稿するまえに、だれかを困らせないか、気まずい思いにさせないか考えてみよう。家族や先生や、将来の雇用者の目にふれるかもしれない。

ネットのなかの自分　**133**

さらしすぎ

　ソーシャルメディアは、友情をはぐくんだり、思い出や意見や感想を共有したりするのに便利なツールです。でもときに一線を越えて、やりすぎてしまうことがあります。友だちがアップした投稿を読んで、あるいは画像を見て、あまりにも私的であからさまな内容にどう反応したらいいのかとまどった経験はありませんか。正直の度がすぎて「さらしすぎ」になってしまうのも困りものです。ネットにアップされたあらゆる情報が、ほぼそのまま残ります。コメントが不適切だったり攻撃的だったりすると、人間関係をこわしてしまうかもしれません。

> 親への手引き
> ### 手本をしめそう
> わが子が投稿によるトラブルを起こさないように、「さらしすぎ」について注意をうながしておこう。親は自分の投稿を通して、ソーシャルメディアにふさわしい内容とはなにかを子どもにしめすことができる。
> - 親自身が、かぎられた人しか見られないようにどんな設定をしているかを子どもにしめし、設定を助ける。
> - 親であるあなた自身が、SNSにわが子に関する情報を、たとえば子どもがとまどうような写真や、ゆきすぎたうちあけ話をアップしていないかどうか、それによって子どもがいやな思いをしていないかどうか、よく考えてみること。

アバター

　ビデオゲームのなかでは、プレイヤーの分身として、3Dアニメ画像の「アバター」が、ほかのキャラクターと交流します。ゲーム内のアバターとおなじように、SNSのアイコンとして、2Dのアバターを使う人が増えています。アバターを使えば、ユーザーは自分の顔をさらすことなく、自分自身を視覚的に表現できるのです。アバターを使うことで、ネットにさらす自分の情報と「デジタルの足あと」を、よりいっそう自分で管理できるようになります。

△ **手がかりをあたえてしまう**
写真が、その人を割り出す手がかりを、たとえば趣味やよく行く場所などを、はからずも教えてしまうことがある。

△ **ユニークだけど、特定できない**
アバターなら、どんな個人情報もさらすことなく、自分の個性や性格を表現できる。

デジタルの足あと

　インターネットのなかで活動すると、そのあとが残ります。いわゆる「デジタルの足あと」です。スマホやタブレット、パソコンなどを使ってオンラインでおこなうあらゆる活動が、なんらかの痕跡を残しています。あなたに関するデータ、ネットの利用状況や行動履歴が、あなたの知らないところで集められているかもしれません。企業や大学が、採用予定者や学生についてインターネットで調べ、「人物査定」をおこなうことが、あたりまえになりつつあります。不適切な、あるいは面倒を起こしかねない内容が、あなたの投稿にふくまれていないか、チェックされる可能性があることを覚えておきましょう。

> 覚えておきたい
> ### クッキー
> 「クッキー（cookie）」とは、おとずれたウェブサイトでなにをしたかという情報が記録され、そのサイトからユーザーのスマホやパソコンにダウンロードされる小さなテキストファイルのこと。おなじサイトを将来おとずれるときにそなえて、クッキーはスマホやパソコン内に保存されている。そして、ふたたびおなじサイトにアクセスするときに、クッキーがユーザーに関するさまざまな情報をサイトにもどす。それによって、ユーザーのオンラインでの興味や行動が蓄積され、マーケティングや広告などに利用される。

デジタル生活

情報を判断する

インターネットには、さまざまな発信元がつくった、あるいは配信した広告、ニュース、意見、写真、文章などのコンテンツがひしめきあっています。いったいだれを、なにを信用すればいいのか、判断するのはむずかしい。批評眼をもって情報に接するというのが、事実とニセモノを選別するために、もっともよい方法です。

こちらもどうぞ	
◀ 130-131	ソーシャルメディア
◀ 132-133	ネットのなかの自分
オンラインの安全対策	140-141 ▶
ニュースを理解する	160-161 ▶

誤った情報

誤った情報は、事実をきちんと調べなかった人が書いた記事によって拡散されます。もしくは、不正確な情報をたくさんの人に信じこませることが、自分たちの意図や計画に有利にはたらく組織や集団によってばらまかれます。これは大きな問題です。世の中の人々が真実ではないことを信じはじめてしまうかもしれません。

確かめておきたいこと

・ほかのサイトもおなじ情報を流しているだろうか。その話に対するほかのサイトの反応はどうだろう?

・だれが、なぜ、その情報をそこにアップしたのだろう?

・そうはいうけれど、裏づけはあるの?

・このウェブサイトは、偏った編集をしていないだろうか。政治的な、もしくは文化的な指向が、伝えるニュースやその伝えかたに影響していないだろうか。

△ 複数の発信元をチェック
その記事が、ラジオやテレビ、新聞でも報道されているかどうかを調べることによって、偽のニュースを突きとめられる。

こんなことに注意したい

インターネットには、ありとあらゆるコンテンツがアップされています。不正確な情報や、インターネット接続機器の損傷をねらうマルウェア(悪意のあるソフトウェア)のひそんだサイトに、つねに警戒の目を光らせていなければなりません。

クリックベイト

えさ(ベイト)をちらつかせて、クリックをさそう手法。刺激的なタイトルで読者の興味を引きつけてクリックさせるが、不正確で誤った情報に行きつくことが多い。ユーザーをウイルスのもとへ——コンピュータにダメージをあたえるソフトフェアを仕掛けるサイトにさそいこむこともある。

スポンサーつきの投稿

ブログやSNSには、しばしばスポンサーつきの投稿がまじっている。商品の宣伝のために、サイトやブロガーに広告料が支払われているのだ。ある製品をほめあげ、それを買うよう熱心に勧めるレビューが並んでいるときは、用心したほうがいい。

ポップアップ広告

特定のウェブサイトを開いたときに、自動的に立ちあがる広告のこと。通常は、いちばん手前に新しいウィンドウとしてあらわれる。ブラウザのポップアップ・ブロック機能を使うか、専用ソフトで対策しよう。それでもあらわれるときには、クリックしないことがいちばん。

情報を判断する　135

編集された画像

　画像の合成から特殊効果の使用まで、写真の編集によって新しいなにかを創造するのは楽しいものです。けれども、編集された画像が、ふつうではありえない美や体型を標準であるかのようによそおっているとしたら、それは問題です。起きていないことなのに、合成された画像が「証拠」として使われている場合もおなじです。

△ 危険性を見抜く
画像の発信元と、その発信元がなぜそれを拡散しようとしたかについて、つねに注意深く考える必要がある。

エコーチェンバー現象

　検索エンジンやSNSは、たいていはものごとの一面しか見えないようなしくみになっていて、反対意見にはなかなか出会えません。それを意識しないで使っていると、おなじような意見ばかりが聞こえてくる、閉じられた世界にいることになってしまいます。これは、「エコーチェンバー現象」と呼ばれています。エコーチェンバーとは、音が残響を発するように設計された録音室のこと。自分とおなじような意見ばかりが反響しあっていると、自分の意見がどんどん増幅・強化されていくばかりです。それを避けるためには、自分の意見と対立する意見をさがすように意識することです。反対意見に対して、自分の意見を通そうとすれば、おのずとそれについて考え、検証することになります。

> 子どもたちへ
> ### 検索エンジンの効果的な使いかた
> 　インターネットで調べものをするとき、できるだけ偏りのない検索結果を得る方法を知っていれば、それだけ信頼できるコンテンツにたどりつく可能性が高くなる。調べものをするときは──
> - 複数の検索エンジンを試そう。異なる結果が出るかもしれない。
> - URLの末尾が「.com」「.co.jp」「.org」になっているウェブサイトをさがそう。
> - いちばん先頭にくる検索結果だけを信用しない。下にスクロールして、ほかも調べよう。
> - 「プロモーション」、「○○提供」などがついている情報は無視しよう。検索結果の先頭がスポンサーつきサイトであるのは、よくあること。
> - 正確に検索するために、2つ以上のキーワードを検索窓に入れて検索する。
> - キーワードを正しく入力する。漢字のまちがいなどがないように。

プロダクト・プレイスメント

プロダクトは英語で「製品」、プレイスメントは「置くこと」。もともとは映画やドラマの劇中に商品を置いて宣伝する広告手法のことをいった。今は、ブログのようなネットのコンテンツにまぎれこんだ、商品の宣伝にも注意が必要だ。もしかしたら、スポンサーがついているかもしれない。

オンラインでの仲間からの圧力

　現実生活とおなじように、ネットの世界でも、なんらかの行動をとるように人から押しつけられて、いやな思いをすることがあります。ネットにおける「度胸だめし」の押しつけは、まず自分がふつうではない行動をとっている写真や動画をアップし、ほかの人にもおなじことをするように呼びかけることからはじまります。無謀な挑戦を強いるのは、相手にいやな思いをさせるだけでなく、命に関わることにもなりかねません。

▷ 圧力に負けない
判断するというのは、なにが真実でなにがそうでないかを見きわめるだけじゃない。自分はどう行動するかという決意もふくんでいる。

ネットとのつきあいかた

デジタル世界では、じかに会うことなく、友だちとつながりつづけることができます。それは、現実世界における友だちづきあいがえんえんとつづいているようなものです。

こちらもどうぞ	
◀ 76-77	睡眠
◀ 130-131	ソーシャルメディア
◀ 134-135	情報を判断する
オンラインの安全対策	140-141 ▶

相手を尊重する

ネットの人格は、日常生活におけるその人自身の延長です。どうふるまうかにその人の価値観があらわれるのは、デジタル世界でも現実世界でもおなじです。たとえば相手を尊重し、相手からも尊重されたいという考えをもつ人は、デジタル世界でもそのようにふるまいます。現実世界のルールを、デジタル世界にもあてはめましょう。現実世界なら「口に出すまえによく考えること」が、デジタル世界では、「アップするまえによく考えること」になるだけです。

▷ **アップするまえに考える**
ネットに投稿するのはかんたんだからといって、ぞんざいに、考えもしないでやっていいわけじゃない。

親への手引き
手本をしめす

- 子どもたちはまわりのおとなから習慣をとりこみやすい。人と話しているときや食事のときにスマホを見ない習慣は、親から先に実践しよう。
- 子どものネットにおけるプロフィールやアカウントについて、日々の暮らしぶりに口をはさむのとおなじ程度には、関与したい。ただし、子の自主性を尊重すること。
- 親であるあなた自身が、ベッドにスマホをもちこまないこと。

ネチケットを守ろう

エチケットとは、相手に対して礼儀と尊重をしめすことです。ネットのエチケット、すなわち「ネチケット」もおなじです。デジタル世界を安全で安心して使えるものにするためには、そこにおける礼儀作法を守らなければなりません。しかし残念ながら、インターネットの使用目的をまちがえている人、礼儀を欠いた人、自分勝手な都合でネットのコミュニティを標的にする人もいます。

△ **スパム**
一方的に送りつけられる広告やメッセージ、いわゆるスパムは、迷惑であるうえに、フィッシング（偽サイトによるネット詐欺）や、マルウェア（悪意のあるソフトウェア）の拡散に使われることがある。

△ **違法ダウンロード**
ファイルの共有やストリーミング（音声や動画ファイルを受信しながらリアルタイムで再生すること）によって、著作権のある作品を著作権所有者の許可なくダウンロードすることは、違法行為にあたる。

△ **きたないことばでののしる**
顔が見えないのをいいことに、面と向かっているときにはありえないようなやりかたで、相手を口ぎたなくののしったり、攻撃的になったりするユーザーがいる。罵倒の種類によっては、法にふれることもある。

ネットとのつきあいかた 137

ネットへの接続を助けよう

インターネットは人々が集まれる便利な場所ですが、あらゆる世代というよりは、若者中心の世界と見られていることが多いようです。外出の機会が少なく、友人や家族とのつながりが薄くなったと感じているお年寄りにも、インターネットはおおいに役立つことでしょう。高齢者向けのコミュニティ、ビデオ通話、食料品のネット通販など、お年寄りにとって便利なことはたくさんあります。

健康を損なわないために

パソコンに向かうときには、体が痛くならないように、むりのない姿勢を心がけること。もし痛みがつづくようなら、医師の診察を受けましょう。

ディスプレイの上部が目線とおなじ高さかそれより少し下になるように。

足の裏全体が床に接すること。

背中はまっすぐに。キーボードとマウスは、むりなく手がとどく位置に。

△ **教えてあげよう**
お年寄りが知っておくと便利なネットの使いかたを、ティーンエイジャーが教えてあげよう。

△ **姿勢に気をつける**
正しい姿勢ですわり、ディスプレイの高さに気をつけることで、パソコン作業によって健康を損なうリスクを軽減できる。

良いつきあいかたを身につける

「デジタルメディア」とは、テキスト、音声、画像や動画など、コンピュータで読みとれるデータを記録したり、再生したり、保存したりできる、すべてのメディアのことをいいます。今やデジタルメディアは、ティーンエイジャーにとって、友だちとの交流の場であると同時に、教育的な役割もになっています。双方向型コミュニケーションやコンテンツの作成などは、そのすぐれた側面です。とはいえ、家族や友人といっしょに過ごすことを犠牲にしてまで、デジタル世界にのめりこんではいけません。

> **覚えておきたい**
> ### 眠ることはだいじ
> スマホやパソコンの液晶画面が発するブルーライトは、昼間であるかのように脳を錯覚させる。そのため、ほんとうは眠るはずの時間なのに、ちっとも眠くならないことがある。その対策として、専門家は、就寝まえにスマホやパソコンを使わないことをすすめている。液晶画面の明るさを落とすことによって、画面が発するブルーライトを減らすこともできる。ブルーライトを軽減するアプリをそなえたスマホやタブレットもある。

△ **見逃しているという感覚**
つねにオンライン状態でないと、なにかを見逃してしまうと感じるかもしれない。でも、オンラインにこだわっていると、現実世界の自分のまわりで起きていることを見逃してしまう可能性もあるのだ。

デジタル生活

ネットいじめ

ネットへの投稿は、たくさんの人にかんたんに、すばやく情報を伝えることができます。でもそれが、人を不快にしたり、傷つけたりするために使われることもあります。

こちらもどうぞ	
◀ 94-95	不安とうつ
◀ 130-131	ソーシャルメディア
いじめ	150-151 ▶
差別	152-153 ▶

ネットいじめって？

スマホやタブレット、パソコンなどのデジタルデバイスを使って、人になにかを強要したり、困らせたりするのも、いじめです。多くの人がインターネット接続機器をもち歩くようになった今、いじめの加害者と被害者がどこにいようと、昼夜を問わず、ネットいじめは起こりうるのです。

情報がネットでかんたんにシェアされるため、ネットいじめは、またたくまに広範囲に拡散し、被害者の苦しみと屈辱をさらに大きくします。また、ネットに上がったものを完全に削除するのが不可能な場合は、実際のいじめが起きてからさらに長い期間にわたって、被害者を苦しめることになります。

▷ **ネットによる脅し**
指1本の操作で、特定の個人をはずかしめる、邪悪なメッセージを広範囲に拡散できる。それだけにいっそう、ネットいじめは有害で危険。

さまざまなネットいじめ

ネットいじめは攻撃的で、容赦がない。多くの場合、加害者がどこのだれともわからないままなので、発信源を見つけていじめをやめさせるのがむずかしい場合もあります。ネットいじめの種類はさまざまですが、メールやスマホのメッセージ、SNSなどを介して実行されるところは、すべてのネットいじめに共通しています。

- 人を中傷する。なにかを強要するメッセージを送りつける。

- 望まれないのに関心をもちつづけ、やがてはセクシュアル・ハラスメントやつけまわしにいたる。

- 人に屈辱をあたえるために、いやな気分にさせる写真や、はずかしめることばなどを投稿する。またはシェアする。

- 不正なログインによって、ソーシャルメディアのアカウントを乗っ取る。

- 偽のアカウントやプロフィールをつくって、なりすます。

- 特定の人物について、個人情報やその人を中傷する発言をネットに投稿する。それをシェアする。

親への手引き
ネットいじめのサイン

多くのサインは一般的ないじめと共通するが、ネットいじめに特有のものもある。

- ケータイやスマホなどの使いかたが変わる。たとえば、突然使わなくなったり、使っているところをかくそうとしたり、一心不乱に使いつづけたり。

- 子どもの行動や態度が変わる。落ちこむ、引きこもる、つっかかる、以前楽しんでいたことに気が乗らなくなるなど。

- 原因不明の身体的な症状があらわれる場合も。頭痛、吐き気、食欲をなくすなど。

- ネットでどんなことをしているか、だれとやりとりしているかについて話したがらない。

ネットいじめ　139

予防する

　ネットいじめが発生するリスクを減らし、被害を軽減する方法がないわけではありません。パスワードや個人情報を他人に明かさないことは、基本的な対策です。ネットへの投稿に——写真についても文章についても——用心深くなりましょう。どんなSNSを使うにせよ、安全対策とプライバシー設定のチェックをおこたらないことです。

△ 積極的な手段で
ネットいじめにあったら、知っているだれかがいじめられているのに気づいたら、親と子で対処し、阻止しよう。助言してくれる情報源は数多くある。(→247ページ)

子どもたちへ
行動を起こす

もしネットいじめによって、きみか、きみの知っているだれかが苦しんでいたら、次のように対処しよう。

- 信頼できるおとなに相談する。
- どんないじめにあったかを日記につける。日付と、その日にあったことを書きとめ、証拠としてスクリーンショットも撮っておく。
- 仕返しをしない。いじめる側は注意を引きたがっている。反応がないと、興味を失うことはけっこうある。
- 特定のSNSでいじめにあっているのなら、運営者に連絡する。SNSによっては、クリック操作だけでいじめを通報できる。
- きみを不快な気分にさせる人はだれであろうがブロックすること。

加害者になるかもしれない

　それとは気づかずに、ネットいじめをしていることもあります。「おもしろい」から、あるいは「いいね」がほしいから、写真やコメントをシェアしようとしているのだとしても、それが特定の個人を侮辱したり攻撃したりする内容でないかを、慎重に検討しましょう。考えもせずにやったとしても、ネットいじめに対する反撃でやったとしても、他人をおとしめて傷つける内容を投稿することは、すべてネットいじめです。

ネットのなかのヘイト

　残念なことに、この世界にはさまざまな憎悪（ヘイト）が存在します。たとえば、ミソジニー（女性に対する嫌悪や偏見）、人種差別、ホモフォビア（同性愛嫌悪）などです。外見をばかにしたり、人種や性的指向などへの偏見からことばや態度で侮辱したりと、憎悪の表現もさまざまです。多くのヘイト表現が、ネットのなかにも入りこんでいます。ヘイトが明確にことばにされることもあれば、特定の集団を排除するというかたちでほのめかされることもあります。オンラインにはびこるヘイトは、世界的な問題です。見つけたら、SNSの運営者に通報するようにしましょう。

△ 加担してはいけない
ネットいじめは許されない行為だ。多くの国で、ネットいじめは法的に犯罪とされるようになった。

覚えておきたい
荒らし

「荒らし」とネットいじめは、似ているようで、ちがう。ネットいじめは、おなじ相手を何度もねらい、いやがらせをする。一方、人を荒らしに向かわせるのは、相手から反応を得たいという欲求だ。荒らしとは、まさにその名のとおり場を荒らす行為で、通常は、怒りをかきたてるような激しいコメントが多い。それをやられると、個人攻撃をされているように感じるかもしれないが、荒らしをする者は、多くの人をいらだたせ、怒りの声をあげさせたいだけ。相手に注目されることを求める荒らしには、注目をいっさいあたえない、無視するのが最善の対処法だ。

デジタル生活

オンラインの安全対策

オンラインを安全に使うためには、使う人それぞれが自分の個人情報を守るすべを身につけていなければなりません。親の権限で子どものインターネット接続を制限するフィルタリング機能も助けになりますが、まずは家族で話しあい、いっしょに対策を練ることが、安全を確保する最善の方法です。

こちらもどうぞ	
◀ 130-131	ソーシャルメディア
◀ 134-135	情報を判断する
◀ 138-139	ネットいじめ
プライバシー	142-143 ▶

そなえておく

オンラインを安全に使うためのルールは、日常生活を安全に過ごすためのルールと多くの部分で共通します。つまり、起こりうる危険を予測し、それが起こるまえによく話しあい、まえもって対策を練っておくことです。

△ 親子いっしょに
オンラインで身を守るためには、安全対策をあらかじめ親子で話しあっておくことが、きわめて重要だ。

親への手引き
率直に話しあう

親子でまえもって話しあっておけば、オンラインで起こりうる問題に対して、子どもなりにそなえることができるだろう。

- 子どものオンラインでの活動について話を聞くきっかけになるような質問をしよう。お気に入りのウェブサイトや、オンラインの問題でだれかに助けられたことがあるかどうか、あるいは、どんな人を好んでフォローしているかなどを尋ねてみよう。
- 起こりうる危険について話しあい、協力してそれについて調べ、危険を避けるためにどんなそなえが必要かをいっしょに考える。
- インターネットのフィルタリング機能を使って、有害なコンテンツをブロックする必要を感じたとしても、わが子にだまって実行するのではなく、まず話しあおう。フィルタリング機能が万全ではないことも、心得ておきたい。

注意すること

どんなコンテンツでもネット上で共有してよいわけではありません。ほかのユーザーから投稿や共有を求められたとしてもおなじです。インターネットを使うとき、注意して守るべき基本原則は、次の2つ。

個人情報を教えない
本名、連絡先、自宅の住所、学校名、銀行口座などの個人情報を、ネットで出会った未知の存在にけっして教えないこと。

写真に注意
写真やビデオを慎重に守る。自分が写った写真や動画を求められたときは、きっぱりと断り、それ以上は関わらず、信頼できるおとなに伝えること。

ウェブカメラの危険性

パソコンにウェブカメラが接続されていれば、友だちや家族とビデオ通話を楽しむことができますが、ウェブカメラは危険なものにもなりえます。ハッカーは、さまざまな手を使って、他人のパソコンに侵入し、情報を盗んだり、パスワードがなくてもパソコンにアクセスできるマルウェア（悪意のあるソフトウェア）をインストールしたりします。いったん侵入すれば、あとはウェブカメラを操作して、パソコンの所有者には気づかれずに、意のままに写真やビデオを撮ることができるのです。警戒しなければならないのは、ハッカーだけではありません。だれかがあなたとのビデオ通話を記録しておき、それをいつかネットにアップするかもしれないことも、頭に入れておくべきです。

▷ **危険を減らすために**
ウェブカメラをハッキングされないために、ファイアウォールやセキュリティソフトをかならずインストールしよう。

セクスティング

性的なメッセージや写真などをやりとりすることを「セクスティング」といいます。英国では、18歳未満の子どもの画像をセクスティングすることも、18歳未満の子どもにセクスティングすることも違法です。

日本でも、「児童買春・児童ポルノ禁止法違反」「わいせつ物頒布罪」などで逮捕される可能性があります。

△ **たった一度のことが**
いったんセクスティングしてしまうと、だれがその画像を見るかを、送り主はコントロールできない。

他人に情報をあたえない

ソーシャルメディアへの投稿によって、はからずも日常生活の断片をさらしてしまうことがあります。ネットのほんのちょっとしたやりとりにも、見知らぬ人に情報がもれて、現実の生活がおびやかされるかもしれない危険がひそんでいます。見知らぬ人には、どんな情報もあたえないように注意しましょう。やりとりをつづけるうちに、その人が現実世界でのあなたを割り出し、じかに接触してこないともかぎりません。

▽ **注意しよう**
子どもやティーンエイジャーは、親の許可なく、オンラインに自分の写真やビデオをアップするべきではない。

気をつけよう！
グルーミング

「グルーミング」とは、おとなが子どもやティーンエイジャーに対して、性的な目的をもって近づき、手なずけようとする行為のこと。子どもが人前に出せない写真やビデオをわたしたとたん、相手の態度が一変し、脅迫されることもある。オンラインのグルーミングでは、信頼を得ようと近づいてくる者の正体が見やぶりにくい。それでも、子どもやティーンエイジャーがグルーミングの被害にあっていると、いつもとようすがちがうことがある。そのサインとは——

・オンラインでだれと会話しているかをかくそうとする。

・オンラインに使う時間を増やしたがる。

・新しい高価なものをもっているが、どうやって入手したかの説明があいまい。

・年上の恋人ができる。グルーミングを受けているとは気づかず、ほんものの恋人だと信じこんでいるケースは多い。

グルーミングの被害にあわないためには、直接知らない人はつねにブロックし、どんな情報も画像も送るのをこばむこと。もし疑わしい人がいたら、信頼できるおとなに相談し、証拠を保存し、警察に通報するのが最善の対処法だ。

デジタル生活

プライバシー

パソコンやスマホや、あるいはインターネット上に、ますます多くの個人情報を入力し、保存し、アクセスするようになった今、そういったデジタルデータを安全な状態に保つことは、きわめて重要です。プライバシーを侵害されることが、詐欺やなりすましの被害につながるかもしれません。

こちらもどうぞ	
◀ 128-129	インターネット
◀ 136-137	ネットとのつきあいかた
◀ 138-139	ネットいじめ
◀ 140-141	オンラインの安全対策

プライバシー

オンラインにおけるプライバシーは、個人データがどこまで管理できているかと関係しています。オンラインでどんな個人データを入力したのか、そのデータはどこに保存されているか、どうやってアクセスするのか、それが把握できているかどうかが問題です。

パスワード

パスワードは、個人情報を保管した金庫をあける鍵のようなもの。複雑で、推測しにくいものであるべきですが、書きとめるようなことをしてはいけません。複数のウェブサイトでおなじパスワードを使わないようにしましょう。たとえ友だちでも、パスワードを教えてはいけません。

△ 対策を練る
オンラインのセキュリティ・レベルを上げれば、オンラインで作業するときのプライバシーへの脅威を小さくおさえられる。

△ パスワードのルール
パスワードはかんたんに推測できない独自なものに。半年ごとに変えるようにしよう。

認証マーク

さまざまな会社やオンライン・ショッピングのウェブサイトには、「プライバシーマーク」や「~RUSTeマーク」のような認証マークがついています。これは、その会社の個人情報の取りあつかいかたを外部機関が審査し、適切におこなっていると認めたことをしめします。ウェブサイトに個人データを入力しても信頼できると見なす、ひとつの目安になります。

オンライン詐欺

買ったはずの商品が届かない偽販売から、なりすましまで、いろんなオンライン詐欺がある。そのなかでもよくあるのは、次の3つ。

フィッシング
実在する金融機関の偽サイトに誘導し、暗証番号など重要な個人情報を入力させて、あとで預金を引きだす。

前金詐欺
前金を支払えば、それ以上の大きな見返りがあるとメールなどでもちかけて、金を奪うか、重要な個人情報を引きだす。

信用詐欺
信用できそうな人物をよそおって信頼関係をきずいたのちに、金を支払わせ、姿を消す。

◁ プライバシー保護のために
認証マークは国によってまちまち。日本での認証制度の充実はまだこれからだ。

プライバシー **143**

ハッキングとマルウェア

ハッカーと呼ばれる人々は、自分勝手な都合で、パソコンやスマホの安全対策の弱い部分を見つけだし、ほかの人のデータにアクセスします。これをハッキングといいます。ハッキングの手段として、マルウェア（悪意のあるソフトウェア）がよく使われます。マルウェアとは、コンピュータ機器に損傷をあたえる、または機密情報を盗むことを目的としたソフトウェアの総称です。

覚えておきたい
マルウェアの種類

ハッキングされない用心のためにも、いろんなマルウェアがあることを知っておこう。

- 「トロイの木馬」は、無害なファイルをよそおってパソコンに入りこみ、コンピュータとそのネットワークを乗っとる。
- 「キーロガー」は、ユーザーのキーボード操作をひそかに記録し、パスワードや個人情報を盗みとる。
- 「バックドア」は、コンピュータに正規の入り口ではない裏口をつくり、いつでも侵入可能にして、コンピュータを遠隔操作する。
- 「スニファー」は、コンピュータで送受信されるすべてのデータを監視し、パスワードや機密情報を抜きとる。

マルウェアからコンピュータを守る

マルウェアからパソコンを守るソフトウェアを入れても、アップデートした最新の状態にしておかなければ、効果はありません。ファイアウォールは、正体不明のユーザーからの不正なアクセスを阻止するプログラムです。アンチウイルス・ソフトは、マルウェアや、マルウェアをふくむメール、広告、メッセージを検出してブロックし、コンピュータと情報を守ります。

△ **油断しない**
コンピュータをこわされたり乗っとられたりする危険を減らすために、疑わしいリンクはぜったいにクリックしないこと。よくわからないウェブサイトへ行かない。知らない人から送られてきたメールの添付ファイルを開かない。

精神的につらいコンテンツ

インターネットにはほとんど規制がないので、心痛むコンテンツに出会うこともめずらしくありません。意図せずに、うっかり開いてしまうこともあるでしょう。そんなとき、ひと一倍、心を乱されやすい人がいます。不愉快なこと、悲惨なこと、法に反することがなぜ起こるのか、なぜ世界のいたるところで人間どうしが憎しみあったり、傷つけあったりしているのか——その理由を説明するのは、あなたの親であってもむずかしいかもしれません。それでも、混乱や動揺について話してみるのは、気もちを落ちつける助けになるはずです。

▷ **反応はいろいろ**
ネット上の刺激的なコンテンツに対する反応は人によってさまざま。ショックを受けたときは、それについて話すことで、心が楽になることもある。

気をつけよう！
違法コンテンツ

違法コンテンツとは、法律に違反するテキストや画像、動画のこと。たとえば、武器の製造、ドラッグの製造や摂取、詐欺、テロ行為など、暴力・犯罪・危険行為をあおるものが違法コンテンツだ。「良識あるおとな」を不快にさせるようななまなましい性行為の映像、子どもへの虐待にあたるものもおなじ。

違法コンテンツは、ネットのあらゆる場所にちらばっている。避けるのがむずかしく、うっかり見てしまうこともあるが、あえて違法コンテンツを検索するようなことは、ぜったいにしてはいけない。たとえ、そういうものを報告したい、排除したいという意図があったとしても、みずからさがしにいってはならない。

ゲーム

多くのビデオゲームでは、ゲームのキャラクターの成長を助け、生きていく技能を上達させます。仲間と力を合わせ、つぎつぎに降りかかる問題を解決していくゲームもあります。賛否両論ありますが、ほかの活動との時間の配分さえちゃんとできるなら、ゲームはおもしろくて、ためになる趣味になるでしょう。

こちらもどうぞ	
◀ 74-75	運動
◀ 130-131	ソーシャルメディア
◀ 134-135	情報を判断する
友情	188-189 ▶

「ビデオゲームがめざすのは、多くの人が未知の体験に驚き、楽しんでくれること。」
宮本茂
「スーパーマリオ」シリーズの生みの親

ゲームの種類

ビデオゲームの新作が、引きも切らずに発売されつづけています。スマホかコンピュータか家庭用ゲーム機か、どんな機器でゲームするのかという分け方もありますが、ゲームの内容で分けるなら、種類はだいたい次の6つです。それぞれの種類ごとに、経験にもとづく思考と能力をつかさどる脳のさまざまな領域が発達し、その成果は日常生活にも生かせるという研究報告があります。親は、子どもといっしょにゲームを楽しむことで、ゲームに対する偏見が取りのぞかれ、子どもがゲームからなにを得ているかが見えてくることでしょう。

スポーツ・ゲーム
試合のルール、チーム、プレイヤーなどを現実世界から取りこみ、実際に試合をしているかのように楽しめる。チーム競技のすばらしさを知ることができ、実際のスポーツにも参加してみたいという気もちにさせる。

アクション・ゲーム
コントローラーを直接操作してキャラクターを動かし、戦わせたり、ゲームのゴールまで導いたりするゲーム。視覚と手の協調、空間認識、即時の対応力や反射神経がきたえられる。

ロールプレイング・ゲーム
ロールプレイング・ゲーム（RPG）では、プレイヤーがキャラクターを操作し、物語を先に進める。キャラクターが新たな試練にぶつかるたびに、問題を解決するスキルが向上していく。「オープンワールド型」のゲームでは、広い世界を自由に動きまわることができる。

パズル・ゲーム
スマホなどを使って、短い空き時間にゲームをしたい人に向いている。問題解決、パターン認識、ことばの完成など、さまざまな課題があたえられる。たいていは、挑戦できる時間と回数が決められている。

バランスをとろう

ビデオゲームに夢中になると、時間はあっというまに過ぎていきますが、ディスプレイを長く見つづけるのは、心と体の健康によくありません。ほかのたいせつなこと──友だちと会うとか、宿題をするとか、運動や睡眠とか──が、おろそかになってしまうかもしれません。どんな種類のゲームでも、すわりっぱなしで、多くの場合はひとりきりで、一種の気晴らしでやることに変わりはありません。健康を維持するためには、体を動かす時間も取り入れ、ビデオゲームに使う時間とバランスをとりましょう。

△ ゲームは時間を決めて
ゲームを長時間つづけるのは肥満にもつながる。

親への手引き
ビデオゲームの対象年齢

多くのゲームが、その内容にもとづいて、対象年齢をレーティング（格付け）されている。国によってレーティングをおこなう規制委員会は異なるが、日本の場合は、コンピュータエンターテインメントレーティング機構（CERO）が、家庭用ゲーム機のソフトを中心に、対象年齢のレーティングをおこなっている。子どもが年齢に不相応なゲームをやりたがっていると感じるときは、これらのレーティングを参考にできる。

シミュレーション・ゲーム
現実をゲームのなかに取りこみながらも、現実ではまず経験できないようなことに挑戦する。たとえば、ひとつの都市をつくったり、危険な動物と交流したりして、創造的なスキルをみがく。

ストラテジー・ゲーム
プレイヤーはゲームの目標を達成するために、戦略をうまく練りながら動くことを求められる。問題を乗り越えるためには論理的思考が必要だ。多くの場合、アイテムやキャラクターなどを敵よりうまくあつかえるかどうかが、勝敗の決め手になる。

オンラインで遊ぶ

未知の他人と接触する機会が増えるオンライン・ゲームにおいて、基本的な安全対策は欠かせません。アバターを使い、本名・住所・写真などの個人情報をさらさない、教えないようにしましょう。もし、ゲーム内のプレイヤーがことばの暴力をふるったり、不適切な行動をとったりした場合は、ゲームの運営元に通報し、そのプレイヤーをブロックしましょう。

覚えておきたい
アイテム課金

「アイテム課金」「アプリ内課金」などとして、プレイヤーのレベルを上げたり、特殊な能力を得たりするために、少額の支払いを求められることがある。とくに、スマホでおこなうゲームに多い。たとえ1回ごとは少額でも、たびかさなれば、クレジットカードの大金の請求にふくらむこともある。課金したら、かならず記録しておくこと。また、ほとんどのスマホで、アプリ内課金ができないように設定することができる。

より大きな社会

148　より大きな社会

街なかの安全

　街なかで安全に過ごしたいし、みんなが安全でいられる街にしたい——そのために必要とされるのは、マナーと良識です。なごやかな人づきあいと思いやりが、安全なコミュニティをつくります。おたがいに理解し、力を合わせることによって、より安全で、居心地のよい場所が生まれます。

こちらもどうぞ	
市民権	158-159 ▶
親子の関係	174-175 ▶
信頼をきずく	176-177 ▶
人との交流	190-191 ▶

街路をより安全に

　街の通りは、公園とおなじように、コミュニティにとって欠かせない公共空間です。そこを歩いて、あるいは自転車に乗って登校したり、ジョギングしたり、買いものに出かけたりします。街の通りはコミュニティに属するみんなのものです。だからこそ、安全に、きれいに保つ必要があるのです。

> **親への手引き**
> ### 約束ごとを決めておく
> 子どもがひとりで外出するときに守るべき約束ごとを、あらかじめ決めておきたい。たとえば、行ってよい場所と行ってはいけない場所、何時までに帰宅するかという門限など。なぜこのようなルールをつくるかについて説明し、ときには柔軟な姿勢でのぞむように努めたい。

▽ **安全に過ごすためのヒント**
公共の場にいるときに、注意したいことがいくつかある。

ひとりでバスに乗るときは、運転手か家族連れのそばの座席に。

貴重品は見えないところにしまう。バッグの口はきちんと閉じること。

どこへ行き、そこには何時ごろ着き、何時までにもどってくるかを、親や友だちに伝えておこう。

街なかの安全 149

街なかでのスマホ

スマホやタブレットを公共空間で使うときには、次のようなことに気をつけましょう。

外の音が聞こえないヘッドホンは使わない。通りを歩きながら、スマホを見ない。

貴重品はできるだけ見えない場所にしまおう。スマホの通知をバイブレーションだけにするのもよい考えだ。

だれかに所持品をとられそうになっても、つかみかかったり、なぐったりしてはいけない。身の安全を第一に考えること。

マナー違反にあたる行為

社会では、いつもほかの人の存在を思いやることがかんじんです。もし友だちがマナー違反をおかしていたら、自分が良い手本をしめすか、注意しましょう。それが、だれにとっても安全な街をつくることにつながります。

やってはいけないこと

- 酔っぱらうこと。だれかを脅すこと。
- ものをこわす。落書き。ゴミをちらかすこと。
- わけもなく騒ぎたてる。
- 徒党を組んで通りを歩く。
- いやがらせ。他人を困らせること。
- ナイフなど、凶器になるものを持ち歩くこと。

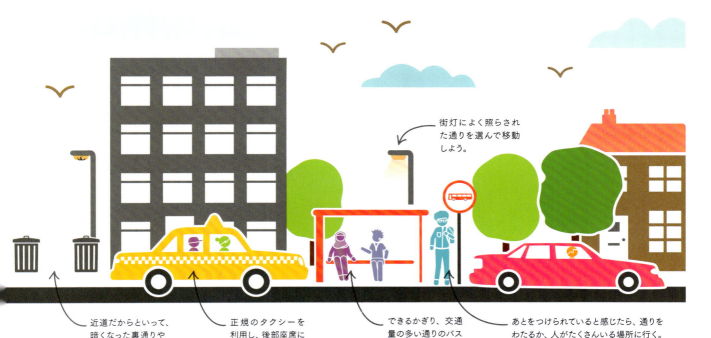

街灯によく照らされた通りを選んで移動しよう。

近道だからといって、暗くなった裏通りや公園を通らない。

正規のタクシーを利用し、後部座席にすわること。

できるかぎり、交通量の多い通りのバス停を使うこと。

あとをつけられていると感じたら、通りをわたるか、人がたくさんいる場所に行く。

いじめ

いじめとは、人に対して攻撃的にふるまい、心や体を傷めつけようとすることです。日常的によくあることですが、だからといって、見逃されていいわけではありません。どんな種類のいじめにも、がまんする必要などまったくないのです。

こちらもどうぞ	
◀ 90-91	レジリエンス
◀ 94-95	不安とうつ
◀ 138-139	ネットいじめ
対立をどうするか	178-179 ▶

いじめの種類

いじめは、どこでも起こります。通学途中でも、家庭でも、オンラインでも。どこであろうが、いつであろうが、いじめの加害者は、自分自身の存在感を、安全を、人気をさらに強化しようとします。いろんな手を使い、他人を支配し、おびえさせ、言いなりにしたいのです。

こっちがほんと
いじめの真実

いじめが起こるのは、子どもやティーンエイジャーのあいだだけではない。
残念なことに、みんながいじめから卒業できるわけじゃない。おとなになってもいじめは起こる。

▽ **さまざまないじめ**
見つけやすいいじめもあるが、かくされていたり、わかりづらかったり、ほかのなにかをよそおっているいじめもある。

△ **仲間はずれ**
みんなでなにかをするとき、仲間からはずして、ひとりぼっちだという気もちにさせる。

△ **仲間への引きこみ**
いじめに参加させるために仲間に引きこむ。

△ **ことばによるいじめ**
悪口、あざけり、ことばによる脅し。

△ **外見いじめ**
容姿、体の大きさ、体形などについて、心を傷つけるひどいことを言う。

△ **身体的ないじめ**
暴力を使って、力ずくで人に危害を加える。意地悪な、侮辱的なしぐさをする。

△ **性的ないじめ**
性的なジョーク、しぐさ、コメントをする。性的なことに関するうわさを広める。

△ **ネットいじめ**
インターネットで、パソコンやスマホなどを経由するメールやメッセージによっておこなわれるいじめ。

△ **見ないふり**
だれかがいじめられているのを見ても、なにも言わない——そのときも、そのあとでも。

いじめへの取り組み

　いじめは、解決するのがむずかしいと思えることもありますが、立ち向かう行動を起こさなければなにも変わりません。いじめがつづけば、だれでもその被害者になる可能性があります。

きみがいじめられていたら
- いじめの加害者が期待するような反応を返さない。反応しなければ、相手が興味を失うこともある。
- いじめの加害者をオンラインでブロックし、電話にも出ないようにしよう。いじめのメッセージは記録しておくこと。
- 信頼できるおとなに相談する。親や先生に話せないときは、支援グループに連絡しよう。（→247ページ）

いじめられているだれかを助けたいなら
- いじめの現場を見ていてはいけない。そこに加わってもいけない。それが、加害者をたきつけることになるかもしれないから。
- いじめられている人の味方になろう。ただし、自分の安全も考えながら。
- いじめられている人に、信頼できるおとなに相談するようにアドバイスしよう。あるいは、きみが相談しよう。

きみがだれかをいじめたのなら
- きみがいじめた被害者に謝り、自分のしたことをつぐなうように努めること。
- きみを苦しめるつらい気もちと状況を解決するために、それを助けてくれるような信頼できるおとなに相談しよう。
- 自分を許し、自分のあやまちから学び、前に進むこと。

いじめている子の親であるなら
- いじめの連鎖はよくあること。いじめる子自身がいじめられていることもある。なぜ、その子がいじめという行動をとるのかを解明するように努めること。
- いじめについて謝り、つぐなうように背中を押す。
- 自分のしたことが自分という人間そのものではないこと、人は立ち直れるということを、子どもに理解させる。

いじめの痛手は深い

　いじめられることは生活のさまざまな面に影響します。眠れない、なにをしても楽しくない、勉強する気になれないなど、以前はできていたことができなくなり、体の健康にも害をおよぼします。自尊感情の低下、不安、攻撃性や怒りの感情の増加など、心の健康も損なわれてしまいます。

親への手引き
いじめのサイン

子どもがいじめられていることを親に話したがらないと、いじめを見つけるのはむずかしくなる。問題が起きていることを知らせるサインを見逃さないようにしたい。

- 以前は楽しんでいたことに、突然、気が乗らなくなる。
- 理由のはっきりしない、ようすの変化。引っこみじあんになる、ぼんやりしているなど。
- あざをつくって、あるいは、持ち物をなくして家に帰ってくる。
- 学校に行きたがらない。体はどこも悪くないようなのに、体調が悪いと訴えて学校に行こうとしない。

助けを求めよう

　自分がいじめられていると認めるのはむずかしいかもしれないけれど、この問題に気づくことが、いじめの解決に向かう最初の一歩になります。勇気を出して、友だちに心のささえを求めること、そして、事態を改善するために行動を起こしてくれるような、信頼できるおとなに相談することです。

△ **知らせよう**
身の危険を感じたら、あるいは、自分ではどうしようもないと感じたら、学校に伝えよう。場合によっては、警察でもよい。

152 より大きな社会

差別

　人はときに、他人の容姿や行動や出自など、ほんの一面だけを見て、ただの憶測で、この人はこうだと決めつけることがあります。そしてたいてい、その憶測はまちがっています。すなわち、偏見です。差別とは、いわれのない偏見にもとづいて、個人や特定の集団を、一方的に、不公平にあつかうことをいいます。

見えにくい差別

　差別感情は、侮辱する、いじめる、不公平なあつかいをするなどというかたちをとって、表にあらわれます。ただし、いかにもそれとわかる差別ばかりではありません。たとえば、だれかひとりが仲良しグループからのけ者にされたとき、それが差別だったとしても、ごまかされたり、べつの理由がつけられたりすることはよくあります。

> 差別がつねに悪意から生じるとはかぎらない。それでも、差別によってのけ者にされた、見くだされたと感じるとき、人の心は深い痛手を負う。

こちらもどうぞ

◀ **18-19**　自立的思考
◀ **134-135**　情報を判断する
平等　**154-155** ▶
ニュースを理解する　**160-161** ▶

覚 え て お き た い
差別されたと感じたら

・きみがそんなふうにあつかわれたのは、きみになにか問題があるからだと考えてはいけない。
・親や担任や顧問の先生に相談しよう。差別は真剣に向きあうべき問題だ。
・自分のアイデンティティを前向きにとらえよう。差別に心を折られて、きみが自分の能力をじゅうぶんに発揮できないようなことがあってはならない。

さまざまな差別

　差別にはさまざまな種類があります。もっとも多いのは、特定の集団に属する人々、あるいは、特定の出自や生活様式をもった人々に向けられる差別です。なかには複数の種類の差別を受けている人もいます。

障がい者差別
身体的な、あるいは精神的な障がいがある人に対する差別。

年齢差別
年齢にもとづく差別。若者への差別も、高齢者への差別もある。

階級差別
育ちや貧困ゆえに不公平なあつかいを受けること。

同性愛者差別
人は異性を愛するものという誤った思いこみにもとづいた、同性愛者に対する差別。

LGBTQ＋への差別
LGBTQ＋など性的少数者に対する差別。

人種差別・民族差別
人種や民族にもとづく個人や集団への不当なあつかい。

宗教差別
信じている宗教によって不利益なあつかいを受けること。

性差別
生まれついての性によって受ける差別。通常は女性に対する差別のことをいう。

差別　153

ステレオタイプ

　ステレオタイプとは、世間に広く浸透した、人や集団に対する類型化された偏見のことです。ステレオタイプにとらわれて人を見ていると、ほんとうの個人が見えなくなり、相手を深く傷つけることがあります。ステレオタイプが世間に、とりわけメディアのなかに、どれだけ広くゆきわたっているかに気づいていない場合もあります。

ステレオタイプにとらわれると、人のアイデンティティのほんの一面しか見えなくなる。

ステレオタイプ化が、これまでの不平等なありかたを補強し、偏見を助長する。

気をつけよう！
自覚すること

- 表に出ていなくても、自分のなかに偏見があるかもしれない。自分自身のもっている偏見を意識しよう。

- 人のことをこうだと決めつけない。自分とは異なる集団の人々とその暮らしかたに敬意をはらおう。

- 自分が差別を受けたらどんな気もちになるかを考えてみよう。

- 人をステレオタイプ化する表現に気づいたら、見逃さずに指摘しよう。

- 差別を受けている人がいたら、自分が助けになることを伝えよう。

◁ **ステレオタイプ化の問題**
よく知らない人を類型化によって判断するのはたやすい。でも、そこからさまざまな問題が生じる。

差別をくり返さない

　おたがいについて知ること、おたがいの共通項について知ること、そして、ひとつのものごとをできるだけ多面的にとらえるよう努めること——そうすることが、他人を差別しない社会をつくる助けになります。

▽ **前向きな解決策**
個人でも組織でも、それとは気づかずに、障がいをもつ人を排除したり、不利にあつかったりすることがある。不自由を感じている人がなにを必要としているのか、直接話を聞いてみよう。共生可能な社会に近づくための一歩になる。

覚えておきたい
差別は埋めあわされない

ゲイだから、少数民族だからという理由で差別されているだれかが、その一方でお金持ちだったり、健康でじょうぶな体をもっていたりすることはある。でもどんな差別だろうと、差別された痛手が、その人の恵まれたところで埋めあわされることはない。

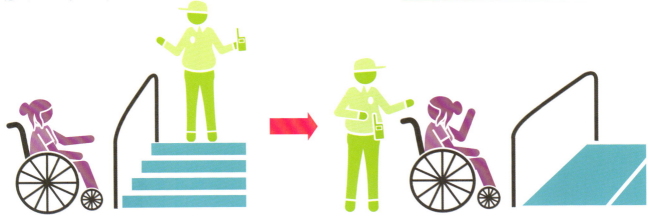

平等

平等とは、あらゆる人が同等の権利、対等な地位、均等な機会をあたえられることです。つまり、どんな人も、どんな集団も、ほかより不利なあつかいを受けるようなことがあってはならないのです。

こちらもどうぞ	
◀ 18-19	自立的思考
◀ 152-153	差別
市民権	158-159 ▶
人との交流	190-191 ▶

平等と平等であることの権利

平等な社会をつくるためには、あらゆる人に人権――人間であることにもとづく基本的な権利が保障されていなければなりません。だれもがおなじように尊重されることが、平等の実現のかなめです。ステレオタイプ化や偏見や差別によって不利なあつかいを受ける人たちがいるかぎり、平等の実現をめざして、問題に取り組みつづけていきましょう。

▽ **みんながいっしょに**
みんな、ひとりひとりちがうのは、祝福されるべきこと。

平等、公正、自由

平等は、最初の一歩にすぎません。めざすところは、みんなが手にするはずの機会をじゃましている壁をとりのぞくことです。ほんとうの平等を実現するためには、ひとりひとりがちがうということを理解しなければなりません。

平等
おなじ条件をあたえられたとしても、みんなが本だなに手がとどくわけじゃない。

公正
必要な人に踏み台をあたえれば、だれもが本だなに手がとどく。

自由
本だなを下げるというかんたんなことで、特別な支援を必要とせず、みんなが本を手にすることができる。

ジェンダーの平等

ジェンダーが平等であるとは、男性と女性が、同等の機会と権利をもっているということです。すべての個人が、性別に関係なく、ぞんぶんに自分の能力を発揮できなければ、同等の機会と権利をもっているとはいえません。

このおもちゃは、この役割は、この遊びは、男の子のもの／女の子のもの、という分けかたは、あらゆる人を制約し、目標やこころざしを実現しようとするのをじゃまします。残念なことに、このような決めつけは世間に広くゆきわたっていて、疑問をいだかない人たちもいます。でも、変化は生まれています。男だから女だからという理由で、人は自分の興味や夢を限定されるべきではない、と考える人が増えてきています。

> 親への手引き
> ### 家庭におけるジェンダーの平等
> - 男の子であろうと女の子であろうと、自分自身を、自分の感情をがまんせず、正直に表すことが可能でなくてはならない。
> - 家庭での約束事は、ジェンダーではなく、成熟度にもとづいて決めること。
> - 家庭内でも、男の子と女の子は等しくあるべき。もちろん、家事分担も平等に。

◁ 家庭で
家事の役割分担を平等にすれば、生きていくのに必要な生活のスキルを、だれもが身につけられる。

△ 遊びのなかの平等
ジェンダーの平等は、幼少期から教えられる。男の子も女の子も、「ごっこ遊び」のなかでいろんな役を演じ、いろんなおもちゃで遊ぶようにさせるとよい。ジェンダーのステレオタイプにとらわれないこと。

不平等への取り組み

不平等という問題は、ひとりで取り組むには、あまりにも大きな問題のように思えるかもしれません。でも、たとえひとりでも、世界を公正なものにするためにできることがあります。

- 日常のなかで用いることばや行動に責任をもつ。
- じっくりと取り組む。「これひとつで全部かたづく」という解決策はない。
- さまざまな境遇にいる人たちと話して、その人たちの必要が満たされているかどうかを確かめよう。
- 人々の権利のために、均等な機会をじゃまする壁をなくすために行動を起こす。身の安全を守りつつ。
- 弱いものいじめや、だれかを虐待するような発言やふるまいは、親、先生、場合によっては警察に伝える。
- 政治家にメールを送り、社会において政治が変えていくべきことを伝えよう。

> 覚えておきたい
> ### 特権について話してみる
> 特権とは、あるグループだけにあたえられた、いちいち求めたり労力をそそいだりしなくても利益を得られる特別な権利のことをいう。能力、年齢、学歴、実家の収入、人種、生まれつきの性など、さまざまな要素にもとづく特権がある。ただし、ある面では特権をもっている人が、ほかの面においてはもたないこともある。たとえば、安定した裕福な家庭に生まれたが、身体的な障がいがあるというように。自分自身の特権について話すことに気まずさを覚えるかもしれないが、話してみよう。その気おくれが、不平等に対してより意識的になり、行動を起こすきっかけになるかもしれない。

平等　155

宗教

思春期を迎え、自分の意見をもち、自立的思考を実践し、自分の道徳観をもつようになると、さまざまな宗教やその価値観に興味をいだき、もっと知りたくなるかもしれません。

こちらもどうぞ	
◀ 16-17	アイデンティティ
◀ 18-19	自立的思考
◀ 22-23	自己表現
◀ 152-153	差別

若者と宗教

自分が何者で、この世界にどうやって居場所を見つけていくかをさぐりはじめる思春期に、信仰をもつのかどうかについて考えてみるのは、ごく自然なことです。さまざまな信仰について調べてみる人もいるでしょうし、身近な年長者が信じている伝統的な宗教とはちがう宗教に近づいてみようとする人もいるでしょう。宗教とは異なる心のよりどころ、新たなスピリチュアリティを見つけるかもしれないし、ことによると、これまでの信仰を失うことだってあるかもしれません。

▷ **いろいろ知りたい**
この世界にどんな宗教があるのかを調べ、学んでみたいと思うのは、ティーンエイジャーにとって、当然かつ健全なこと。

さまざまな宗教

世界には実にたくさんの宗教があります。組織化され、世界じゅうに信者がいるような大きな宗教もあれば、ほかとくらべて小さな宗教もあります。

仏教

およそ2500年前のインドを起源とする宗教。ほかの多くの宗教のように神を崇拝するというかたちはとらず、開祖ゴータマ・シッダールタの教えに従って、苦しみから脱して「悟り」の境地に達する――人生の真の意味について知ることをめざす。世界に約5億人の信者がいる。

ヒンドゥー教

約10億人の信者をもつインドの古い宗教。およそ4000年の歴史があり、さまざまな伝統や文化を吸収している。宇宙の根本原理である「ブラフマン」の象徴としてあらわれる多くの神々を信仰する。現世のおこないと業（カルマ）によって来世が決まるとされている。

キリスト教

およそ2000年前に起源をもつ一神教（唯一の神を信じる宗教）。世界じゅうに約22億人の信者がいる。人類を原罪から救うために、「神の子」であるイエス・キリストが地上に送られたという信仰にもとづいている。キリスト教徒は、聖書に記されているキリストによる救済と、その復活を信じている。

イスラム教

イスラム教の信者、ムスリムは世界におよそ16億人いて、唯一神であるアッラーを信じている。今からおよそ1400年前に、アッラーの教えを記した聖典、コーランが編さんされた。ムスリムは「イスラムの5行」、信仰告白・礼拝・喜捨・断食・メッカへの巡礼を基本的義務として生きる。

家庭内の緊張

信仰はとても個人的なもので、その人の自意識のなかでも重要な部分をしめています。宗教について話しているときに、あるいはこれまでとはちがう宗教にふれたときに、感情が高ぶったとしても、少しも変ではありません。親は、わが子を個人として尊重すべきです。子どもが、子ども自身の宗教的なアイデンティティや指向を見つけだしていけるような、不安と偏見のない家庭環境をつくるように心がけたいものです。

子どもたちへ
親子の意見のちがい
親も子も、おたがいの意見がくいちがうと、もどかしい気もちになる。そういうときこそ、おたがいを理解し、尊重することがたいせつだ。宗教についてどう考えるか、どうして今の信仰をもつようになったのか、親に尋ねてみよう。親から尋ねられたことについても、率直に答えよう。結果として意見の不一致を見ることになるかもしれないけれど、それでもおたがいの価値観や信条を尊重するように努めたい。

気をつけよう！
過激思想
過激主義者は、政治や宗教について極端な考えをもち、みずからの大義のために、しばしば不法な、暴力的な行動を起こす。人の心の迷いにつけこみ、信仰のようなその人のアイデンティティの一部をねじまげて利用し、反社会的な行動にかりたてようとする。自己発見の途中にあって、なにごとにも影響を受けやすいティーンエイジャーは、過激な思想や教義にまどわされないよう注意する必要がある。

そのほかの信仰についての考えかた
いくつもの宗教がある一方で、信仰を心のよりどころにしない世界観をもつ人々もいます。

ユダヤ教
およそ3500年前に起源をもち、唯一神ヤハウェを信仰する。ヘブライ語の聖典、「トーラー」の教えは、のちのキリスト教、イスラム教の母胎になったといわれる。世界の1400万人のユダヤ人が信者であり、ユダヤ人と神とのあいだには特別なきずな、「契約」があるとする。

不可知論
不可知論者は、信念や確信というものに疑いをいだく。宗教的な信念にも、無神論にも、懐疑的な立場をとる。神の存在も超自然的ななにかの存在も否定はしないが、そのようなものが存在しても存在しなくても、だれかがそれを確かめることはできない、と考える。

シク教
15世紀末、インドのパンジャーブ地方で、導師ナーナクによってはじまった。ヒンドゥー教とイスラム教を融合させた宗教で、約2400万人の信者がいる。「唯一なる絶対真理」を信じ、祈りと労働と施しに重きをおく。絶対真理に近づけるかどうかは、信心とおなじくらい、その人のおこないが重要とされる。

無神論
世界のなかで、およそ10億人が特定の宗教をもたず、そのうちの半数が無神論者であるといわれている。無神論者は、「神がいなくても」世界は成り立つと考える。神という存在がなくても、宇宙の創造は説明できるし、道徳や倫理は社会から生まれるという考えかたをとる。

より大きな社会

市民権

「市民権」というときの「市民」とは、国家や地域社会を構成する一員のことをいいます。英語でいうcitizenです。では、国家のcitizenが国民かというと、そうともいいきれません。なぜなら、国籍をもっていなくても、その国で暮らしをいとなみ、社会を構成する一員であるならば、その人も市民だからです。ティーンエイジャーにとって、市民としての役割を考えていくことは、とても重要です。

こちらもどうぞ	
◀ 148-149　街なかの安全	
◀ 154-155　平等	
ニュースを理解する	160-161 ▶
人との交流	190-191 ▶

市民権について

だれもがみな、国の構成員のひとりです。その国で生まれた人もいれば、べつの国で生まれたけれど、今その国に暮らしている人もいるでしょう。市民には、市民としての自由と権利があたえられています。たとえば、法にもとづいて教育や医療を受ける権利です。市民はそれと引きかえに、国に対して税金をはらう、法を守るなどの義務を負います。市民は市民としての役割をはたすことで国や共同体をささえているのです。

▷ **もちつもたれつ**
市民ひとりひとりに権利があたえられているのと引きかえに、
市民ひとりひとりが義務を負っている。

市民にとってたいせつなこと

良き市民は、法の理念を守るためになにをすればよいかを考え、行動に移します。地域社会の問題について情報を集め、良き市民にとってたいせつなことを実践します。

責任
市民は共同体に対して、公私ともに責任を負っている。その責任をはたすために最初に必要なのは、知ることだ。じゅうぶんに情報を集め、学んだうえで、行動を起こそう。

尊重
良き市民は、まずなにより自分自身の尊厳を守る。それが、おなじ共同体に暮らす人々や、国の法律や、土地の環境を尊重することにもつながる。

寛容さ
個人どうしの、あるいはグループどうしの共通点だけでなく、ちがうところも正しく認識し、尊重し、理解をしめすことは、市民にとってたいせつな心得だ。

誠実さ
誠実さは、良き市民の土台。誠実さが道徳的な行動をうながす。良き市民は、他人に対して誠実であり、自分に対しても誠実だ。

共感
共感することが、ほかの人々や生きものがすこやかに生きられるようにしたいという気もちを生む。環境破壊や、不正義に対する抵抗をうながす。

勇気
良き市民には、困難と向きあう心の強さがある。勇気をもつことで、なにが善で正義かを見失うことなく、それを否定するものに立ち向かうことができる。

市民権 **159**

市民としての行動

行動的な市民は、市民としての自由を尊重し、その責任を誠実に引き受けます。市民としてのさまざまな側面が、共同体への誇りや帰属感を育てます。たとえば、各国の人々がそれぞれの国歌を歌い、国民の祝日を祝うのも、自分たちが国を形づくっているという誇らしさと一体感のあらわれといえるでしょう。

◁ 投票
投票は、民主主義社会においては、一定の年齢を超えた人たちの権利であり義務でもある。「一人一票の原則」でおこなわれるからこそ、投票の結果として生まれた政権は、多数の有権者の意見と信条を代表することになる。

国民の権利

それぞれの国に、国民の権利を定める法律があります。国民の権利とは、たとえば、選挙権や、信仰の自由、公正な裁判を受ける権利、言論の自由などです。このような権利と自由は、すべての国民に保障されていますが、犯罪をおこなうなど、市民としての契約にそむいたときには、奪われることになります。

公正な裁判を受ける権利
言論の自由
信仰の自由
選挙権

覚えておきたい
世界人権宣言
1948年、国際連合（UN）で、世界人権宣言が採択された。この宣言は、地球上に生きるひとりひとりに、基本的な権利、すなわち「生命と自由と身体の安全に対する権利」を保障しようというねらいをもっている。しかし、この宣言が国際的に支持されているにもかかわらず、多くの国々で、いまだ人権がないがしろにされたり、損なわれたりしている。（→247ページ）

国の法律

法律は、その国の市民が幸福で安全に暮らせるように社会の公正と秩序を維持するためにつくられており、すべての市民が法に従う義務を負っています。国によっては、宗教的な決まりごと（戒律）にもとづく法律もあります。

それぞれの国におおぜいの市民がいるので、社会がうまく機能するためには、おたがいを尊重しあって、やっていかなければなりません。法律は、どんな行為が許されないのかを明確にします。いくつかの法は、世界のどの国にも共通しています。たとえば、どんな国でも殺人は犯罪です。多くの国で、国の法律がすべての市民にとって公正で適切なものであるかどうかが、つねに見なおされつづけています。

▽ 法の適用
法律は、社会のあらゆるところで公正と秩序が保たれるようにつくられている。多くの国で、ゴミをちらかすことは違法行為にあたる。

より大きな社会

ニュースを理解する

思春期になると、まわりの世界で起きていることに関心が高まり、情報の見つけかた、取り入れかたを学んでいくようになるでしょう。ひとつのニュースをさまざまな観点からながめることは、偏りなく政治問題をとらえるのに役立ちます。

こちらもどうぞ	
◀ 18-19	自立的思考
◀ 82-83	心の健康を守る
◀ 134-135	情報を判断する
◀ 158-159	市民権

報道機関

ニュースの発信源は数多くありますが、その信頼性にはばらつきがあります。ニュースは、透明性と説明責任をもって報じられるべきです。つまり、事実がしっかりと検証されていて、偏見がなく、報道する者としての責任をはたしているということです。受け手は、記事の内容をうのみにするまえに、そのニュースがどこから発信されているのかをまず確かめることが重要です。

△ 新聞
ニュースを伝える伝統的なメディア。新聞ジャーナリズムは、透明性や公正さを保つために、新聞協会が自主的に定めた倫理規定に従っている。

△ ニュースサイトやニュースアプリ
ニュースを好きなときにチェックできるところが便利。ただし、信頼できるニュースサイトやニュースアプリもあるが、倫理規定がなく、誤った情報が拡散されることもある。

△ ソーシャルメディア
しばしば誤った、信頼できない情報が発信されることがある。説明責任もあいまいであることが多い。

△ テレビ
拡散力のある、伝統的なニュースの発信源。局ごとに自主的に報道に関するガイドラインをもうけている。放送倫理全般を検証する外部機関もある。

批評的な分析

ニュースに対して批評的な目をもちましょう。なんでも受け入れるという姿勢はよくありません。発信元によっては、悲観的なニュースばかりとりあげたり、煽情的表現を用いて関心を引こうとしたりします。思想的に偏ったメディアも、なんらかの意図をもった人々が経営するメディアもあります。そうなるとニュースはいつも型どおりで、なにを伝えるかという選択もせまくなり、意図的に選ばれた内容ばかりになるはずです。

▷ 疑問をいだく
スポンサーがついていないか、かくされた意図がないか、透明性が保たれているかどうかなど、報道機関のありかたを検証する受け手の存在が、発信するニュースに責任をもつ報道機関をつくる。

立ち止まって、考えよう
- その情報を発信したのはだれ？ その理由は？
- 書き手にはなんらかの意図があるのだろうか。
- このニュースにはスポンサーがついている？ この情報源はどこかと手を結んでいないだろうか。
- バランスのとれた伝えかたをしている？ それぞれの主張がほんものだと信頼できるだけの証拠はあるだろうか。
- 問題をつきつめ、くわしく調べているだろうか。そのうえで総合的な見解を述べているだろうか。

ソーシャルメディアでは見えてこないもの

　ソーシャルメディアには、「いいね」やシェアの傾向によって、ユーザーの興味を識別し、それを反映したコンテンツを表示するしくみがあります。興味のないものをあらかじめとりのぞいてくれるのは便利なのですが、みずから進んでほかの視点を求めないかぎり、ものごとの全体像ではなく一部しか見えません。似かよった考えの人たちが小さな泡のようにくっついて、意見のちがう人たちを見えなくしているような状態です。

もうたくさんと思ったら逃げる

　つぎつぎに発信されるニュースに巻きこまれないでいるのは、けっこうむずかしい。心に突き刺さるニュースであれば、なおさらです。怒りに震えたり、悲しみにくれたり、不安を覚えたりするのは、当然の反応。でも、そんなときは、メディアから距離をおく時間をもうけましょう。

▽ **ちょっと休もう**
散歩に出る、ペットと遊ぶ、友だちと話すなどで、心を落ちつけることができる。

子どもたちへ
つねに広い心で
多種多様な発信源から、さまざまなニュースや意見を拾ってみよう。そこには好みでないもの、同意できないものがまじっているかもしれない。それでも、ニュースの積極的な受け手になるために、いろいろやってみる。それをつづけることで、重要なことがらに対して、確かな情報にもとづいた、自分なりの意見や考えをもてるようになる。

親への手引き
心をかき乱すニュース
思春期のわが子が時事問題に興味をしめしはじめると、親としてうれしい気もちになる。しかし、きりなく飛びこんでくるニュースをどう受けとめるのか、子どもに手ほどきするのも、親の重要な役割だ。さまざまなニュースを話題にのせ、多角的に、子どもの意見を尋ねてみよう。また、悲惨なニュースが伝えられたときは、なにが起きたかを知るだけでよく、微に入り細をうがって知る必要はないということを、子に伝えたい。

社会的良心

　多くの人が、ニュースで知ったさまざまな社会問題をなんとかしたいと考え、知恵をしぼります。それを行動に移せば、自分とおなじような考えをもつ仲間と出会い、勇気づけられ、教えられることもあります。

- 慈善活動のボランティアをする
- 募金活動を立ちあげる
- 集会や抗議行動に参加する
- もっと知るために討論会に参加する
- 政治家にメールを送る
- 請願書に署名する

より大きな社会

アルコール

アルコールは、法と社会によって許容されているとはいえ、薬物の一種です。多くの人が、友人や家族といっしょにお酒を楽しみますが、あらゆる薬物とおなじように、アルコールを体内にとりこむことには危険がともないます。節度と責任ある飲酒を心がけることがたいせつです。

こちらもどうぞ	
◀ 18-19	自立的思考
◀ 148-149	街なかの安全
信頼をきずく	176-177 ▶
仲間からの圧力	192-193 ▶

アルコールって？

アルコールは、果実や野菜や穀物の糖が分解される化学的な変化（発酵）によってつくられます。アルコール飲料には、ビール、ワイン、蒸留酒など、多くの種類があり、適量の飲酒は不安や社会的な抑制を軽くし、くつろいだ気分をもたらします。

ただし、世界のほとんどの国で、飲酒とアルコール飲料の購入に年齢制限がもうけられており、日本では20歳未満は飲酒も購入も法律で禁止されています。アルコールの悪影響は、おとなよりも、脳がまだ発達段階にある子どものほうに出やすいからです。

子どもたちへ
流されてはいけない

友だちが飲んでいるから、テレビでもネットでもみんな飲んでいるから、という理由で、自分もお酒を飲まなければと思ってはいけない。

きみが不安を感じている、あるいは、なにか心配しているのだとしても、お酒がそれを解決するわけではない。

◁ パーティー
特別なお祝いのときに、みんなでお酒を楽しむことがある。そんなときも、おとなは未成年者にお酒を強要しないこと。

酔い

適度な量のアルコールは、人と人の親ぼくを深めます。しかし、短時間で多量のアルコールを体内に入れると、酔いがまわり、酩酊状態になります。アルコールを摂取するスピードに、肝臓がアルコールを代謝するスピードが追いつかず、血中アルコール濃度が急上昇して、酩酊が起こるのです。

ろれつがまわらない、何度もおなじことをしゃべる、立つとふらつく、動きがぎくしゃくするなど、酔っているかどうかは、たいていは飲んでいる人のようすからわかります。アルコールは、記憶する能力を低下させ、決断や判断に関わる能力にも悪影響をおよぼします。その結果、気が大きくなって、危険な行為に走りやすくなるのです。

◁ 酔いがまわる
酔いがまわる早さは人それぞれ。アルコールは判断能力をにぶらせるので、飲酒するときはかならず、信頼できる人と安全な場所で。

覚えておきたい
ふつか酔い

飲酒のあと、不快な副作用として、「ふつか酔い」になることがある。なぜふつか酔いになるのか、科学者にもくわしい原因はよくわからない。アルコールが代謝されるときに生じる毒性の強い物質が血中に残り、体内のビタミンとミネラルの濃度を下げ、脱水状態になることが、ふつか酔いの原因ではないかと考えられている。ふつか酔いをただちに治すことはできないが、水をたくさん飲んで、鎮痛剤を服用すれば、いくらかはましになる。ふつか酔いは24時間ほどつづくこともある。症状としては──

- 頭痛、筋肉痛。
- 口がかわく。のどが激しくかわく。
- 吐き気、嘔吐、胃の痛み。
- 落ちこみ、不安。
- 光や音に過敏になる。

アルコール　**163**

責任ある飲酒

将来お酒を飲むようになったとき、「責任ある飲酒」の実践が自分の身を守るのに役立ちます。

- 飲んだ量をつねに気にかけていること。自分の酒量の限界を知っていること。
- 友だちと飲みに出かけるときは、おたがいの安全に気をつける。
- 飲むまえに食べておく。アルコールが血中に入る速度をおそくできる。
- アルコール飲料のあいまに、ソフトドリンクや水を飲む。
- 見知らぬ人からすすめられたお酒は断ること。ドラッグが混入されているかもしれない。
- お酒を飲んだら、ぜったい運転しない。アルコールは、反射神経や判断力をにぶらせる。
- 自分が飲んでいるグラスから目をはなさない。だれかが異物を混入するかもしれない。
- もうじゅうぶんと感じたときは、断る。適量は人それぞれ。友だちに合わせてはいけない。

親への手引き
責任ある飲酒を教える

- 飲酒の話題にふれないですまそうとしてはいけない。ティーンエイジャーの子どもとは、早いうちから、率直に話しあっておきたい。アルコール依存症にまつわる家族史があるなら、つつみかくさずに、子どもに伝えること。
- 頭ごなしに飲酒を禁じると、よけいに飲酒に走らせる可能性がある。子の飲んでみたいという気もちを認めたうえで、分別ある判断をうながす。
- 親がまず手本となって、責任ある飲酒を心がける。

△ 仲間からの圧力
仲間からさそわれても、きっぱりと断ってよいのだということを、子どもに教えておきたい。

長期にわたる過度な飲酒の影響

大量のアルコールを長期にわたってとりつづけると、心身の健康に悪影響をおよぼします。適量を守って飲むことがかんじんです。

△ 脳
アルコールは、不安、気分の落ちこみ、うつ症状、不眠をまねくことがある。

△ 口
口臭から口腔がんまで、口にもさまざまな悪影響が出る。

△ 心臓
アルコールによって血圧と心拍数が上がり、心筋梗塞の危険性が増す。

△ 肝臓
大酒を飲む人は、肝機能障害になりやすい。

△ 胃
大量の飲酒がつづくと、下痢、胸焼けを起こす。

たばこ

たばこを吸うと、肺から吸収されたニコチンが血中に放出されます。この化学物質が、脳に化学的な変化をもたらし、一時的に気分を落ちつかせるのです。しかし長期的に見るなら、これはニコチンへの強い依存症です。たばこを吸うことは、健康全般に深刻な影響をおよぼします。

こちらもどうぞ	
◀ 60-61 清潔にしよう	
ドラッグと依存症	166-167 ▶
信頼をきずく	176-177 ▶
仲間からの圧力	192-193 ▶

ティーンエイジャーの喫煙

日本では飲酒と同様に、未成年の喫煙も法律で禁じられています。友だちが吸っているから、おとなの気分を味わいたくて……そんな理由でたばこを吸ってみようかと考えることがあるかもしれません。それでも、たばこの危険性を知らないわけではないはずです。たばこが燃えたあとに残るタール（いわゆるヤニ）を体にとりこみつづけると、心臓と肺の機能を損ないます。喫煙者の2人に1人は、喫煙に関係する病気で死亡するという統計結果もあります。

こっちがほんと
たばこの真実

かっこよくない。息がたばこくさくなる。髪ににおいがつく。味覚が落ちて、食事をおいしいと感じられなくなる。

たばこで仲間はつくれない。友だちでいるために、ヤバイことをいっしょにしなきゃいけないなんて考えないこと。

1、2本ならだいじょうぶ、なんてことはない。若い脳はおとなの脳よりニコチン依存症になりやすい。1、2本でも依存症になる可能性はじゅうぶんだ。

押しつけられて、吸いたくもないのに吸わなくちゃいけないなんておかしい。

◁ **たばこの中毒性**
たばこを吸いはじめた多くの人が、こんなに中毒性のあるものとは知らなかったと驚く。

ニコチン依存症

たばこをやめたいと思ってもなかなかやめられないのは、たばこにふくまれる化学物質、ニコチンに依存性があるからです。ニコチンは、ドーパミンやノルアドレナリンなどの脳内ホルモンを放出させ、一時的に不安やストレスをやわらげます。しかし、たばこを吸いつづけているうちに、ニコチンが切れるとイライラしたり、ストレスを感じたり、気分が落ちこんだりするようになります。だから、やめようとしてもやめられなくなってしまうのです。

覚えておきたい
加熱式たばこ

「加熱式たばこ」は、たばこの葉に熱を加え、ニコチンがふくまれた水蒸気を発生させて、それを吸いこむたばこのこと。燃焼させないので、タールが出ない分だけふつうのたばこよりましだが、まったく害がないわけではない。依存性があるのは、ふつうのたばことおなじ。

▽ **紙巻きたばこ**
ニコチンは依存症の原因になるが、紙巻きたばこにふくまれる化学物質のなかで、いちばん有害というわけではない。紙巻きたばこのけむりには、一酸化炭素やタールをはじめ4000種以上の有害な化学物質がふくまれている。

受動喫煙

喫煙している人の吐き出したけむりや、燃えているたばこから出ているけむりを吸いこむことを、受動喫煙、または間接喫煙といいます。たばこを吸わない人でも、このようなけむりにさらされていると、がん、肺や心臓の病気、呼吸器系の障害などのリスクが高まります。

▷ 受動喫煙の害
受動喫煙について、ここまでなら安全というレベルはわかっていない。
受動喫煙はとりわけ小さな子どもにとって有害だ。

たばこをやめると……

人間の体は、禁煙して20分で、たばこの悪影響から回復しはじめます。たばこをやめたい人のために、ニコチンパッチやガムから催眠療法まで、さまざまな禁煙の方法があります。

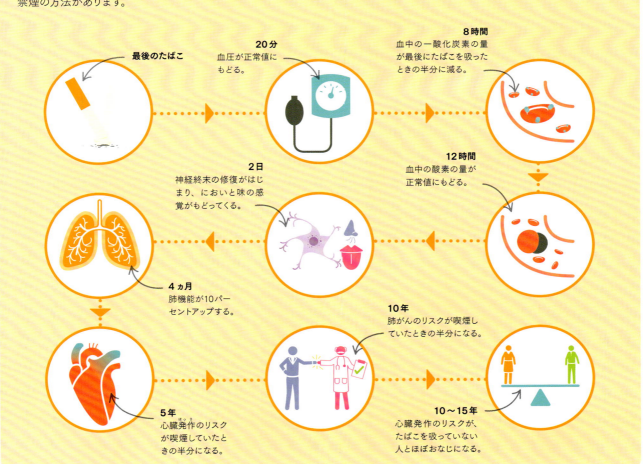

最後のたばこ

20分 血圧が正常値にもどる。

8時間 血中の一酸化炭素の量が最後にたばこを吸ったときの半分に減る。

12時間 血中の酸素の量が正常値にもどる。

2日 神経終末の修復がはじまり、においと味の感覚がもどってくる。

4ヵ月 肺機能が10パーセントアップする。

5年 心臓発作のリスクが喫煙していたときの半分になる。

10年 肺がんのリスクが喫煙していたときの半分になる。

10〜15年 心臓発作のリスクが、たばこを吸っていない人とほぼおなじになる。

ドラッグと依存症

人はさまざまな理由でドラッグ（薬物）を体にとりこみます。ドラッグは脳と体に、心理と健康状態に、短期もしくは長期の影響をあたえます。

こちらもどうぞ	
◀ 18-19	自立的思考
◀ 94-95	不安とうつ
ドラッグの種類	168-169 ▶
仲間からの圧力	192-193 ▶

ドラッグを使う理由

人類は何千年ものあいだ、治療として、宗教的な儀式として、あるいは快楽を得るために、ドラッグを用いてきました。快楽を得るためにドラッグを用いる人々——つまり、「ハイ」になることを目的とする人々は、現実から逃避するために、あるいは、ただ心地よくなりたいために、ドラッグに手を出します。そしてかんたんに自制心を失い、依存するようになっていくのです。

世界のほとんどの国では、ドラッグの製造と販売と乱用がきびしく規制されています。たとえ未成年者でも、ドラッグの売り買いに関われば、それは犯罪です。

子どもたちへ
流されてはいけない

ドラッグに興味があるから試してみた、という人がいる。友だちのさそいを断りきれず、仲間に入らなければ制裁を受けるのではと心配して、使ってしまったという人もいる。

もしきみがドラッグに手を出そうとしているのなら、もう一度、考えなおそう。それは、ほんとうに自分の考えだろうか。きみがドラッグを使うべきだと考えているのは、きみではなく、仲間のだれかではないだろうか。

◁ 仲間からの圧力
友だちがやっているから自分もやるなどということがあってはならない。他人に強要されていいわけがない。

さまざまな危険

ドラッグはつかのまの快感をもたらすかもしれないけれど、いっときだけではすまない、長期にわたるおそろしい悪影響があらわれます。

▽ ドラッグの危険
ドラッグの使用には多種多様な危険がつきまとう。ここにあげるのは、そのほんの一部にすぎない。

依存症	心身の健康を損なう	判断力がにぶる
人間関係がこわれる	勉強への悪影響	刑事責任

ドラッグと依存症　167

サインを見つける

「いつもの状態」にもどるためにドラッグを使うようになると、さまざまな問題がもちあがります。ドラッグを激しく求め、それなしでは生きていけないと感じるようになるのが、薬物依存症です。次のようないくつかのサインがあらわれたら、ドラッグへの依存がはじまっているかもしれません。

- 成績が下がる
- ひとりでドラッグを用いる
- 使用回数の増加
- どれだけやったかうそをつく
- お金を盗む

親への手引き
ドラッグについて話しあう

わが子がドラッグについてどう考えているのか、あるいは、すでにドラッグを経験しているのか——そういうことを疑うのも知ろうとするのも、親として心がゆれる。子どもがドラッグに興味をしめしていても、すでに使っているようであっても、あるいは親として子が依存症になるのではないかと心配しているだけでも、とにかく子どもと話しあうのがいちばんだ。

- 子どもがドラッグをやろうとした理由、やってみたいと思う理由に理解をしめすように努める。そのうえで、その理由についてどう考えるかを子と話しあう。
- 無条件に愛していることを、子に伝える。
- 審判をくだすような態度をとらないように努めながら、おだやかに子の話を聞き、語りかける。
- 子にまちがった情報をあたえないように、ドラッグについて知識を積んでおくこと。

助けを求める

ドラッグに依存していることに気づき、それを認めるのは勇気がいります。それでも、問題を認識することが、回復に向かう最初の一歩です。

ドラッグをやめたいと思ったとき、治療の選択肢はいくつもあります。依存症から抜け出し、その状態を長く保つために、医師から専門のカウンセラーを紹介してもらうこともできます。自分とおなじ経験をもつ人たちと語りあい、ドラッグとの関わりについて考えなおす安全な場を提供してくれる支援グループをさがすのもいいでしょう。

▷ **適切な援助を得る**
ドラッグをやめるのはかんたんではないけれど、やめたい人たちへの手引きや支援が用意されている。

覚えておきたい
ドラッグの離脱症状

長期にわたって使用していたドラッグを突然やめると、心身に離脱症状があらわれる。血液や組織のなかのドラッグの濃度が急激に落ちることが原因だ。ドラッグの種類によって、離脱症状の経過はちがう。命に関わる場合もあるので、使用を断つときには、専門家による監視が必要とされる。

多くの場合は外来治療になるが、ドラッグが手に入らない状態をつくるために、入院が必要とされる場合もある。ひとりで決意するだけでは、まずうまくいかない。ためらわずに医療機関や相談所に助けを求めよう。

ドラッグの種類

ドラッグには多くの種類があり、正式名とは異なるいくつもの俗称があります。どんなドラッグの使用にも危険がともないます。ドラッグの作用とおそろしさについてしっかりと頭に入れておきましょう。法律で禁じられたドラッグに似たものをつくり、「合法」「脱法」などと呼んでいる場合もあります。そのような得体の知れないドラッグもきわめて危険です。

こちらもどうぞ	
◀ 18-19　自立的思考	
◀ 94-95　不安とうつ	
◀ 166-167　ドラッグと依存症	
仲間からの圧力	192-193 ▶

ドラッグの分類

幻覚を引き起こすドラッグもあれば、気分や行動に影響をあたえるドラッグもあります。抑制系薬物は身体の機能をおさえ、興奮系薬物は身体の機能を昂進させます。ある種のドラッグは、これらのうちのいくつかを、あるいはすべてを合わせた作用をもちます。

ドラッグ	形態	使用法	作用	危険性
タンパク同化ステロイド（アナボリックステロイド）	液体、錠剤。	経口。	興奮系薬物。筋肉量が増し、激しい運動をこなす能力が高まり、疲労からより早く回復できる。	ニキビ、毛髪が抜ける。若者が使用した場合には、骨の成長がさまたげられる。高血圧症、心筋梗塞、肝機能障害、月経不順、気分変動、うつ、妄想などの精神的症状、暴力的傾向などのリスクも高まる。
大麻（マリファナ、ハシシ）	花や葉を乾燥させたもの。あるいは、茶色い樹脂のかたまり。	経口、吸引する。	大麻は、人によって興奮にも抑制にもはたらき、幻覚剤にもなる。リラックスした気分やクスクス笑い、よくしゃべる。時間感覚がおかしくなる。	不安、被害妄想、注意力の低下など。心の健康を損なう危険性がある。
コカイン／クラック	コカインは白い結晶状の粉末、クラックは結晶のかたまり。	鼻から吸う、注射、たばこにまぜてけむりを吸う。	依存性の高い興奮系薬物。気持ちが高ぶり、力がついたような錯覚におちいる。攻撃的になることもある。	呼吸器障害、胸痛、心不全。心の健康面での問題。過剰摂取による発作。注射器の使用による感染症。
覚醒剤（シャブ、クリスタル、スピード）	結晶、錠剤、粉末。	注射、けむりを吸う、鼻から吸う、経口。	きわめて依存性が高い興奮系薬物。高揚感、意識がさえたような感覚。	注射器の使用による感染症。脳機能を損なう可能性。過剰摂取による臓器の損傷、意識喪失、死亡。
ヘロイン	茶色、白い粉末。	注射、けむりを吸う。	依存性が高い抑制系薬物。つかのまの幸福感、リラックス。	めまい、嘔吐。注射器の使用による感染症。過剰摂取による昏睡、死亡。

ドラッグの種類　169

ドラッグ	形態	使用法	作用	危険性
ケタミン（スペシャルK）	液体、錠剤、白い粉末。	注射、鼻から吸う、経口。	麻酔薬として使われている抑制系薬物。まわりから切りはなされたような感覚、鎮静作用。幻覚やまひ症状が出る。	腹痛、ぼうこうの機能障害。心拍数の増加、肝臓障害、注射器の使用による感染症。ひんぱんに使うと、うつ症状も。
LSD（アシッド）	薬物をしみこませた四角い紙、ゼラチン、錠剤、液体など。	経口。	きわめて強い幻覚剤。「トリップ」しているあいだ、音、色彩、物体、時間、動きなどに対する知覚がゆがむ。	「バッドトリップ」におちいると、唐突におそろしい幻覚があらわれる。うつや不安が強いときは、なおさらひどくなる。使用から数週間、数ヵ月、数年後でも、一瞬にしてひどい体験がよみがえることがある（フラッシュバック）。
マジックマッシュルーム	乾燥させたキノコ。色はさまざま。	煎じて飲む、食べるなど。	幻覚作用がある。音、色彩、物体、時間などの知覚が変化する。リラックス、あるいは恐怖感。	まちがって毒キノコを食べた例もある。吐き気、混乱、フラッシュバック、使用後の強烈な不安感。
MDMA（エクスタシー）	MDMAは白い粉、エクスタシーは錠剤が多く、成分としてMDMAをふくんでいる。	経口。	よくしゃべる。気分が高ぶり、活動的になる。他人とつながったような感覚。色彩や音を刺激的に感じる。	脱水症状。判断力の低下で熱中症に気づかない。精神の混乱、不安、パニックなど。エクスタシーの錠剤は、MDMA以外に得体の知れない薬物をふくんでいることが多く、予期せぬ反応が出る。腎臓、肝臓、心臓の機能を損ない、死にいたることもある。
ラッシュ（亜硝酸エステルを主成分とする薬物）	液体。	気体を吸引する。	興奮、抑制のどちらにも作用する。数秒から数十秒間、酩酊感——酔ったような感じがある。性的抑制が低くなるともいわれる。	自分がいる場所、時間、状況などの認識をなくす。吐き気、血圧の降下、失神。危険な性行為にむすびつくことも。液体が皮膚につくと化学的な火傷を起こす場合がある。
シンナー（有機溶剤）	スプレー、液体、接着剤など。	気体を吸引する。	抑制作用と幻覚作用がある。もうろうとする、体の反応がにぶくなる、現実には存在しないものが見える。	気分変動、判断力の低下、嘔吐。意識の混乱。自分がいる場所、時間、状況などの認識をなくす。失神。死にいたる危険性もある。
トランキライザー（抗不安薬）	錠剤、注射液。	注射、経口。	抑制系の薬物。おもに不安障害の治療に使われるが、乱用は危険。種類によっては幻覚作用もある。鎮静作用、気分が落ちつく。依存性が高い。	不安やうつ症状を悪化させる場合も。頭痛、記憶喪失、発作、嘔吐。

さまざまな家族

家族にはいろいろなかたちがあり、その規模もさまざまです。ここではいちおうの分類をあげてありますが、どの家族もかけがえがないという意味ではおなじです。親がひとりだろうとふたりだろうと、子どもがひとりだろうと複数だろうと、家族のなかのひとりずつがたいせつな役割をになっています。

こちらもどうぞ	
親子の関係	174–175 ▶
対立をどうするか	178–179 ▶
人生の一大事	180–181 ▶
きょうだい	182–183 ▶

ひとつとしておなじ家族はない

家族の形態が多様化しているのが現代社会です。そのうちの一部をここにあげました。どの家族にも、その家族を成り立たせているしくみがあります。たとえば家族内での愛情や気づかいのしめしかた、共有する価値観、家族としてやっていくためにどのような境界を設定しているかといったことです。こうした要素すべてが、家族として強固な土台をきずけるかどうかに関係してきます。

子どもたちへ
家族の形態

家族の形態はときに変化する。たとえば親の別居や、離婚、再婚、死亡。家族の形態が変わると、自分がどうしたらいいか、わからなくなることがある。きみにとっての「ふつう」が思いがけず変わったときは、なおさらだろう。だが、変化は新しい人たちと関係をきずくチャンスでもある。まえの家族のだれかの代わりにはならないけれど、きみといっしょに新たな家族をつくり、それを育てていってくれるはずだ。

▷ **小さな家族**
家族の規模による分類。「マイクロ家族」ともいう。おとな2人と子ども1人からなる家族のこと。

▷ **里親家族**
ときにはもとの家族の事情によって、一時的に生物学的な親のもとをはなれて、里親の家庭で暮らすことがある。里親は養育者として特別な訓練を受けている。

△ **義親家族**
親の片方が新しいパートナーを見つけると、そのパートナーは子どもの義親（義理の親）になり、おとなそれぞれの連れ子は義理のきょうだいになる。おとなは親の役割をになうけれど、パートナーの子と生物学的な関係はない。

△ ▷ **親がLGBTQの家族**
レズビアンもしくはゲイのカップルを親とする家族のこと。「同性家族」ともいう。さまざまな形態がありうる。

▷ **拡大家族**
祖父母や、おじ、おばなどが同じ家に暮らしている家族、つまり拡大家族だと、おとなたちみんなで子どもの世話にあたることが多いので、家族として緊密なきずながはぐくまれることも。

さまざまな家族　173

▽ **介護や養育をになう子**
これは家族の形態ではないが、なかには、家庭のなかで病気や障がいをかかえるメンバーや、弟や妹のめんどうをみている子もいる。

◁ **シングルファーザー家族**
ひとり親である理由はたくさんある。別居や離婚、死別など。

▽ **養子縁組による家族**
もとの家族の事情によって、生物学的な親がいない家族で暮らす子もいる。

▽ **ドナー、代理母**
これは家族の形態ではないが、家族となる子どもと親の関係に関わることなのであげておく。ドナーは、他人に卵子や精子を提供する人。代理母は、子どもができないカップルのため、子宮に移植された胚（受精卵が発育したもの）を出産まで育てる人。

覚えておきたい
バックグラウンドのちがい
国籍や、生い立ち、文化、宗教——そうしたものが異なる人たちが集まってひとつの家族を形成することがある。それが原因でときには衝突も起きるが、しっかりとした関係のうえにきずかれた家族なら、異なる部分を尊重し、おたがいをたいせつにできるようになる。

△ **シングルマザー家族**
ひとり親である理由はたくさんある。別居や離婚、死別など。

△ **子どものいない家族**
子どものいないカップルは、おとな２人の家族になる。子どもがいないことを選ぶカップルもあるし、子どもができないこともある。

△ **親が若い家族**
親がティーンエイジだと、親と子の年齢が近くなる。親が若い場合は、拡大家族の手を借りていることが多い。

▷ **核家族**
従来の家族形態。この形態の家族は、ほとんどの社会に見られる。子どもは２人から３人のことが多い。

174　家族

親子の関係

　子どもが成長してくると、家族内にはたらく力学が変わってきて、親と子の関係が試練にさらされることがあります。親子ともにさまざまな思いをかかえ、ときに衝動的な感情にかられることもあって、むずかしくも刺激的な時期です。

こちらもどうぞ	
信頼をきずく	176–177 ▶
対立をどうするか	178–179 ▶
人生の一大事	180–181 ▶
きょうだい	182–183 ▶

関係の変化

　第二次性徴のおとずれにより、子どもたちが激しい感情にさらされるこの時期は、家族全体が再調整される時期でもあります。まだ若い子どもたちの価値観や興味に親があたえる影響は絶大です。それだけに、アイデンティティを模索し、新しい自由を求めるわが子を前にすると、子どもとのあいだに距離ができたようで、抵抗を感じる親も少なくありません。親子で対立することもあるかもしれませんが、新しい関係に慣れるのは、どちらにとっても時間のかかる作業です。

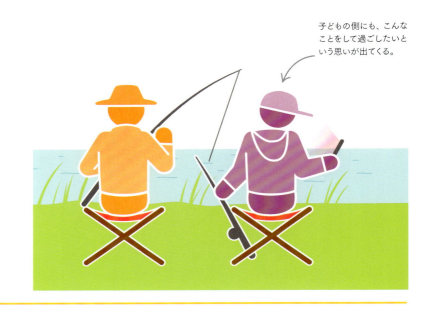

子どもの側にも、こんなことをして過ごしたいという思いが出てくる。

▷ 関心のちがい
親のほうも子のほうも、相手との関係にとまどいを感じることが多い時期。新たな関係をきずくには時間がかかる。しばらくはどちらもじれったさや失望を味わうかもしれない。

責任と期待

　子どもといえども、思春期ともなれば、責任をもたせることがたいせつです。それによって家族を構成するひとりひとりの役割が際立ち、おとなになることの意味を間接的に教えることができます。生活上のルールや日々すべきことを明確にするのは、親が求めていることを子どもに伝える手段でもあります──子どもから不満の声があがり、抵抗されたとしても。ただし、親に対して求めていることがあるのは子どもの側もおなじです。こまめにコミュニケーションをとり、必要に応じて柔軟に対応することで、避けられる衝突もあります。

親への手引き
枠組みをはっきりさせる

- 子どもが決まった手伝いをしてくれることで、どんなに助かっているかをちゃんと伝える。小言よりもはげましのほうがうんと効果がある。
- 子どもとはよく話をして、なにをいつまでにやってもらいたいか、そしてその見返りとしてなにが期待できるかを伝えておく。
- こちらの希望をはっきりさせるため、実際にやって見せる。指示の的確さが不毛な言い争いを防ぐ。

△ 手伝い
子どもがなにかをちゃんとやってくれたときは、やってもらって助かったと、すかさず声をかける。こちらがなにも言わないのに、子どもが進んでやってくれたときは、なおのことだ。

つながりを保つ

　親子で質のいい時間を過ごしたければ、親子とも、日常生活のごたごたにまどわされないようにしたいものです。本来的に親からはなれるようにプログラムされている子と緊密な関係を維持するのは、容易なことではありません。それでもその場に意識を集中すると、子どもとの関係をとりむすびやすくなります。また、問題になっていることだけでなく、うまくいっていることを話題にするのも、たいせつです。

◁ **くふうする**
送迎時のおしゃべりは良質な時間になりうる。

親への手引き
しっかりした関係をきずく

- 親子で好きなことをする時間を日常に組みこむ。楽しさを優先して、むずかしい問題はたなあげにする。
- あなたが興味をもって質問をすると、子は自分の価値が認められたと感じて、自尊感情が高まる。子が話をしているときは、ほかのことを忘れて耳をかたむけよう。
- 困ったことがあったら、いつでも力になると伝えておく。批判的な態度は避け、心を開いて聞く姿勢をしめす。用事があるときは、あらためて話を聞く時間をもうける。
- あなた自身の友人に子育ての話を聞いてもらおう。受け入れがたいことが起きたときも、人に話をすると、大局的な視点と明晰さを失わずにすむ。

立ちはだかる問題

　困難にぶちあたらない親子はいませんが、親子どちらの側にもできることはあります。

▽ **問題を解決する**
子の側でも、親の側でも、この状況は自分の手にあまると思ったときは、家族以外の人に助けを求めることを考えてみよう。

	状況	助言
子へ	きみの決めたことを親に反対された。自分はささえてもらえていないと感じる。	親にもう少し時間をあげて、きみの決断をよく考えてもらおう。きみがその決断をするのに、どれだけ時間をかけたか話してみる。親はきみが決めたことすべてに賛成しないかもしれないが、きみを愛していることには変わりがない。
	ごく個人的な問題があって、親にうちあけるのに不安を感じる。	まえもってどう話すかを決めておき、親が腰をすえて聞いてくれるタイミングで話をする。なやんでいること、偏見のない心で聞いてほしいこと、意見を言うのはこちらの話を聞いてからにしてほしいことを伝えておく。
	親の期待にこたえられなくて、つらい。	きみの親はきみによかれと思うあまり、きみが彼らの意見や期待をどう感じているのかに気づいていないのかもしれない。今のその思いを、伝えてみよう。
親へ	子どもが反抗ばかりして不安。	思春期の子どもは多かれ少なかれ反抗するもの。それを理解していることを子どもに伝えよう。反抗的な態度の背後に不安や怒りが横たわっていると感じるときは、子どもと話しあってみる。
	子どもから、友だちの親とやりかたをくらべられて、気分が悪い。	親のやりかたに家庭によって異なることを伝える。問題となっているルールや課題について、なぜわが家にはそういうルールがあり、そういうことが期待されているのかを説明する。
	子どもが遠くへ行ってしまったようで、さびしい。	子どもから距離をとられても、じたばたしない。子どものやっていることに対する興味をもちつづけ、子どもが話したいと思ったらいつでも相手になることを伝えておく。

信頼をきずく

人を信頼する感覚は、時間をかけてきずき、育てるものです。自分の子どもを信頼している親は、自信をもって子どものプライバシーを認め、その自立をうながすことができます。

こちらもどうぞ	
◀ 172–173	さまざまな家族
◀ 174–175	親子の関係
対立をどうするか	178–179 ▶
人生の一大事	180–181 ▶

信頼できる人柄

人から信頼されるという長所は、人生において大きな意味をもちます。将来のことを考えてみましょう。仕事をするとき、雇う側からすると、信頼がおける正直な人にはそれだけで魅力があります。興味深い新たなチャンスにも恵まれやすくなるでしょう。友だち関係でも、信頼できる人には、力を貸したくなるものです。

家庭においても、家族がおたがいに信頼しあえるのは、すばらしいことです。きずきあげた信頼が基礎にあって、親のほうにうちの子には適切な判断力があるという自信があれば、子どもに自由を認めやすくなります。

△ **健全な関係**
信頼があってこそ、安心できる健全な関係をきずくことができる。そういう関係は、むずかしい問題がもちあがっても、こわれない。

信頼

信頼というのは、相手のしたことに対して、一方がもう一方にあたえるものです。たとえば子どもが、自分のことは自分でする、ルールを守る、手伝いをするなど、適切な行動がとれるようになると、親はそれを見て、子どもを信頼するようになります。逆もおなじで、親のほうは、子どもをささえることによって、子どもからの信頼を得ます。

問題や行きちがいがあったときに率直に話しあえることも、家族のなかで健全な関係をきずくには欠かせない要素です。ときには判断をまちがえて、信頼を失うこともあるでしょう。問題はそのあとの対処。まず心から謝ることが、関係修復に向けた最善の一歩になります。

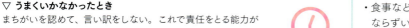

▽ **うまくいかなかったとき**
まちがいを認めて、言い訳をしない。これで責任をとる能力があることをしめせる。

子どもたちへ
責任をとる

- 親はきみに危険がないことを願っている。だれといっしょなのか、どこへ行くのか、なにかがあったときにどう連絡をとればいいのか。そういうことを正直に伝えて、親を安心させよう。予定が変わったときも、伝えるのを忘れずに。

- 親の信頼を得たければ、約束や時間を守るといった、小さなことがたいせつ。

- 家庭内のルールを守って、きみに責任感があることをしめす。あたえられた家庭内の仕事について不満があるときは、親と話しあって内容ややりかたを変える。

- 食事など、家族がそろうことが求められている席には、かならずいるようにしよう。逆に、きみがひとりになりたいときは、それを尊重してもらう。

△ **ちょっとした気づかい**
家の仕事を手伝うと、きみに対する両親の信頼は高まる。

信頼をきずく 177

親への手引き
自立をうながす
- 現実的な目標を設定する。子どもがそれを達成したら、そのたびに、少しずつ子どもが好きにできる範囲を広げる。
- わが子の望みを知っておく。自立をうながすにも、その領域に焦点をあてることができる。
- うまくいったときはほめ、うまくいかなかったときには、子どもといっしょに考える。親の判断がまちがったときは、その責任を認めて受け入れる。
- 家族で決めなければならないことがあるとき、子どもも参加したいと思っているかもしれない。彼らに意見を求めて、尊重していることをしめす。
- 大きくなってきたら、子どもに選択権をあたえよう。ただし、うまくいかなかったとき、その結果に向きあうのも子ども自身だ。

自立

　もっと自分の好きにさせてもらいたいと、思春期の子どもなら、だれもが思っています。また、自分の人生に責任をもち、自分でものごとを決められると、押さえつけられている感覚がないので、無理をして境界を踏みこえる必要がありません。子どもの自主性にまかせることに不安を覚える親は多く、それは当然のことですが、たいせつなのは子どもにチャンスをあたえ、うまくいったらほめることです。

　親子で目標を決め、それに向かって少しずつ段階を踏ませながら、じょじょに自立させていくという方法もあります。挫折や後退はつきものですが、次回どうしたらいいかを話しあえば、子どもはなにが求められているかを具体的につかむことができます。

▽ **時間をかける**
子どもたちは成長とともに自立に向かう。アルバイトをしたり車の運転を学んだりすることもその準備。

プライバシー

　プライバシーをいっさい求めない、あるいは必要としない人はいません。思春期の子がひとりきりになりたがるのは、まさに成長のあかし。子にとってのプライバシーは、寝室に鍵をつけることだったり、家族と暮らしつつひとりになる時間をもつことだったりします。どういう線引きをするかは、個々の子や家族によって異なりますが、個人のスペースに関して明確なルールをつくっておくと、つまらないいざこざを防げます。

　親は子どものことが心配になると、ついプライバシーを侵害してでもと考えて、子ども宛のメールを読むといった行為に走りがちです。ですが、親子といえども、子どもの許可なしにそうしたことをするのはまちがっています。あなたに対する子どもの信頼は損なわれ、関係にひびが入りかねません。

覚えておきたい
プライバシーと秘密
子どもがプライバシーを求めたからといって、なにかをかくしたいとか、家族を避けたいということではない。思春期の子どもにはひとりになる時間が必要だ。アイデンティティをはぐくむためにも、自分が何者であるかをさぐるためにも。

▷ **子どもの寝室**
親にとって、子のちらかった寝室は悩みのたねだが、子個人の空間であることを認めると、子は自分のプライバシーが尊重されていると感じる。

対立をどうするか

自分やほかの人の境界線について、理解を深めることは、思春期における重要な発達課題のひとつです。けれど、そのせいで家族のあいだで言い争いになることも。近しい関係の人間がときに口論するのは自然なことですが、衝突（しょうとつ）を避（さ）けるコツのようなものがあるので、親子ともに学んでおくといいでしょう。

こちらもどうぞ	
◀ 174–175	親子の関係
◀ 176–177	信頼をきずく
人生の一大事	180–181 ▶
きょうだい	182–183 ▶

言い争い

自分が誤解されているとか、自分の言い分が伝わっていない、あるいは話を聞いてもらえていないと感じたときに、言い争いになります。気がついたら、大激論になっていたなんてこともめずらしくありませんが、そんなときは、話題にしにくいべつの問題が原因になっていることもあるようです。思春期に入ると、子どもは親以外の人の考えかたや価値観をさぐり、それに影響を受けるようになります。なにかにつけ親の意見を受け入れたがらないのも、この時期の子どもにはよくあることです。

▽ **対立点**
子どもが思春期のあいだは、親子とも、あらゆる話題に関してことごとく意見が合わないと感じるかも。

親への手引き
激化を避ける

- 口論にあたいする問題かどうか考える。思春期の子には、悩（なや）みを吐（は）きだして楽になりたいだけのことがよくある。そんなときは聞き役に徹して、子どものもやもやした気もちに理解をしめすのがいちばんだ。あるいは、ときには受け流すことによって、あなたが逆に態度を明確にしたときは、本気でそうしているのだと子どもに伝わる。
- その場の勢いで乱暴なことを言わない。子どもの意見を尊重していること、けれど両者とも冷静になる必要があること、そして、その問題についてより深く考える時間が必要かもしれないことを伝える。
- 声を荒（あ）らげないようにする。どなったところで、自分を見失ったと思われるだけ。子どももどなりかえしてくるし、そうでなければ、心を閉ざす。

外見

友だち

家の手伝い

敬意

悪い習慣

政治

ルール

宿題

言い争ったあとは

　言い争ったあと、関係を修復するカギは、聞くことにあります。ある問題をめぐって対立したとして、それを解消するには、自分の意見を明らかにしたうえで、相手が言ったことと自分が望んでいることの両方をじっくりと検討する心の余裕が必要です。それを可能にするのが、客観視して、交渉して、歩み寄るというステップです。それでも対立が解消できないときは、たとえ賛成できなくとも異なる意見を尊重すべきだという原則にたちもどりましょう。

1. 客観視

　客観視とは、自分の立場をはなれてものごとを見る能力——ひいては、ほかの人の視点でものごとを見る能力です。自分の行動によって人の気もちがどう動くかを考えてみると、その人にはどう見えるかがわかってきます。客観視することで自分のまちがいや思いちがいに気づいたときは、いさぎよくそれを認めましょう。

2. 交渉

　自分がどうしたいかを明確にしつつも、相手の話に耳をかたむける姿勢を忘れず、最後まで話を聞くこと。相手の顔を見るように心がけると、こちらが関心をもって話を聞いていることが伝わります。わからないことがあったら放置せず、おたがいのあいだで、合意できる点をいくつか見いだすことを目標にしましょう。

3. 歩み寄る

　問題を解決するには、両者が歩み寄る必要があります。そうやって、当事者全員の希望がある程度かなえられるようにするのです。人の話を聞いて自分の考えを変えられることも、ひとつのスキルです。そうしたスキルがあると、合意するのがむずかしい問題があっても、よい関係をこわさずに交渉を進めることができます。

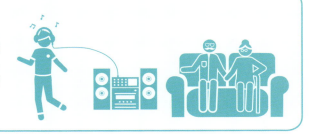

「怒りをもちつづけるのは、だれかに投げつけるつもりで**熱い石炭**を握りしめているようなもの。**やけどするのはあなた自身だ。**」　　ブッダ

謝る

　言い争いのあと、次の段階に進むいちばん手っとり早い方法は、関係者全員が謝ることです。その場の勢いでひどいことを言ってしまったときは、それについても謝りましょう。自分の発言に責任をとるのはむずかしいものですが、謝れば、まちがいをいさぎよく認められる人間であることをしめせるし、相手を尊重する気もちも伝わります。さらに、きみが人をうらむことより、人との関係性に価値を置いていることを明らかにできます。

家族

人生の一大事

どんな家族にも、ときにはうろたえるような出来事が起きるし、困難が降りかかるものです。その影響は、家族のひとりひとりにおよびます。新しい状況を受け入れて、それになじむには、時間がかかるかもしれません。

こちらもどうぞ	
◀ 172–173	さまざまな家族
◀ 174–175	親子の関係
◀ 178–179	対立をどうするか
きょうだい	182–183 ▶

大ニュースを伝える

衝撃的ですらある大ニュースをどうやって伝えたらいいのか？　その答えを知っている人はどこにもいません。家族のだれかが亡くなったという悲しい知らせにしろ、新しい仕事についたという興奮する知らせにしろ、平静でいられないのは自然なことですが、みんなで話しあうことによって、自分が家族のたいせつな一員だと確認できるのは、おとなも思春期の子もおなじです。

▽ 配慮すべき話題
第二次性徴の変化と向きあっている思春期の子には、大ニュースの衝撃がことさら大きく感じられる。

親への手引き
大ニュースを伝える
- まえもってどう言うか決めておき、できるだけ率直に伝える。
- 動揺して当然であることを明らかにしておく。
- 質問してもいいと伝え、尋ねられたら、正直に答える。
- そのニュースが家族にあたえる衝撃を受けとめる用意があることを伝える。

子どもたちへ
親に伝えたいことがあるとき
- まえもってどう言うべきか決めておく。なるべく正直に話そう。
- 話すタイミングと場所を選ぶ。
- 親はこちらが望むような反応をしめさないかもしれない。親の身になって想像してみる。
- 必要であれば、そのニュースが広まったときに、どういう態度をとるかを決めておく。

引っ越し

家の引っ越しは冒険。そう思えればいいのですが、思春期の子には、なれ親しんだ人たちや環境を永遠に失うように感じられるかもしれません。引っ越さなければならない理由や、具体的な引っ越しの手順、引っ越しによる変化——たとえば転校など——をあらかじめ話しておくと、子どもも心の準備がしやすくなります。また、計画を話しあい、ざっくりとでいいので今の友情のつづけかたを伝えることで、変化にともなうとまどいを最小限におさえられるでしょう。引っ越し先の家の近所や学校の下見に連れていったり、荷づくりを手伝ってもらったりするのも、いい方法です。子どもも家族の一員として大きな変化にいどんでいるのだと感じてくれるかもしれません。

▽ 引っ越しは冒険
親にとっても子にとっても、引っ越しは気が重い。おたがいに引っ越しについて相手がどう感じているか知っておくと、不安がやわらぐかもしれない。

別居と離婚

カップルの多くは、遠い将来までいっしょにいよう、少々のことではびくともしないすこやかな家庭をつくりたい、と思って関係をはじめます。けれど、関係は時間によって変わるもの、ときには別れる以外の解決策が見えなくなることもあるでしょう。そうした親の決断にどう対処するかは、子どもによって異なりますが、多くの子どもは、親が別れることなく問題を乗り越えてくれるのを願っています。

▷ 親のもとを訪ねる
週末、はなれて暮らす親のもとを訪ねることで、家族のきずなを保てる。

親への手引き
わが子をささえるために

- 子どもが別れる原因ではないこと、そして子どもはどちらの親とも関係がつづくことをはっきり伝えておく。
- なんでもかんでも子どもに話せばいいというものではない。夫婦間のことに関しては、子どもに理解を求めない。
- 親が別れると聞いたら、子どもは混乱するし、腹を立てるのがあたりまえ。理解して、受け入れるには、時間がかかる。
- もとのパートナーの愚痴を言わない。また、子どもに味方をしてもらおうと思わない。子どもたちにはもうひとりの親と健全な関係を保つ必要があるという現実を尊重する。
- 子どもの行動に問題が出る可能性があるので、学校に話をして、子どもに異変があったら知らせてくれるよう頼んでおく。
- 自分の子どもとも、新しくできた家族とも、質のいい時間を過ごす。ただし、しつけに関しては一貫性を失わず、今までどおりに日常生活をこなす。

家族の病気と死

家族が病気になったり、亡くなったりした人は、どんな思いでいるのでしょう？　本人でないとわからないことが多く、対処に困ることもしばしばです。大往生にしろ、長わずらいにしろ、突然の死にしろ、愛する人を失うことには大きな衝撃がともない、それにそなえるすべはありません。悲しみの経験は千差万別、感じかたも対処のしかたも、人によって異なります。すべての人に共通していえることは、その人がプレッシャーを感じることなく胸の内を話せて（あるいは話さないで）、あれこれ言われずにすむ環境のたいせつさです。

子どもたちへ
たいせつな人が亡くなったときは

- 自分の感情を口に出してみると、頭の中が整理できて、今の状況がよく見えてくる。
- 自分が感じていることにバツをつけず、そのまま受け入れる。信じられないという気持ち、失望、怒り、さみしさ、打ちひしがれた気分、不安。後悔もあるかもしれない。さまざまな感情が心のなかを行き来するのは、ごくふつうのことだ。
- 深い悲しみを感じると、ひどく疲れることがある。そんなときは体をいたわろう。
- 亡くなった人の思い出につながる趣味や習慣をつづけよう。
- 今の思いを書いてみると、きみにとって亡くなった人がどんな意味をもっていたか、わかるかもしれない。

◁ 悲しみに向きあう
死者をいたんで悲しむとき、ほかの人といたい人もいれば、ひとりになりたい人もいる。

182　家族

きょうだい

子の思春期に試練にさらされるのは、親子の関係だけではありません。同性異性にかかわらず、きょうだいとの関係にもやはり変化があります。変わりかたは異なりますが。

こちらもどうぞ	
◀ 174–175	親子の関係
◀ 176–177	信頼をきずく
◀ 178–179	対立をどうするか
◀ 180–181	人生の一大事

きょうだいがいるということ

きょうだいはそのときどきで異なる意味をもちます。友だちだと思った次の瞬間には、ライバルになっていたり。きょうだいにはそういう役割があり、なおかつその役割がころころ変わるからこそ、思春期の子どもは、きょうだいとのあいだで人間関係の境界線を試すことができます。言い争うことで対立を解消する方法を学び、激論を通じてディベートのしかたや妥協のしかた、そして意見が一致しないときでも他者の意見を尊重することのたいせつさを学びます。たがいに信頼しあっているきょうだいなら、友情や信頼関係のすばらしさも体得できます。

△ いっしょに出かける
きょうだいとの関係は、将来、ほかの人と人間関係をむすぶ際のひな形になり、人間関係のコツをみがくのに役立つ。

生まれた順番

きょうだいなのに、性格や行動のしかたがまったくちがうことがあります。生まれた順番が性格に影響して、その特徴を形づくっているのかもしれません。

第一子

最初に生まれた子は、道を切り開きます。そのせいでプレッシャーがかかることも多いけれど、最初のうちはほかのきょうだいとくらべられずに自分をさぐることができます。

真ん中の子

真ん中の子はほかの子におされて、なにかとゆずりがち。調停役になることが多いようです。

末っ子

いつまでも赤ちゃんあつかいされて、言い分を通すのがむずかしいことがあるかもしれません。けれど、あまり責任を負わされずに、好きにさせてもらえることが多いようです。

言い争いになったら

きょうだいのあいだで言い争いになると、つい暴言を吐いてしまうことが多いけれど、むずかしい状況を解決するスキルは、身につけておいて損がありません。

親は介入したくなるでしょうが、時間と空間をあたえることに徹して、子どもたちだけで解決させると、人と関わっていくうえで欠かせないスキルがはぐくまれます。親は中立を保ち、解決しようとする子どもたちの努力をたたえましょう。ただし、手や足が出るようになったら割って入り、子どもたちが落ちつくまで引きはなしておく必要があるかもしれません。

子どもたちへ
平和的に解決しよう

- 言い争っている問題と、言い争っている相手は、別物であることを忘れないようにしよう。そこを分けて考えると、きょうだいの言い分がわかるかも。
- 意見がちがうからと言って、感じの悪い態度をとる必要はない。深呼吸して心をしずめ、口を開くまえによく考える。
- 熱くなりすぎたら距離をとり、おたがいの頭が冷えたところで、話し合いを再開する。
- 心理的にも物理的にも、これ以上はむり、自分じゃどうにもならないと感じたら、親に言って、あいだに入ってもらおう。

きょうだい　183

きょうだいの衝突

衝突が起きるのは、がまんを強いられたり、自分の言い分が通らないと感じたりしたとき。
どの家族にも独自の力学がはたらいていますが、一般的な問題として次のようなものがあります。

ライバル関係

思春期の子は、きょうだいと親をとりあっているように感じることがある。きょうだいのほうが親から目をかけられていると感じて、張り合うことも。親は不公平と受けとられるようなことをしないように注意。

えこひいき

思春期の子は、自分がのけ者にされている、あるいは親がほかのきょうだいのほうをかわいがっていると感じることがある。実際、親が無意識にえこひいきをしているケースがあるので注意。公平な態度を心がけ、ぽつんとしている子がいたら放置しないこと。

問題行動

家族内で明確なルールをつくっておくと、親子ともになにが受け入れられるかがわかりやすい。子がルールを破ったとき、親にはその理由をおもんぱかる余裕が求められる。

干渉

思春期の子はプライバシーを求める。きょうだいとはいえ、個人の空間に入りこんだり、勝手に持ち物をいじったりすると、衝突の原因になる。親が空間やプライバシーに関して明確なルールを設定することで、不要なもめごとを減らせる。

複合家族

おとなふたりがそれぞれまえのパートナーとのあいだの子どもを連れて、同じ家に住むようになると、複合家族になります。家族のひとりひとりが新しいメンバーを受け入れ、家族の力学のなかで自分の居場所を見つけるまでは、家のなかがざわついて落ちつかないかもしれません。

義理の親と実の親、義理のきょうだいと半分血のつながったきょうだい。そういう人たちからなる家族という集まりは、だれにとってもやりにくく、ここが自分の家だとはなかなか思えないものです。家族として調和がとれるようになるには、みんなが少しずつ段階を踏み、時間をかけて慣れていくこと。それしかありません。

▷ **友だちのように**
親の結婚によってできた義理のきょうだいとは、まずは友だちのつもりでつきあうと、ケンカになったときも仲直りがしやすい。

親への手引き
複 合 家 族

- 新しい家族みんなでなにかをする。ひとりひとりにみんなで楽しめる活動を選ぶチャンスをあたえる。

- 複合家族のなかにいるからこそ、生物学的につながりのある実子とふたりきりになる時間をつくる。あなたとのきずながしっかりとしていれば、子は変化を受け入れやすい。避けようもなく関係が変わったとき、子は片方の親がいなくなったことに大きな喪失を感じていることが多い。

- だれがだれのしつけに責任をもつかを決めておく。変わることが多すぎると子どもは混乱し、へたをすると、それが親に対する怒りにつながる。

人づきあい

コミュニケーションスキル

人はさまざまな方法でやりとりをしています。たとえば会話は言語によるコミュニケーション、ボディランゲージは言語によらないコミュニケーションです。言語的なコミュニケーションを成り立たせている要素には、声音や、大きさ、ことばの選びかたなどがあり、ボディランゲージでは表情や体の動きがその要素になります。

こちらもどうぞ	
◀ 22–23	自己表現
◀ 84–85	情動と感情
◀ 124–125	スピーチしよう
人との交流	190–191 ▶

コミュニケーションのたいせつさ

コミュニケーションを技術として学んでおくと、人生のあらゆる面で生きてきます。たとえば人と友だちになりたいときや、会社の面接を受けるとき。コミュニケーションによって人とのつながりを感じられれば、幸福感や心の安定が得られます。人がコミュニケーションをとるのは、情報を共有し、人づきあいを通じて社会に適応するためです。コミュニケーションスキルがソーシャルスキル（社会化のためのスキル）ともいわれるのは、そのためです。

▷ **手ぶり身ぶりは便利**
表情、身ぶり、姿勢。どれもその人の考えや言いたいことをそれとなく伝えている。

言語によるコミュニケーションスキル

ことばを使って会話するのは、直接的なコミュニケーションの方法です。一方、言語によらない方法は、その人がことばにしている内容にびみょうなニュアンスをつけくわえます。言語によるコミュニケーションはことばの選びかたや声の調子によって聞き手の受けとりかた——理解のしかた——が変わってきます。相手が対等な立場なのか、目上なのか、友だちなのかなど、話し手と聞き手の関係によって話す内容や話しかたを調整することもたいせつな技術です。

「おおいに価値があるのに、あまり費用がかからないもの、それは親切なことば。」
　　　　　　　ジョージ・ハーバート　詩人

礼儀正しさ
いわゆる人としての作法を守ること。たとえば「よろしくお願いします」や「ありがとう」を口に出して言うと、その人に対する敬意や気づかいが伝わる。

ほめる
外見でも、成果でも、資質でもいい。その人のいいと思う部分をほめると、関係が強固になる。ほめるのは、その人を認めているあかし。人から認められたいと思っている人は多い。

謝る
人に謝るときは、口先だけにならないように注意。自分がまちがっているのを認めるのはむずかしいこともあるけれど、仲直りできるスキルがあると、生きていくのが楽になる。こちらが謝ると、相手のほうも自分の非を認めて謝ってくれることが多い。

コミュニケーションスキル 187

聞きじょうず

コミュニケーションをよりよいものにしたければ、会話をする双方が話すことと聞くことをじょうずにできなければなりません。聞きじょうずな人はちゃんと話を聞いていることをしめすため、相手の話を頭で追いながらうなずいたり、「そうだね」と相づちを打ったり、内容に応じた質問を差しはさんだりします。ところが自分がなにを言うかで頭がいっぱいで話を聞くのがおろそかになっていると、それができなくなります。

▷ アクティブリスニング
アクティブリスニングとは、相手の話に積極的に耳をかたむけること。向かいあってすわり、身をかたむけ、おなじ姿勢のまま、聞くことに専念していることをしめす。

子どもたちへ
良質なコミュニケーション

コミュニケーション能力は、努力によってみがける。

- 相手の顔を見て話すと、興味をもって聞いていることが伝わるし、きみの自信のあらわれにもなる。
- 相手に意見を求めると、きみが積極的に会話に参加していることが伝わり、相手から話を引きだしやすくなる。
- ボディランゲージや声の調子を合わせると、相手とのあいだにつながりができて、親密なふんいきが生まれる。

非言語的なコミュニケーションスキル

口に出して言わなくても、ありありと気もちが伝わることがあるかと思えば、文字に書いてあるのに（テキストメールやソーシャルメディアの投稿など）こちらの思いが理解されないこともあります。書きことばには、会って話せば明らかな顔の表情や声の調子がないからでしょう。話し手のそのときの姿勢や、表情や、手の動き。そうしたもろもろの要素が話しことばを補完します。反面、かくしておきたい感情が思いがけず相手に伝わってしまうこともあります。

▽ ボディランゲージを読む
ボディランゲージに注目しよう。相手がそのとき感じていることを知る手がかりになる。

相手に魅力を感じていると、その人に近づいたり、見つめたりする。だまって相手の注意を引こうとすることもある。

話に興味をもっている人は話し手のほうを向き、話を聞きながら顔の表情を変えたりする。

いらだっている人は視線をそらそうとし、いらいらの原因である人とのアイコンタクトを避ける。

腹を立てている人は鼻をひくつかせることがある。ときには手を握りしめて、こぶしをつくることも。

笑みをかわしたり、いっしょに笑ったり、おなじ身ぶりをしたりするのは、仲良しであることをしめすボディランゲージ。

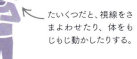

たいくつだと、視線をさまよわせたり、体をもじもじ動かしたりする。

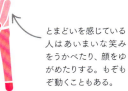

とまどいを感じている人はあいまいな笑みをうかべたり、顔をゆがめたりする。もぞもぞ動くこともある。

友情

人は友情をいだくからこそ、相手の考えや気もちをたいせつにして、しあわせを願うことを覚えます。また友情によっておたがいをささえあう関係がきずかれ、相手のことをただの他人とは思えなくなります。

こちらもどうぞ	
◀ 88–89	内向性と外向性
◀ 130–131	ソーシャルメディア
仲間からの圧力	192–193 ▶
健全な関係	198–199 ▶

友だちをつくる

人が友だちになるきっかけはさまざま。友情のかたちも千差万別です。思春期の子でも、おとなでも、その点は変わりません。教室で席がとなりになったのがきっかけだったり、興味の対象が似ているから、あるいは笑いのツボがおなじだから友だちになることもあります。友情に発展するのに時間がかかる関係もあるし、すぐには心を開く気になれない相手もいるでしょう。それでもいったん成立した友情は、思春期の子の生活を豊かなものにしてくれます。

▽ **思い出をつくる**
友情には、ひと夏だけのものもあるし、一生つづくものもある。長くても短くても、良い友人関係は日々の生活に建設的ななにかをもたらしてくれる。

気楽な友情もむずかしい友情もある。思春期には、どちらもだいじ。両方を通して、友情とはどんなものかを理解し、深めていけるようになる。

いっしょにスポーツをして、苦労を分かちあうと、生涯の友人になれることがある。

友だちによって、つきあいやすい、つきあいにくいがある。

思春期の子の場合、同じ趣味の子と過ごす時間が長くなることが多い。

友だちには、それぞれ役割がある。遊ぶときや勉強するときなど、活動の内容によってつきあう友だちがちがったりする。

友だちどうしは、良いときも悪いときも、おたがいにささえあう。

親への手引き
のけ者にされた気分

子どもが友だちづきあいをたいせつにするようになると、親はのけ者にされたように感じることがある。そんなときは、友だちを家に連れてくるよう言ってみては？　子どもの友だちと知りあいになれるし、仲間はずれの感覚も薄らぐ。子どもが友だちと外出するときは、いつでも電話で連絡がとれるようにしておくと心配が減る。

いっしょに大笑いすると、新たな友情が芽生えることがある。今ある友情はさらに強固に。

友だちといっしょにはじめての場所に出かけると、友情が活性化される。

友だちは新しいことにチャレンジする勇気をあたえてくれるし、新しくはじめた活動をはげましてくれる。

ややこしい問題に対処する

友だちと口げんかになったり、なにかしら問題が発生したりすると、この世の終わりのように感じるかもしれません。けれど、気まずくなった友だちと仲直りする方法を学ぶことは、成長するうえでのたいせつな課題です。

ねたみ
人はいろんなことで他人をうらやむ。たとえば友だちのほうが学校の成績が良かったとか、ほかのだれかと仲良くなったとか。ねたみは人をいじわるにする。じつはこんな気分なんだよね、と自分の気もちを話してみるだけで、楽になることが多いようだ。

仲間はずれの感覚、孤立感
友情が薄れてくると、わけのわからないまま、排除されたように感じることがある。そういうときは、相手の態度に傷ついていることを伝えてみよう。友情を修復できるかもしれない。それでも相手の態度が変わらないときは、より積極的に関わってくれる人との友情に力をそそごう。

うわさ好きの友だち
ふつうは人に言わない経験をうちあけて、秘密を共有すると、相手とのあいだに強いきずながむすばれる。だがときには、友だちだと思って信用して話したことが、周囲に広まってしまうことがある。うわさ好きで信用できないと思った友だちには、秘密をうちあけないようにしよう。

害になる関係
友だちになったあとで、その人が好きじゃないとか、なにかをめぐってライバル関係だとか、わかることがある。それでも友情をつづけるべきだと考えがちだが、その思いこみを捨てると、不健全な関係から解き放たれる。とくに精神的に苦痛なときは、その関係にしがみつかないほうがいい。

人との交流

子どもたちは家庭や学校だけでなく、社会生活や趣味の世界でも、たくさんの人たちと交流しています。その理由はじつにさまざまですが、どれをとっても子どもの社会性を育てるという意味で欠かせないものばかりです。

こちらもどうぞ	
◀ 130–131	ソーシャルメディア
◀ 188–189	友情
仲間からの圧力	192–193 ▶
健全な関係	198–199 ▶

人にはそれぞれ役割がある

思春期の子どもたちがつきあうのは、家族と友人だけではありません。日々、異なるたくさんの人たちと交流しています。お医者さんや、通学バスの運転手さん、友だちのきょうだいや、お店屋さんのレジを打っている人。どの人との交流も、人が暮らしていくうえでは欠かすことのできないものです。思春期の子どもたちは、こうした機会を通じてさまざまな人とどう関わっていくかを学びます。たとえば、思春期の子の生活を考えたとき、仲良しの友だちと学校の先生はどちらも欠かせない存在ですが、友だちとおしゃべりするのと、先生と情報をやりとりするのとでは、話のしかたが大きく異なります。

△ **オンラインでつながる**
オンラインのソーシャルサイトでは、現実世界の友人ともオンラインの知りあいとも交流ができる。

身近な知りあい

わたしたちは日々さまざまな場面で、おおぜいの人の力を借りて暮らしています。生活していくうえでは、そうした知りあいも友だちとおなじようにたいせつです。彼らを通じてコミュニティに所属している意識や、ともに社会をささえている意識が芽生えます。

◁ **仲間**
人は友情によってささえられ、心のつながりを得る。

▽ **公共交通機関**
公共交通機関に乗りあわせるときは、おたがいにいやでもほかの人のパーソナルスペースに入りこむ。礼儀正しくすることはたいせつだが、だれかから不快な思いをさせられているときは、迷わず人に助けを求めよう。

△ **チャリティに参加する**
チャリティに参加すると、新しい人と知りあうチャンスができ、社会と関わりがもてる。

人との交流　191

自分とのちがいに心を開く

　人づきあいのスキルをみがきつつ、おとなになるには、自分とは異なる人たちに対して偏見のない心をもつことがたいせつです。人は自分と考えが似た人、価値観や視点を共有する人に引かれるものです。それ自体はごくふつうのことですが、自分の価値観をゆさぶる人たちと交わると、意見や視点が異なるからこそ、新しい考えかたに対して目が開かれます。こうした経験を通じて、人は自分なりの意見がもてるようになるのです。

▷ **スポーツをする**
スポーツの場にはさまざまな背景の人たちが集まり、スポーツを通じてコミュニケーションのしかたを学べる。

△ **若者と年配者**
ちがう世代の人とつきあうと、年配者なら若者の、若者なら年配者の視点で世界をながめることができる。

△ **家族**
おなじ家族でも、近くで暮らすメンバーもいれば、はなれて暮らすメンバーもいる。

△ **つながりを保つ**
ソーシャルメディアを使うと、自分と似た関心をもつ人たちに出会いやすい。

◁ **ご近所**
あいさつする程度のご近所さんも、日常生活を心地よいものにしてくれることがある。

△ **仕事の場**
おなじ職場ではたらく人にはていねいに接し、目を見て話すようにすると、職場のふんいきがなごやかになる。

> **覚えておきたい**
> ### オンラインも入り口
> インターネットのおかげで、現実の世界の友だちや知りあいだけでなく、外の世界の人たちとも交流することができる。ある目的や趣味に特化したウェブサイトにアクセスすれば、自分の意見をアップしたり、記事を共有することを通じて、新しい知りあいをつくったりできる。新しい情報やアイディアは、友だちからはもちろんのこと、こうした外の世界とのつながりからも入ってくる。

▷ **図書館**
公共の場では、ほかの人に対するマナーを守るようにすると、その場にいることがさらに楽しくなる。

△ **病院**
最善の治療を受けたければ、お医者さんと率直なコミュニケーションを心がけなければならない。

仲間からの圧力

おとなへの過渡期にあたるこの時期、子どもたちの生活に大きく関わってくるのが友だちです。友だちから影響されたり刺激されたりするのは、子どももおとなもおなじです。反面、友だちの影響が悪く作用することもあります。仲間からの圧力に屈して、したくもないことをついしてしまうのです。

こちらもどうぞ	
◀ 14-15	思春期の脳
◀ 86-87	自信と自尊心
◀ 188-189	友情
不健全な関係	200-201 ▶

仲間からの圧力とはどんなもの？

友だちや仲間から影響されて、ある種の行動をしてしまうとき、あるいは仲間だと認められたくて、特定のふるまいや態度、服装などをするとき、その人には仲間からの圧力がかかっています。何歳であろうと他人から受け入れられたいという感情は人を動かす強い力になるので、仲間からの圧力——良い圧力でも悪い圧力でも——にどう対処するかを学ぶことは、生きていくうえでたいせつな技術です。

△ 少数派
多数派に反対することや仲間とべつの行動をすることに、ストレスを感じる人は多い。おとなだろうと思春期の子だろうと、その点ではおなじだ。

仲間からの圧力の悪い面

仲間からの圧力は、いやな圧迫として意識されることが多いものです。仲間——友だちとはかぎらない——から、自分がしたくないなにかをするように強いられていると感じるのです。思春期とは、いろいろ試して、自分の限界を踏み越えたくなる時期。その背景には仲間から一目置かれたいという願望があることが多いようです。

▽ プレッシャーがかかる
なかにはほかの子を追いつめて危険なことをさせようとする子がいる。それがいやで抵抗すると、ばかにしたりする。こうしたことは、さまざまな場面で起こりうる。

ぶれない自分

自分の外見が好きだと、気分がいいものだ。ほかの人になにか言われることでもっとうれしくなることもあれば、へこむこともある。けれどほんものの自信がついてくると、自分の個性や外見について安定した感覚がもてて、仲間の意見にいちいち左右されなくなる。とくに、悪く言われたときの感じがちがってくる。

ソーシャルメディアで自慢

ネット上には思春期の子たちが集まって自分の考えや生活をたくさんの人と共有できる場がある。自慢したいことを投稿して、ほかの人たちからコメントや「いいね」をもらうのはかんたんだが、仲間からの反応が本心とはかぎらないことを覚えておこう。投稿内容には注意が必要。いったん悪い方向に流れだすと、手に負えなくなる。

リスク管理

おとなになるには、ときにはリスクを受け入れることも必要。だが、結果を引き受けるのも自分なので、どの程度の危険ならゆるせるかも、自分で決めなければならない。仲間に同調したくなるのはわかるが、胸を張って断れるようになると、自分の行動に責任がもて、内面の強さも表せる。

仲間からの圧力の良い面

仲間から悪い圧力がかかると、みじめで、気分が悪くて、落ちつかなくなります。ところがおなじ圧力でも、健全な圧力の場合は、幸福感が高まります。前向きな人たちに囲まれていると、平穏な気分で自分のためになる選択ができます。また、友だちといっしょにクラブやスポーツチームに入ったり、良い成績をとろうとみんなで勉強したりすると、そのグループのひとりひとりにいい影響が表れます。

仲間の影響はつねにある。けれど、最終的に決めるのは本人。

なにが圧力になるのか

仲間からの圧力に屈するのは、思春期の子だけでなく、おとなもです。理由はもろもろあれど、多くの人に共通するのは、みんなに好かれたい、仲間に入りたい、という気もちです。また、いっしょにおなじことをしないと、からかわれるのではないかという心配もあるでしょう。みんながやっていることをやってみたいという好奇心も理由になります。

▽ 仲間に加わる
みんなとおなじことをすると仲間に入れた気がするけれど、危険な行動なら、そこまでする価値はない。

覚えておきたい
仲間からの圧力はどう作用するか

思春期の子には、危険だとわかっていても、その行動をひかえられないことがある。友だちが近くにいたり、興奮するような状況にあるときは、とくにその傾向が強くなる。なぜか？ この年ごろの子の脳はまだ発達段階にあって、衝動的な行動をコントロールしたり、まえもって考えたり、ほかの人からの圧力に抵抗したりすることを学んでいる最中だからだ。

ひとりで考える時間があればリスクを正確に評価できるのだけれど、興奮してその場のふんいきにのまれると、目先の称賛や仲間からの圧力といった外的要因に引きずられて、その行動にともなうリスクに目がいかなくなるのだ。

仲間からの圧力に対抗するヒント

友だちとおなじことをすると所属感が得られるけれど、それを拒否することは、精神的な強さをしめすことにつながります。

- 友だちのおかげでつく自信もあるけれど、仲間からの良くない圧力をはねのけるには、他人には左右されない自信が必要。

- 仲間に流されないと自分で決めたことに関しては、謝らない。あやふやな態度だと、さらに圧力がかかるので、立場を明確にすること。

- はっきりと、けれど短く断定的に「ノー」と言ったら、それで通す。さらに、そのままその場を立ち去ると、ぜったいに妥協しないことが伝わる。

- 迷ったときは、圧力に屈したらどうなるかを考えてみると、判断の助けになる。

- 行動するまえに、ほかの人たちになぜそれをするか聞いてみる。すぐに飛びついて、行動に移すのではなく、ほかに選択肢がないかどうか考える。

デート

デートとは、ときめきを感じる人や性的に興味がある人といっしょに過ごすことです。人生のどのの段階でデートがしたくなるかは、人によってちがうし、なかにはまったくデートをすることに興味がない人もいます。

こちらもどうぞ	
◀ 192–193	仲間からの圧力
こばまれる	196–197 ▶
健全な関係	198–199 ▶
関係を解消する	202–203 ▶

なぜデートするの？

デートする理由はたくさんあります。デートの相手に引かれているとか、その人と話すのが楽しくてしかたがないとか、とにかくデートするのが楽しいということもあるでしょう。だれかとデートをはじめるとき、だいたいの人は、その人と長くつきあいたいと願っています。デートは相手のことをよく知り、自分に合った人なのかどうかを見きわめる手段でもあります。

なかには、相手に会いたいからではなく、義務感からデートをする人もいます。あるいは、さみしさをまぎらわすためだったり、さそってくれた相手が人気者だからだったり。こうした理由でデートをするのはよくないし、相手にも失礼です。

子どもたちへ
仲間からの圧力

デートしたいと思う時期は人それぞれ。ほんとはまだいやだったり、気乗りしなかったりするのに、仲間からしろしろと言われて、デートしてしまうことがある。デートするのは、自分でもそろそろいいかなと思えるようになってから、ほんとうに興味をもてる相手が出てきてからにしよう。

デートのしかた

デートのしかたにはいろいろあります。デートに正しいとかまちがっているとかはありません。みんなが楽しめて、ごまかしがなければいいのです。

ふたりでデート

おたがいに恋愛感情があって、性的に興味のある者どうしだと、ふたりきりで過ごすことが多くなります。こういうデートをする人たちは、どちらも相手が友だち以上の存在だとわかっています。そんなふたりのデートは、双方が望めば、体をふれあわせる時間になることもあります。

グループ交際

ティーンエイジャーの多くが好んでグループ交際をしています。これなら「デート相手」と一対一になるプレッシャーを感じないですむからです。グループ交際の場合、恋愛感情をもちあっているふたりは、友だちといっしょにみんなで過ごします。

異文化の交わり

文化や宗教が異なる者どうしがつきあうときは、偏見をもたずに心を開くことがたいせつです。家族から交際を反対されることもあります。交際相手の考えや信仰を受け入れるために、みずからの文化や宗教をないがしろにするのではないかと心配するからです。

デート　195

バランスのとれた関係

　デートはおたがいをよく知るプロセスです。双方が望めば、その関係は長くつづきます。1分1秒でも相手と長くいっしょにいたいと思うのはわかりますが、ひとりになる時間や、恋愛対象でない友だちと過ごす時間をもって、バランスをとることがたいせつです。それがすこやかな関係をきずく基礎になります。

◁ **いたわりあう関係**
交際中のふたりはささえあって、困難を乗り越えていく。それぞれがどう問題に対処するかによって、関係の健全さが決まってくることが多い。

親への手引き
親としてどう関わるか

　思春期のわが子がデートすると聞くと、たいがいの親は心おだやかではいられない。だが、成長した子がデートしたがるのは自然なこと。親としてどこまで介入していいかは一概には語れない。子どもによっても、年齢や成熟の度合いによってもちがうからだ。

- 子どもたちはデートのしかたを教わっていない。人にはそれぞれ個人の価値観があり、デートのときもおたがいの価値観を尊重すべきだということを伝えておこう。
- 子どもがデートをはじめるまえにデートとはどういうものかを伝え、必要なときに手助けしたり助言をあたえたりできる下地をつくっておく。
- 早い段階でデートに関するルールを決める。たとえば行っていい場所と行ってはいけない場所を明確にするなどだ。あとはわが子がそのルールを現実の場面でうまく運用してくれることを信じる。
- 子どものプライバシーを尊重する。

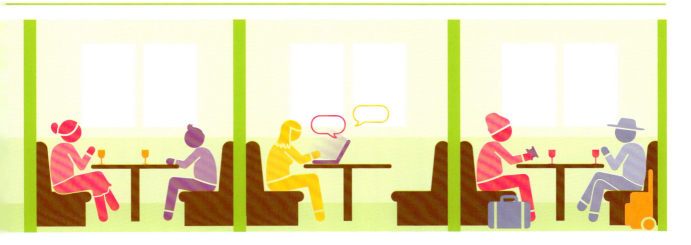

年齢差
　年齢が高いと、そのぶん、人生経験が豊富になります。それは性的な面についてもいえます。年齢差のあるふたりが交際する場合は、おのずと年齢の高いほうが主導権を握ることになり、おたがいが期待していることにずれが生じることがあります。

オンラインで知りあった人とのデート
　オンラインで知りあった人と直接デートをしたくなったときは、人目のある場所にすること。自分のことをくわしく教えるのは、相手のことがよくわかってからにしましょう。

遠距離
　なんらかの事情で、はなれて暮らしているカップルもあります。遠距離交際を維持するには、コミュニケーションの量や質に気をつける必要があります。多すぎれば仕事のようになるし、少なすぎれば関心がなくなったと思われます。

こばまれる

人にこばまれた経験のない人はいません。友だちや、恋愛相手からこばまれる、あるいは職をさがしていて採用してもらえないのも、こばまれる経験のひとつです。こばまれると心が傷つき、もやもやとした感情がわいてきますが、その経験をどう処理するかによって、心の立ち直りかたが変わってきます。

こちらもどうぞ		
◀ 186–187	コミュニケーションスキル	
◀ 194–195	デート	
不健全な関係		200–201 ▶
関係を解消する		202–203 ▶

一方通行

恋愛感情や性的な関心をもっている相手がいたとします。その人からおなじように思ってもらえないと、心が傷ついて、自分はおとっているという感情がわいてくるかもしれません。けれど、実際は、ふたりの相性がよくないだけのことです。人の脳をスキャンしてみると、こばまれることと、物理的な痛みとは、脳のおなじ領域で処理されていることがわかるそうです。こばまれたときに痛みを感じるのは、だからなのでしょう。

△ 拒絶された痛み
こばまれると、心が痛んでつらいけれど、その感覚は時間とともに薄れていく。

覚えておきたい
どんな気もち？

こばまれたときにどう感じるかは、人によってちがう。痛みの強さもいろいろ、精神的な痛みだったり、肉体的な痛みだったりする。そのあたりは自分をこばんだ相手に対する思いの深さによっても変わってくる。相手のことをそれほど思っていなくても、自信を傷つけられて、心が痛むこともある。

自分を責めない

こばまれたときの反応のしかたは人によってちがいます。自分を責める人の場合は、自尊感情が下がったり、否定的な感情がわいてきたりします。そうした感情を認めて、味わうことは、次に進むための一過程です。ただし、否定的な感情がなかなか消えないときは、ある程度のところで見切りをつけ、えいやっと自分の背中を押してやることも必要になります。

親への手引き
子どもの力になる

人からこばまれて子どもが傷ついているときは、しゃしゃり出ないように気をつける。あなたのほうは子どもの気もちをもりたてるつもりでも、かえって悪化させることがある。子どもにはいつでも力になることを伝えつつ、過度の同情や助言はひかえること。子どもが好きなことをいっしょにしないかとさそってみるのも一案——ただし、断られても傷つかないように。

こだわらない

自分をこばんだ相手のことを考えたところで、気分が悪くなるだけ。状況が好転するわけでもない。心も体もひまにしないようにしよう。音楽を演奏したり、スポーツをしたりするのもいい考え。

ひとりでいる時間は少なく

ひとりでいると、判断力が落ちて悪いほうに考えがち。きみのことを気づかい、愛してくれる家族や友だちの輪のなかにいよう。彼らがきみといっしょに過ごしたがっているのを、忘れないで。

怒りをまぎらわす

人からこばまれたら、腹が立つのは自然なことだが、どなって怒りをあらわにしたり、他人を傷つけたりするのは、まちがっている。運動やダンスなどで体を動かすと、怒りがまぎれる。

乗り越える

人からこばまれる感覚は、気もちのいいものではありませんが、一時的なものです。一歩ずつ段階を追って進めば、その感覚にとらわれずに日常を実り豊かに過ごせます。拒絶されたショックが強くて苦しいときは、前に進むためにできることをしましょう。今の状況や自分の気もちにふりまわされることが少なくなります。

自分をたいせつに

拒絶された感覚は、心や体を消もうさせる。ちゃんと食べて、よく眠り、しっかり体を動かすこと。体の健康が保てていると、傷ついた心を立て直しやすい。

話を聞いてもらう

自分がかかえている問題を人に話すと、自分がどこでつまずいたかに気づきやすい。感情に圧倒されてなにも考えられなくなっているときも、話をすることで全体像が見えるかもしれない。知らない人のほうが話しやすければ、カウンセリングを使うという手もある。

体を動かす

こばまれたことによって生じる否定的な考えや感覚にとらわれたくなければ、体を動かすのがいちばん。目標に向かって努力するのは、気分のいいものだし、体を動かすと、気もちを高揚させてくれるエンドルフィンが分泌される。

新しい出会い

人には他人から好かれたいという自然な欲求があり、新しい人と出会うと、自分の長所を強く押しだそうとするものだ。新しい出会いがあるイベントや趣味の集まりに出かけてみよう。それまでとはちがった角度から自分のことが見られるかもしれない。

新しいことを学ぶ

新しい趣味を見つけたり、新しいスキルを学んだりすると、拒絶された苦しみからはなれることができる。痛みや苦しみといったマイナスの感覚が、自分の長所や、自分がもっているスキルを思い出させてくれる建設的な体験へと生まれ変わる。

計画を立てる

人生の楽しさを思い出すため、手帳を計画や予定で埋めよう。ひとりでやることでも、ほかの人とおこなうことでも、なんでもオッケー。友だちとの外出や、スポーツ、勉学。楽しいと思えることに打ちこもう。

人づきあい

健全な関係

思春期の子どもたちはさまざまな人たちと関係をむすびます。友人関係から、学校における教師と生徒の関係、家族との関係、好きな子との関係など、その範囲は広く、関係のむすびかたはそれぞれちがいますが、価値のある健全な関係には、基本となる共通の要素があります。

こちらもどうぞ	
◀ 174–175	親子の関係
◀ 188–189	友情
◀ 194–195	デート
不健全な関係	200–201 ▶

健全な関係って？

なにが人との関係を健全にして、なにが不健全にするのでしょう？これと特定するのはむずかしいけれど、敬意があり、対等であり、信頼でき、安心感があれば、それは健全な関係です。今あげた要素のすべてが双方にそろっている必要があります。

ともに強くなる

健全な関係には、次の要素が無条件にすべてそろっていて、例外もプレッシャーもありません。どの人も自分にとって心地よい方法で対応したり行動したりできるという感覚をもっています。それぞれの要素は、ことばや態度として表され、おたがいに思いやりや愛情をしめしあいます。

「日記が開きっぱなしだったから、閉めておいたよ。なかは読んでないけど、そのことを伝えておきたくて。」

敬意

「どの映画を観るか、いっしょに考えよう。」

対等

「話してくれてうれしいよ。わたしはだれにも言わないからね。」

信頼

「ぼくは今、腹を立ててるんだ。そのことを話せるかな？」

安心感

▷ **健全さをしめす要素**
ここにあげた要素が全体としてはたらくと、関係は強化されて、長くつづく。健全な関係でいるためには、ひとつとしてないがしろにしていいものはない。

どうしたら健全な関係になるの？

友だちと映画に行くときも、交際相手とミルクシェークを分けあうときも、その関係性には、敬意と対等と信頼と安心感という4つの要素が必要とされます。

1. おたがいにささえあう

相手からささえられているのを感じながら、こちらも相手をささえることができれば、理想的な関係といえます。ささえるのは気もちかもしれないし、社交面、心理面かもしれません。創造活動や仕事をささえることもあるでしょう。そして、そのうちのひとつをささえあう関係もあれば、いくつかを満たす関係―たとえば恋愛関係―もあります。それぞれがおたがいにとってなにが最善かを念頭に置いてつきあえば、ふたりの関係においても、ひとりでなにかをするときも、生き生きと輝くことができるはずです。

2. ともに過ごす

健全な関係の重要な要素のひとつが、時間を共有することです。オンラインかリアルか、学校か職場か、ほかの人がいっしょかふたりきりかなど、過ごしかたはいろいろですが、どんなかたちだろうと、時間を共有するのは相手に対する愛情をしめすことです。それは恋愛関係でも、ふつうの友だちどうしでも、おなじです。ただの学校の友だちであっても、いっしょにいると、自分や相手、そして関係そのものに対する肯定感が強まります。

3. 健全な境界を保つ

プライバシーはどんな人にも認められるべきものです。人と人とのあいだに境界をもうけることは、健全な関係を維持する方法のひとつです。心地よいパーソナルスペースとか、共有する時間の長さなどが、境界になるでしょう。自分がどうしたくて、相手になにを期待しているかがわかっていると、適切な境界をもうけやすくなります。恋愛関係にあるふたりなら、なおさらのこと。境界とは、ふたりで設定するものです。

4. 開かれたコミュニケーション

健全な関係にある人たちは、おたがいに対する敬意と信頼をもとに、対等な関係で不安なくコミュニケーションをはかっています。そのことがことばの選びかたや、声音、ボディランゲージ、聞きかたをふくむ全般に表れます。関係が強固であれば、どちらにも心配ごとや不満を口に出せるという感覚があります。そういう風通しのよさがあるからこそ、相手の感情や意見に対する敬意を表したり、対等な立場で話ができたり、相手を信頼して話を聞いてもらえたり、悩みをうちあけてもだいじょうぶだという安心感が生まれたりするのです。

200 人づきあい

不健全な関係

だれかがほかのだれかに対して、相手に対する敬意や信頼を感じさせない、一方的で横暴な態度をとっていたら、その関係はどこかおかしくなっています。片方だけが「不健全」な態度をとっている場合もあれば、双方ともに態度に問題がある場合もあります。

こちらもどうぞ	
◀ 86–87　自信と自尊心	
◀ 94–95　不安とうつ	
◀ 198–199　健全な関係	
関係を解消する	202–203 ▶

不健全な関係って？

不健全な関係には、関係を強固なものにするためには欠かせない要素——敬意、対等、信頼、安心感——が欠けています。要素そのものがないこともあるし、あるように見えるけれどまやかしの場合もあります。またその要素にあるけれど、条件つきだったり、例外があったり、プレッシャーがかかっているときも、やはり不健全な関係になっている可能性があります。そういうふるまいや態度は関係を損ない、もう一方の当事者に悪い影響をあたえます。

覚えておきたい
コミュニケーションの管理

友だちや親がきみのメールやメッセージやソーシャルメディアの投稿を見たがったり、調べたがったりしたら、その関係には問題がある。敬意、対等、信頼、安心感という、たいせつな要素が欠けているからだ。きみがだれとどんなやりとりをしようと、それを管理する権限はだれにもない。

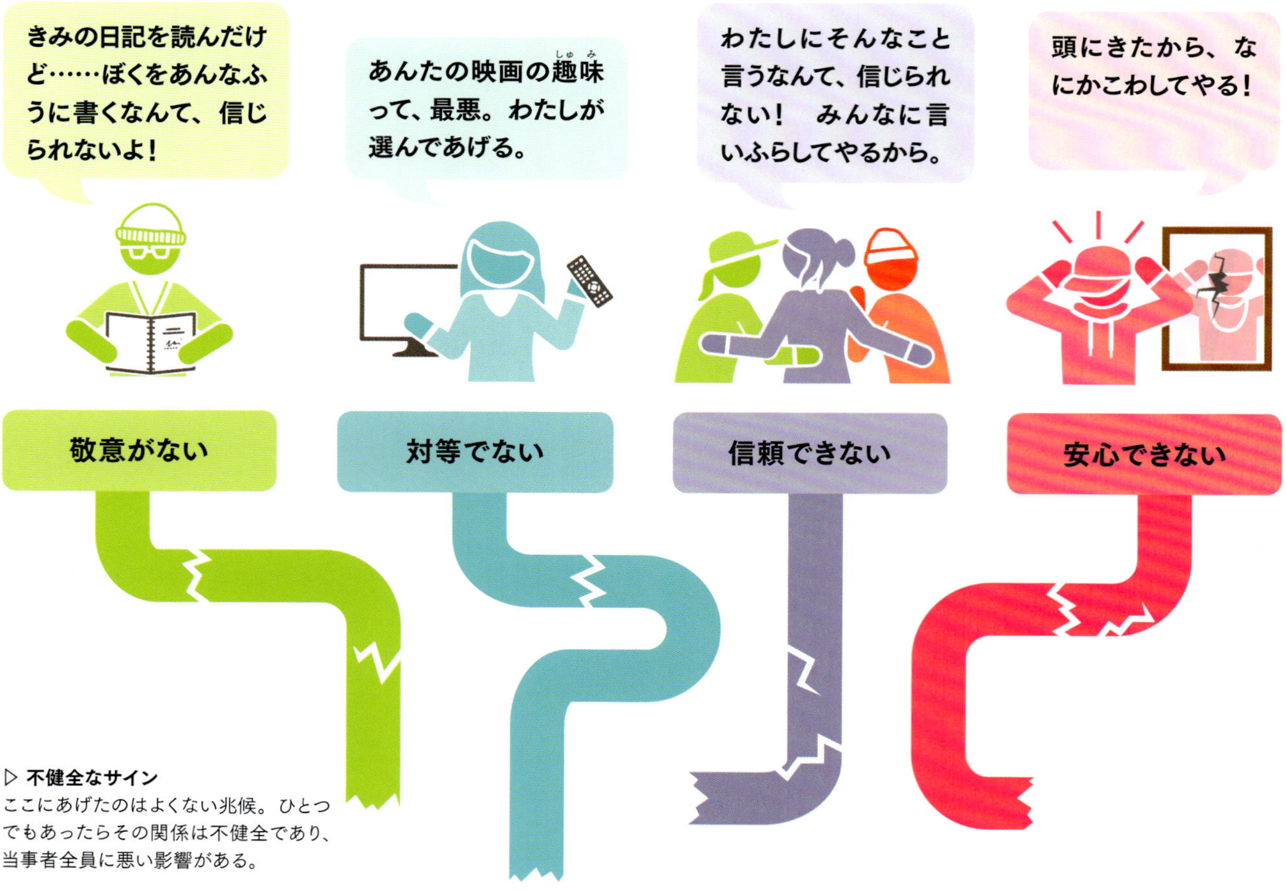

> きみの日記を読んだけど……ぼくをあんなふうに書くなんて、信じられないよ！

> あんたの映画の趣味って、最悪。わたしが選んであげる。

> わたしにそんなこと言うなんて、信じられない！　みんなに言いふらしてやるから。

> 頭にきたから、なにかこわしてやる！

敬意がない

対等でない

信頼できない

安心できない

▷ **不健全なサイン**
ここにあげたのはよくない兆候。ひとつでもあったらその関係は不健全であり、当事者全員に悪い影響がある。

不健全な関係 201

不健全なサインを見逃さない

今は不健全な関係も、最初はそうでないことがふつうです。だいたいは一見とるにたりないことで相手を小ばかにすることからはじまり、それがだんだんひどくなって、ときにはいつしか暴力にまで発展します。通常そこまで行くと、精神的あるいは肉体的に一方がもう一方を痛めつける関係になっているのが明白ですが、たいせつなのは、そうなるまえにサインに気づくことです。

仲間から引きはなす
仲良くしている子たちに会わせないようにするのは、その子を支配すること。その子はささえてくれる仲間から切りはなされる。

精神的にしばりつけようとする
なぐさめを求めつづけたり、つねに注意を引こうとしたりするのは、相手を精神的に苦しめる行為。その人からひとりになる時間を奪ってしまう。

罪悪感をいだかせる
なにか悪いことをしたような気分にさせられたら、要注意。相手はきみをこらしめる口実を見つけて、きみを苦しめることを正当化しようとする。

すぐにキレる
怒りは人の心をあやつる道具として使われることがある。怒りの原因をなすりつけられたら、要注意。ときには身体的に痛めつけられることもある。

はなれられない理由

「わたしはぜったいにそんなあつかいは許さない」と口で言うのはかんたんですが、よくない関係からはなれるのはときにむずかしいものです。その理由はたくさんあります。ひとつは、外から見たら明らかなのに、本人が不健全な関係になっていることに気づいていない場合です。そのうちよくなると思って、関係をつづけてしまうこともあります。

子どもたちへ
友だちの力になる
だれかと不健全な関係になっていて、仲間の輪から引きはなされようとしている友だちはいないか？　しずみがちだったり、投げやりだったり、びくついたりしている子はどうだろう？　その子に尋ねたら、口ではだいじょうぶだと言うかもしれないが、いつでも力になることを伝えておこう。友だちの立場になって考え、このままだとあぶないと感じたときは、助けてくれる人をさがそう。

助けを求める

不健全な関係や、害をおよぼす関係だとわかっていても、そこからはなれるのがおそろしくむずかしいことがあります。けれど、不可能ではありません。まずは、精神的にも物理的にもささえになってくれるネットワークを見つけることが急務です。（→247ページ）

親への手引き
子どもの力になるには
わが子がある関係でひどい目にあっていたら、介入する以外に方法がないと思うだろうが、それでは親ばなれしたがっているわが子をかえって遠ざけ、加害者のもとへ追いやってしまうことがある。
- あなたがつねに味方であり、なにがあろうと無条件にささえることを子どもに伝える。
- 周囲の意見を聞きながら、介入すべきかどうかをさぐる。

関係を解消する

恋愛関係が終わるのには、さまざまな理由があります。あの人が悪いとか、あの一件があったからとか、なにかのせいにしたくなるのはわかりますが、ときにはうまくいかないこともあるものです。別れを切りだした側にとっても、別れを切りだされた側にとっても、関係を終わらせるのはかんたんなことではありません。

こちらもどうぞ	
◀ 194–195	デート
◀ 196–197	こばまれる
◀ 198–199	健全な関係
◀ 200–201	不健全な関係

関係が終わるとき

恋愛関係が終わるのは、その関係がだめだったからとはかぎりません。人は変わります。心がはなれることもあります。ふたりの仲がすでにおかしくなっている場合は、終わりにするのが最善の選択かもしれません。双方ともに終わりにしようと決めることもありますが、通常はどちらか一方が別れを決めます。

▽ 関係を解消する理由
別れる具体的な理由はカップルによってちがうけれど、恋愛関係が終わりになりやすい理由がいくつかある。

△ ふたりのあいだにつながりがない。気もちのうえで、あるいは物理的に。

△ どちらかが引っ越しをして、距離のある状態でうまく関係を保てなくなった。

△ どちらかの関心がほかの人にうつった。パートナーを裏切っているケースもある。

△ どちらかがふたりの関係を、あるいは相手を、たいせつにしていない。

別れるときも正直に

人とつきあうには、やさしさと正直さがたいせつです。関係を終わらせるときも、それはおなじ。どちらかがもう一方に対する関心を失ったときは、そのことを相手に伝えるのがやさしさです。別れを切りだすときは直接、面と向かって伝えるのがいちばんですが、遠くに住んでいたり、移動手段がなくてそれがかなわないときは、テレビ電話やビデオチャットを使います。

関心があるふりをつづけるのは、関係者全員に対して不正直だし不誠実です。また、そんなことをつづけていると、将来かえって傷口を深めます。相手を避けたり話すのを減らしたりして、こちらの気もちがそれとなく伝わるのを願うよりも、もう関係をつづけられないと告げるほうが親切です。

△ 関係を絶つ
関係を終わりにするのは、どちらにとってもむずかしい。

気をつけよう！
心と体を守る

心や体が傷つけられそうで不安なときは、ほかの人たちとの関係をよくしておこう。自分の身の安全を守れるよう、友だちや家族にささえてもらえる環境をつくっておく。傷つけたり、傷つけられたりする不健全な関係なら、直接会わずに、メールで終わらせるのがベスト。ソーシャルメディアでも相手をブロックしたほうがいいだろう。相手を苦しめるためではなく、自分が傷を修復して、前に進むためだ。

関係を解消する　203

痛手をいやす

自分から別れを切りだしたにしろ、相手から言われたにしろ、つきあっていた人と別れると、さまざまな感情がわいてきます。とまどいや、悲しみ、怒りや、否認、不信感など。別れによってもたらされる感情を乗り越えるには、適切な対処のしかたがあります。ただ放置しておいては処理できないこともあるので、そんなときは意識して手立てを講じていきましょう。

> **親への手引き**
> ### 子どもの力になるには
> 別れを切りだした側にしろ、切りだされた側にしろ、別れを経験した子どもが悲しみにしずんでいるのは、自然なことだ。そんなとき家族と過ごしたがる子もいるし、ひとりでいたがる子もいる。子どもの気もちを尊重しつつ、必要とあらばいつでもそばにいることを伝えておこう。

認める
前に進むには、まず今の気もちを認めて、受け入れる必要がある。

気分転換
友だちに会うなど忙しくしていると、別れにともなう感情を乗り越えやすい。

受け入れる
時間がたつにつれて、関係が終わったことを受け入れられるようになる。

先に進む
別れを受け入れられるようになると、将来に目が向いてくる。

別れから学ぶ

過去を変えることはできないけれど、その体験から学ぶことはできます。つきあってみて良かったこと、悪かったことを考えてみるのも将来の役に立ちます。

- 別れた相手とのことを考えてみる。なにが良くて、なにが悪かったのだろう？　新しい相手との関係に生かせることはあるだろうか？

- 交際中、自分についていいなと思った部分はどんなところだろう？　その部分を次の関係に生かそう。しっかりした関係をきずくには、まず自分がしっかりすること。

- つきあっていたときのことを思い出すとつらくなるようなら、そのことをいったん認めてから、思い出さずにすむ方法を考える。

友だちになる

別れた相手と友だちとして関係をつづけるのは、とてもむずかしいことです。片方が別れたくないと思っていたときは、とくにそう──。別れた相手にもたれかかったままでは、前に進みたくても進めません。以前の交際相手とのやりとりをすっぱり切る人が多いのは、そういうわけです。友だちとして関係を残せるのはごくまれですが、もしそれができれば、生涯にわたってつづく強固な友情を手に入れられることが多いようです。

△ **前を向いて**
将来、友だちとしてやっていきたければ、両方が回復のための時間と距離をたっぷりとり、それぞれが前に向かって歩きだすことがカギになる。

セクシュアリティ

セクシュアリティ

セクシュアリティとは、生物としての性をこえたもの、その人が人生を通じてもつ欲望や、好み、経験、信念など、性にまつわるもろもろの要素が複雑にからみあったものです。

こちらもどうぞ	
◀ 24–25　ジェンダー	
多様な性的アイデンティティ	208–209 ▶
魅力	210–211 ▶
カミングアウト	212–213 ▶

セクシュアリティって？

セクシュアリティは人それぞれ。生来の性格も生きてきた経験も異なるからです。セクシュアリティをさぐるには、生物学的な性別をこえて、幅広く考えることが求められます。たとえば社会のルールや文化が人のふるまいにどう影響しているかといったことです。ジェンダーや、髪や目や肌の色、文化、宗教とおなじように、セクシュアリティも人のアイデンティティを構成する要素のひとつなのです。

自分のセクシュアリティをとらえる

自分はどうしてこんなふうに感じるのだろう？　自分のセクシュアリティはなにに影響されているのだろう？　その答えを出すのは、容易なことではありません。自分のセクシュアリティについて疑問をもったことも考えたこともないという人がいる一方で、成長するにつれてセクシュアリティの理解が深まったり、変化したりする人もいます。思春期は自分のセクシュアリティをじょじょに自覚していく時期なので、ティーンエイジャーはセクシュアリティをめぐってまどうこともあるでしょうが、セクシュアリティやそれにまつわるさまざまなことがらについて考えるのは、自分のたいせつな一側面を深く理解するうえでも有意義なことです。

▷ 影響
セクシュアリティに影響する要素は、重複したり、関連しあったりしていて、この図にしめされているよりもはるかに複雑。

セクシュアリティ 207

セクシュアリティを受け入れる

世の中には自分のセクシュアリティを受け入れるのに苦労している人がいます。あるいは文化的、社会的なプレッシャーから、自分のセクシュアリティに気づかないふりをしたり、おさえこんだりする人もいます。けれど、表明するかどうかはさておき、セクシュアリティはだれもがそなえているごくあたりまえのものであり、性的な位置づけのしかたには大きな幅があります。セクシュアリティや性的アイデンティティは人によって異なり、ひとりとしておなじ人はいません。

親への手引き

話題にする

- 性やセクシュアリティに対してあなたがもっている感覚や価値観をよく考えてみる。
- 子どもが思春期に近づいたら、さまざまな人のアイデンティティや性やセクシュアリティについて、話しあってみる。
- 率直で誠実な態度は気まずさをやわらげてくれるし、子どもとのコミュニケーションを保つのにもプラスにはたらく。
- 子どもとのあいだに信頼をきずきたかったら、あくまで子ども自身に考えさせ、話を聞くときは、口をはさんだり批判したりしないで耳をかたむけること。

多様な性的アイデンティティ

性的アイデンティティは、その人が恋愛や性的興味の対象としてどのような性の人を好むかを表すものです。その人の一側面を表すものであり、それでその人の全体を規定するべきではありません。

こちらもどうぞ	
◀ 194–195	デート
◀ 206–207	セクシュアリティ
魅力	210–211 ▶
カミングアウト	212–213 ▶

覚えておきたい
LGBTQ+
LGBTQはストレート以外をまとめて表す用語。末尾に加えられることがある「+」は、LGBTQで表されるセクシュアリティにはおさまりきらない多様な人たちがふくまれていることをしめす。

よく使われる用語

性的アイデンティティを表すことばはたくさんあります。次にあげた例にあてはまらない人もいるかもしれませんが、すべてをあげられないだけのことで、今のままではいけないということではありません。

ストレート（異性愛者）
異性とのあいだに恋愛ならびに性的な関係を求める人をストレートという。ヘテロセクシュアルともいう。

ゲイ、レズビアン（同性愛者）
同性とのあいだに恋愛ならびに性的な関係を求める人。ホモセクシュアルともいう。

バイセクシュアル（両性愛者）
バイと略されることもあるバイセクシュアルは、同性、異性の両方に恋愛ならびに性的な興味がある。

アセクシュアル（無性愛者）
アセクシュアルは、同性、異性を問わず、どんな人との性的な接触にも興味がない。恋愛関係はまたべつで、興味がある人とない人がいる。

アロマンチック
アロマンチックな人は、だれに対しても恋愛関係になることを望まない。ただし性的な接触に関してはまたべつで、興味がある人とない人がいる。

クィア
もともとは性的マイノリティに対する差別語だったが、今は多様な性的アイデンティティをもつストレート以外の人たちが自分たちを肯定的にとらえる表現として使っている。

多様な性的アイデンティティ　209

△ **自分はどこにあてはまるだろう？**
恋愛や性的な対象の好みは時間がたつと変化することがある。一度はこれと思った分類を変えることになる人もいる。

アイデンティティを発見する

思春期の子にとって、自分の性的アイデンティティを見つけるのは、時間のかかる作業になるかもしれません。自分の恋愛や性的な指向にぴったり合う分類がかんたんに見つかる人もいれば、時間をかけて試行錯誤してみたい人もいるでしょう。思春期は多くの人にとって恋愛や性的な関係に対して理解を深めていく時期ですが、なかには小さいころから自覚している人もいるし、おとなになるまでわからない人もいます。

親への手引き
わが子をささえるために

親は思春期のわが子の興味や価値観を「いっときのもの」と見なして、子どもの経験を軽くあつかいがちだが、子どもによっては拒絶されたように感じて、態度を硬化させる。子どもを見くびらないこと。話をしたがっていたら、じっくり耳をかたむけつつわからないことを尋ねる。あなたが前提にしていることや既成概念がゆさぶられる可能性を覚悟のうえで、多様な性的アイデンティティに対して心を開く。

◁ **安全な場所**
子どもの交際の相手をよく知るため、家族の食事やイベントに招こう。

異性愛主義

人の性的アイデンティティをストレートだと決めつけることを異性愛主義といいます。LGBTQ+の人にとってはくり返し訂正を強いられることになり、それが負担になることがあります。

気をつけよう！
ホモフォビア

ホモフォビアを文字どおりに訳すと、同性愛恐怖になる。同性愛を道徳的、倫理的にまちがったことだと信じて疑っていないホモフォビア的な視点をもつ人たちは、いやがらせのために同性愛者の存在をわざと無視したり、いじめたり、差別したり、おとしめたりすることがある。しかし世界規模で見ると、多様な社会でストレート以外の性的アイデンティティがあることを認めていこうとする動きが広がっている。

△ **おせっかいな親せき**
思春期の男子に向かって「まだ彼女ができないの？」と尋ねる親せきがいたら、その人たちには、その子が彼女をほしがっているという思いこみがある。

△ **医師の思いこみ**
性的に活発な思春期の女子に対して避妊をすすめる医師がいるが、その医師には、妊娠させる能力のある相手（＝男性）が彼女の性的な対象だという思いこみがある。

魅力

だれかと仲良くなりたいと思うのは、その人に引きつけられているから。引きつけられる理由は、情緒的にだったり、知的にだったり、恋愛や性的関係の対象としてだったりするけれど、興奮ととまどいが入り交じった熱い思いがわいてきます。

こちらもどうぞ	
◀ 194–195	デート
◀ 196–197	こばまれる
◀ 198–199	健全な関係
◀ 208–209	多様な性的アイデンティティ

なにに魅力を感じるか

通常、だれかに引かれているといった場合は、恋愛や性的な対象としてですが、魅力を感じる理由はほかにもたくさんあります。情緒的、知的に引きつけられるのは、ささえられているという感覚がある場合、あるいは共有するなにかがある場合で、友情の多くはそうした感覚のうえに成立しています。相思相愛の恋人関係は、恋愛対象として魅力を感じる者どうしのあいだに成立し、性的な魅力には、肉体的に相手に引きつけられる感覚がふくまれます。

◁ **魅力**
ときには理由のわからないまま、相手に引きつけられることもある。

片思い

一方通行で人を好きになるのが片思いですが、その気もちは、カップルがおたがいにいだく恋愛感情とさして変わりありません。まず引きつけられる感覚があって、やがて相手のどこに魅力を感じているかがわかってきます。思春期に入ってだれかに片思いするようになると、その感情のあつかいにとまどうのがふつうです。つねに相手のことで頭がいっぱいになったり、相手を目にするたびに頭に血がのぼり、そわそわしたりします。

思いをうちあけたほうがいいかどうかは、一概にはいえません。相手がこちらとおなじ気もちなのかどうか、わからないからです。もし相手が自分に興味をもっていないときは、相手の気もちを尊重して、あきらめるようにしましょう。

◁ **感情に圧倒される**
片思いすると、その感情の強さに人生を乗っとられそうになることがあるが、だいたいは数ヵ月でおさまる。

恋愛感情がわいてこない

友だちが片思いするのを不思議な思いでながめている思春期の子もいます。片思いしたことがなければ、友だちが熱烈にだれかを好きになる気もちも理解しにくいものです。もう少し年齢が上がるか、これと思う相手に出会えば、恋愛感情や性的な興味がわいてくるかもしれませんが、なかにはそういう感情を経験しない子もいます。この手の感情を感じるのがおそくても、あるいはまったく感じなくても、ほかの人を気づかえないとか、愛せないということではありません。

△ **興味はいろいろ**
恋愛やセックスに興味がなければ、それはそれでいい。

子どもたちへ
だれかに片思いされたら

だれかに片思いされていることに気づいたとき、きみはどう反応するだろう？ きみのほうも相手が大好きなら興奮するだろうし、落ちつかない気分になって、なにをどう感じて、どう言ったらいいか、わからなくなるかもしれない。一方、きみにその気がなければ、居心地が悪いかもしれない。友情がこわれそうで、不安になることもあるだろう。なにを感じたとしても、きみに落ち度はない。好きになってくれた相手を好きになれるとはかぎらないし、こうふるまうべきという決まりもない。きみはきみとして、自分の気もちに正直でありさえすればいい。

△ **相手が不適切な態度に出たときは**
興味がないと断っても、聞き入れてもらえないことがある。そんなときの相手は現実の見きわめがつかなくなっていて、きみの手には負えないかもしれない。信頼できるおとなに相談しよう。

△ **魅力と愛情**
人が人に引きつけられる理由は、とても多彩。

カミングアウト

「カミングアウト」という用語は、性的アイデンティティやジェンダーを他者にうちあけるという意味で使われます。カミングアウトしようとする人には、怖じ気づく気もちもありますが、その一方で、自分がほんとうは何者で、なにを感じているかを明らかにすることに意義も感じています。

こちらもどうぞ	
◀ 24–25	ジェンダー
◀ 206–207	セクシュアリティ
◀ 208–209	多様な性的アイデンティティ
◀ 210–211	魅力

カミングアウトは特殊なことじゃない

一般にカミングアウトというと、自分がLGBTQ+と認識していることを友だちや家族にうちあけることと思われています。けれど、広い意味では、ほかの人になにかをうちあけること全般をさします。宗教や政治的な信念など、だいたいはアイデンティティに関わる重大事ですが、過去の出来事のこともあります。こうした情報の開示によって、精神的に不安定になることもあるので、カミングアウトしようと思う人の多くは、いつどのような形でうちあけるかを決めるのに長い時間をかけます。LGBTQ+の人にとっては、カミングアウトすることが自分の感覚をまるごと受け入れるきっかけになります。

カミングアウトの方法

カミングアウトのしかたは人によって異なります。一般的には、非難がましいことを言いそうにない人にまずうちあけてから、家族や友人にうちあけることが多いようです。逆に、最初に親や親友にうちあける人たちもいます。また、関係のある人ひとりずつに話をする人もいれば、みんなに同時に公表する人もいます。明らかにする対象を選ぶケースもあるでしょう。たとえば、学校では公表するけれど家では言わないとか、その逆とか。

ストレート以外のセクシュアリティに対して家族や友だちがどう感じて、どう反応しそうか、まえもってさぐっておくと、心の準備ができます。そういう話を聞かされたときの驚きかたは人によって異なり、なかには消化するのに時間がかかる人もいます。はじめてうちあけるにはどんな人がいいかという決まりはありませんが、そういう話をやさしく受けとめてくれそうな、信頼できる人にしましょう。

親への手引き
わが子がLGBTQ+だったら

- ふだんからLGBTQ+の人について、オープンかつ肯定的に語っていると、子どもはあなたにならカミングアウトしてもだいじょうぶだとわかる。
- 最初はショックだろうが、心をしずめて、正直に伝えてくれた子をたたえる。あなたの子であることに変わりはない。
- 子どもも、最初は自分の思いをうまく伝えられないかもしれない。子どもが気もちや考えを整理するのをじっくり待とう。
- LGBTQ+の子ども本人や、その両親を支援してくれる組織はたくさんある。連絡をとってみよう。

▷ うちあけかたはそれぞれ
相手と会話しながらうちあける人、手紙や電子メールで伝える人、パーティで公表する人もある。

決断する

　友だちや家族にカミングアウトするのは大きな一歩、勇気のいることです。多くの人が、自分が愛され、守られていると感じたときに、自分のジェンダーや性的アイデンティティを明かす決断をしています。LGBTQ+の人にとって、ささえとなってくれる周囲の人たちを信頼できたという経験は、成功体験となり、より開かれた正直な関係とサポートシステムの構築につながります。

　ただし、カミングアウトするかどうかを決めるのは、その人自身、したくなければ、そう決めるのも本人の権利です。たとえば家庭や職場や学校にホモフォビアなふんいきがあるなど、カミングアウトするのに適していない環境もあります。その人がしたくないと思ったら、その決断も尊重されるべきです。

△ **あせらない**
だれに対していつカミングアウトするかを決めるのは、子ども本人。当人にその準備ができたときがそのときだ。

生涯つづく、カミングアウト

　多くの人は、カミングアウトというのは一度きりの経験、家族や友だちにLGBTQ+だと最初にうちあけるときのことだと思っています。ですが、LGBTQ+を自認する人の多くは、新しい友だちができたときや、家族の構成が変わったときなど、生涯を通じてカミングアウトをくり返しています。自分はLGBTQ+だと口に出して言うことにおびえを感じることもあるでしょうが、カミングアウトを重ねることで慣れてきて、うちあけるのが楽になります。

◁ **だんだんうまくなる**
友だちや家族からささえられているうちに、だんだんカミングアウトしやすくなっていく。

子どもたちへ
むずかしい状況

LGBTQ+を自認している人は、人生のどこかの段階で無礼な人に出くわす可能性が高い。きみを傷つけたいがために、うわさ話を流してまわる人もいる。その人に知識がないか、恐怖心が原因のことが多いが、それがわかったからといって、事態がよくなるわけではない。物理的に傷つけられる心配があるときは、身を守ることを優先して、相手からはなれよう。対決して、傷つけられるのは、わりに合わない。

▷ **自分をだいじに**
相手が挑発してきたとき、その場で無視するか抗議するかを決めるのは、むずかしい。

友だちや家族の力になる

　人の性的アイデンティティやジェンダーを受け入れると、その人とのきずなが強まります。不安定な状態にある思春期の子には、周囲の人たちの愛情とささえが欠かせません。

▷ **愛情と気づかい**
性的アイデンティティやジェンダーを公表している子は、不安を感じやすいので、周囲でささえてあげよう。

覚えておきたい
子どもの力になるには

- 子どもが経験したことに注意深く耳をかたむけて興味をしめす。でも、さらに話すかどうかは子どものペースにまかせる。
- なにをしてほしいか、子どもに尋ねる。
- 子どもの性的アイデンティティについてほかにだれが知っているかを聞き、自分がだまっていたほうがいいのかどうか尋ねる。
- オンラインなり具体的なだれかなり、力になってくれるコミュニティさがしを手伝う。(→247ページ)
- 多様な性的アイデンティティやジェンダーに対して否定的な人がいたら、LGBTQ+の人たちの支持者として立ちあがる。

12

マスターベーション

はじめての性体験がマスターベーションだったという人はたくさんいます。性行為としてはごく一般的なもので、性器にふれるだけのこともふくめてマスターベーションです。これなら妊娠もしないし、性感染症（STI）にかかる心配もありません。するかどうかは、本人しだい。マスターベーションが好きな人もいれば、そうでもない人もいます。

こちらもどうぞ	
◀ 34–35	女性の生殖器
◀ 54–55	ペニス
オーガズム	226–227 ▶
ポルノグラフィ	242–243 ▶

マスターベーションって？

マスターベーションとは、性的な快感を求めて、性器や体のほかの部分をいじったり、さすったりすることです。つねにとはかぎりませんが、だいたいはオーガズムをもって終わりになります。オーガズムというのは、性的な刺激が最高潮に達すること。それには強い快感をともない、男子の場合だと通常ペニスから精液を放出（射精といいます）し、ときには女子でもヴァギナから体液が出ることがあります。

マスターベーションをはじめる年齢は人それぞれで、なかにはまったくしない人もいます。すべては個人の好みの問題――したい人もいれば、したくない人もいるということです。マスターベーションには、自分の体を知り、自分がなにを好むかをさぐるという側面もあります。

▷ **好奇心に導かれて**
思春期の子の多くは、セックスに対する興味と、どんな感じがするんだろうという好奇心から、最初のマスターベーションをする。

ふつうのこと

マスターベーションをすることは、人としてごくふつうの行為です。ひとりでもおこなえるし、パートナーといっしょにすることもできます。したくなければ、むりにする必要もありません。

つきあっている人たちが相互的にマスターベーションをすることもあります。前戯やセックスの一部として、ふたりでいっしょにしたり、あるいはたがいにしあったりするのです。交際相手ができてからも、それぞれがマスターベーションをつづけることもあります。

マスターベーションには、ボディイメージを向上させるという利点があります。またストレスの発散になることや、他者と性的な関係をもたないことを選んだ人たちに性的な快感をもたらしてくれることも、マスターベーションの効能でしょう。

こっちがほんと
マスターベーションにまつわる真実
恥ずべき行為ではない。 マスターベーションはごくふつうで自然でありふれたことなので、落ちこんだり、罪悪感をもったりする必要はない。
害にはならない。 マスターベーションは情緒的にも、肉体的にも、精神的にも害をおよぼさない。
マスターベーションをしても子どもをつくる能力は落ちない。 生殖能力には影響しない。

◁ **自分を知る機会**
マスターベーションは、自分の体をさぐって、自分にとってなにが気もちよいかを知る方法でもある。

どのくらいするもの？

マスターベーションの頻度は人によります。日に何度もする人もいるし、まったくしない人もいます。マスターベーションによって体をこわす心配はありません。マスターベーションのしすぎが問題になるとしたら、日常生活のさまたげになる場合、あるいはほかの人がいる場でしてしまう場合です。

▷ **健全なバランスで**
自分にとって健全なバランスをとることがだいじ。ふだんの生活をないがしろにしないように気をつけよう。

プライバシー

通常マスターベーションは私的な行為です。とりたてて人に話す必要はありません。人に見られてしまった、あるいは反対に人がマスターベーションをしているのを見てしまったら、そのときは決まりが悪いでしょうが、深刻に考えずに笑い飛ばすのがいちばんです。

マスターベーションは人前でするものではありません。恥ずべき行為だと思うのはまちがった認識ですが、私的な行為であり、なかにはとまどいを感じる人がいることを忘れないようにしましょう。

△ **ひとり平和に**
マスターベーションはごく自然でふつうのことだが、するときはひっそりと。

想像しながら

人によってはマスターベーションのとき、性的に興奮したりオーガズムに達したりするために、自分好みの状況を想像します。ポルノやロマンス小説を使う人もいます。想像力に頼るのはよくあることだし、自分がどんな状況を好み、どんな人に引かれるかを知る手がかりにもなります。

△ **欲望と夢**
マスターベーションのときに思い浮かべるのは、片思いの相手だったり、エッチな場面だったり。

ヴァージニティ

だれかとセックスした経験がない人をヴァージンといいます。女性なら「処女」、男性なら「童貞」ともいいます。はじめてセックスをすることを、「処女／童貞を失う」という言い方をすることもあります。

こちらもどうぞ	
意思確認としての同意	220–221 ▶
セックス	224–225 ▶
より安全なセックス	230–231 ▶
避妊法	232–233 ▶

ヴァージニティってどういうことだろう？

ヴァージニティは人によって解釈の異なることばです。セックスの意味が人によって異なるからです。

- はじめてのセックスにいどむ（＝ヴァージンを失う）時期は人それぞれ。相手との関係にもよる。重要で、私的な決断だ。
- ある人たちは、はじめて膣性交をしたときにヴァージンを失ったと考える。
- べつのある人たちは、はじめてオーラルセックスやアナルセックスをしたときに、ヴァージンを失ったと考える。
- いくつであろうと、ヴァージンかヴァージンでないかは人としての価値とは関係がない。

△ 外見とは無関係

セックスしたことがあるかないかは、見た目からはわからない。

セックスをすると決める

心の準備が整い、信頼できるパートナーと良い関係ができていれば、はじめてのセックスは楽しい経験になるでしょう。ふたり両方がセックスしたいという気もちになったら、具体的な計画を立てます。いつどこでセックスするかを決めて、性感染症（STI）と妊娠を避けるために避妊の準備をします。

ただし、多くの国で自分でセックスをすると決めていい年齢を定めているので、気をつけて。これは早すぎるセックスから若い人たちを守るためのもので、セックスすべき年齢ではありません。むしろ多くの人がそれよりも年齢が上がって準備ができるのを待ってから、はじめてのセックスを経験しています。

△ セックスすると決める

決断するときになによりたいせつなのは、どちらにも強いられているという感覚がないこと。

子どもたちへ
親に話す

- セックスのことを親に話すときは、事実を伝えたうえで、きみの決断を尊重してくれるように頼もう。
- セックスはまだ早いと親から言われたら、理由を尋ねよう。きみが気づいていなかった点を指摘してくれるかもしれない。
- ヴァージニティについて親と話をするなら、きっかけとして、きみがセックスすると決めたらどう思うかを尋ねてみるといいかもしれない。

親への手引き
子に話す

- セックスについて率直に話す準備があることを伝えると、会話がはじめやすくなる。
- 子どもが決めたことに賛成かどうかはさておき、親が話を聞いて理解してくれているという納得感を子にあたえたい。だれからも強制されずによく考えて決めたことかどうかを確認したいのだと伝える。
- より安全なセックスになるよう、性感染症（STI）と妊娠を避けるには避妊がたいせつだという、現実的な助言をあたえる。

ヴァージニティ 219

初体験

　多くの人にとって、はじめてのセックスは興奮と不安が入り交じった不思議な体験です。リラックスしたふんいきのなか、どちらの気分ももりあがっていて、体もセックスに向けて準備できていれば、いい初体験になるでしょう。ただ、どちらかが途中でやめたくなったときは、その気もちを尊重しなければなりません。

△ 非現実的な描写
映画のなかの世界は現実とはちがう。はじめてのセックスは、ときに少し気はずかしくて、ぎこちないもの。

覚えておきたい
初体験のとき、どうなるか

- セックスしても最初のうちは居心地が悪くて変な感じがするかもしれない。けれど、本来、ひどい痛みはないはず。
- 若い女性の場合は、痛みをともなうことがある。性的にじゅうぶん興奮していなくて、腟の濡れかたが足りない可能性が高い。神経質になっているか、前戯がふじゅうぶんなのかも。
- 初体験の女性は出血することがある。これは処女膜がやぶれたからではなく、腟内のうるおいが足りず、腟壁にこまかな傷ができたせいだ。
- 若い男性は、長く行為をつづけられないことや、パートナーがオーガズムに達しないことで、びくつく必要はない。初体験でオーガズムに達しないのはよくあることだし、すぐに射精してしまった、ちゃんと勃起できなかった、あるいは勃起状態がつづかなかったのは、神経質になっていたからかもしれない。
- 性感染症（STI）や妊娠を避けるには、より安全なセックスを実践することがだいじ。はじめてのセックスでSTIになったり、妊娠したりすることも、じゅうぶんにありうる。

覚えておきたい
ヴァージニティをめぐる世間の騒音

　テレビや雑誌などでは、性体験のない人ならぶで性的におさえつけられた人、反対に性体験が豊富だと、あぶない行為に走る乱れた人とがかれがち。しかもいまだに古い考えや誤解が残っている。女性はセックスに興味がなく、純潔でいるべき、男性はセックスに積極的で性経験が豊富であるべき、というのがそれだ。

　こうした考えかたにさらされていると、女性はセックスを求めたり楽しんだりしてはいけない、男性は童貞でいることを恥ずべきだと思わされそうになる。

　性欲を感じてセックスがしたくなるのは、成長の一過程として自然なことだ。ただ、もうセックスしてもいいという自信ができるまではセックスしない人が多いのを忘れないで。初体験を急ぐ必要はない。ヴァージニティは納得のいくときに、安心できる状況で手放そう。

人に話す

　はじめてセックスをすると決めたら、大きな決断だけに、人に話したくなるかもしれません。実際に体験するまえに、だれかに意見や助言をもらいたいという思いもあるでしょう。体験したあとは、自分の知っている人みんなに初体験の話をしたくなる人もいれば、ほんとうに親しい人にしか話したくない人もいます。

▽ セックスのことをうちあける
話をすれば、助言をくれたり力になってくれたりするかもしれませんが、ほかの人にはないしょにしてほしいと、ちゃんと伝えておこう。

意思確認としての同意

性的な関係がすこやかであるためには、おたがいの同意を得ることがとてもたいせつになります。ここでいう同意とは、どういう前戯やセックスなら受け入れられるかをふたりのあいだで一致させておくことです。同意は、あたえる側にその意思と能力があってはじめて、あたえることができます。

こちらもどうぞ	
◀ 198–199	健全な関係
◀ 200–201	不健全な関係
◀ 218–219	ヴァージニティ
セックス	224–225 ▶

同意と認められるためには

同意をあたえるには、あたえる側にその意思ならびに選択をする自由と能力がなければなりません。カップルの両方にその条件がそろうには時間がかかるかもしれませんが、相手を尊重して待ちましょう。性的な行為に対して両方が同意できていると、安全で満足感の高い経験ができ、ふたりの関係もよりすこやかになります。

▷ むりじいしない
同意と認められるためには、みずからの意思で、いっさい強制されずに選択できなければならない。

子どもたちへ
相手を尊重する

これから恋人と性的な関係に入ろうとしている人も、長く性的な関係にある人も、どんな行為が好きでなにがうれしいかを話しあえるようにしておきたい。セックスに求めるものやどんなことに感じるかを話題にできるのは、ふたりの関係が健康的で、おたがいを尊重できているからこそ。パートナーをへこませないようにしよう。体の欠点を指摘したり、居心地の悪い思いをさせたりするのは、相手をないがしろにすることだ。

パートナーがセックスをいやがっていないかどうかを気づかうことも忘れないでほしい。前戯やセックスがしたくなければ、それならそれでいいこと、それでも相手に対する興味は失われないことを伝えておこう。

同意を求める

同意を求めるときに注意したいのは、相手に圧力をかけて「イエス」と言わせないようにすることです。以前セックスしたときはよくても、今回は気が進まないかもしれません。状況がちがえば、人の気もちも変わります。相手を追いつめることがないように気をつけましょう。たとえば、相手の同意を待たずに性的な行為をはじめるのは、よくありません。

同意を求めるもっともかんたんかつ確実な方法は、これからはじめようとしている行為をよろこんで受け入れるつもりがあるかどうかを、口頭で尋ねることです。これならあいまいさや誤解の余地も、むりじいする心配もなく、相手もその気がないときは断りやすくなります。

▷ 明確にする
どちらも安心して行為をはじめるには、相手にその気があるかどうかをおたがいに確認するのがいちばん。

同意をあたえる

前戯の最中に口にする肯定的なことばやため息などが、同意の代わりになることがあります。けれど、いちばんいい方法は、ことばできちんと表明することです。そういうことを安心して口にできるのは、恋人のことを信頼していればこそです。

△ 信頼をきずき、おたがいを知る
パートナーとして相手のことを知り、信頼ができてくると、相手がなにを望んで、なにを楽しんでいるかがわかってくる。

同意が成立していないとき

前戯やセックスに対して相手から「ノー」と言われたら、それは文字どおりの「ノー」、同意が成立しなかったということです。途中でやめたいとか、ほかの形にしたいと言われたら、それも尊重しなければなりません。ある行為に同意してもらえなくても、かならずしも性的な関係をやめたいとか、きみに興味を失ったということではありません。けれど、相手が望まないことをむりやりさせたら、それは性的な暴力であり、レイプと見なされます。

「ノー」ということばを口先だけのかけひきと見なすのは、まちがっている。

あるタイプの前戯や行為に同意したとしても、その先もずっと同意することにはならない。状況によってはいやかもしれない。

あるタイプの前戯や行為に同意したとしても、ほかの行為はいやかもしれない。人によって受け入れられる行為はちがう。ある行為が楽しめても、すべてがだいじょうぶだとはかぎらない。

手ぶりや身ぶりや声やボディランゲージなどは、誤解の恐れがあるので、同意とは見なせない。その声やしぐさがどういう意味なのかを確認することがたいせつだ。

気をつけよう！
同意のない状態

法律で定められた性的に同意可能な年齢の下限は国によって異なる。同意ができない状況でおこなわれるセックスは、レイプとなる。次のような場合、その人は同意をあたえることができない。

- 法定年齢に達していない（日本の場合は13歳。13歳未満の児童は性行為に対する同意能力がないと見なされる）。
- 睡眠中か意識がない場合。セックスの最中に眠ったり、意識を失ったりした場合をふくむ。
- おどされた、あるいは強要された場合。虐待関係にあったり、相手が集団だったりすると、そうなることがある。
- 酒やドラッグに酔っている場合。
- なんらかの疾患や学習障害がある場合。なにに対して同意を求められているのか、理解できないと考えられるため。

同意して行為がはじまったあとでも、どちらかがいやだと思ったら、その同意を撤回できる。どちらかがその気を失ったら、もう一方は行為を中断し、相手にやましさを感じさせてはならない。

同意があるという思いこみは、危険だ。少しでも疑いがあったらパートナーに尋ね、気もちを尊重する用意があることを伝えよう。

覚えておきたい
同意なき行為

性的暴力とは、その人が望まない性的な接触やふるまいのすべて。体をまさぐること、いやがらせからレイプまで、性的暴力の幅は広く、そのほとんどが法律に反する行為。

性的虐待とは、性的行為の強要をふくむ犯罪行為。むりやり性器をあらわにさせたり、性的に接触したりすることも、性的虐待にあたる。虐待する側が上位の立場（家族のメンバーや、教師、養護者など）にあることが多いため、虐待されている側は外部に助けを求めにくい。けれど、虐待をやめさせるには、思いきって声をあげることがたいせつ。相談窓口や支援制度などもあるので相談しよう。（→247ページ）

レイプとは、同意のない状態でおこなわれるあらゆるタイプのセックスのこと。レイプは侵略的であり、凶悪性が高いことが多い。被害者は肉体的な痛みと、心的外傷に苦しむ。

女性器切除（FGM）は、女性器を意図的に切除、切開する行為。不衛生な環境で麻酔もなしにおこなわれることが多い。風習あるいは宗教的な理由からFGMをおこなう地域では、それによって女性のセクシュアリティを管理できると信じられている。だが、FGMは虐待の一種。精神的、肉体的に深刻な傷を残す。FGM慣習のあるコミュニティ出身の家族の少女たちは、いまもその危険にさらされていることが多い。

親密さ

だれかと心身ともに近しい関係になるのは、愛情を感じられる刺激的な経験です。ここでいう親密さとは、ただの親しさではなく、恋愛関係の一部としてある、ぬくもりと好意にみちた親しさです。それが深まると、性的なものへと発展していきます。

こちらもどうぞ	
◀ 198–199	健全な関係
◀ 206–207	セクシュアリティ
◀ 220–221	意思確認としての同意
セックス	224–225 ▶

キス

キスをするふたりは、おたがいの個人空間に相手を迎え入れています。唇のふれあいによって興奮し、キスによって嗅覚や味覚が敏感になります。

◁ **キスが深まると**
唇どうしのキスがさらに進むと、舌をふれあわせたり、相手の口のなかに舌を入れたりする。こういうキスを、フレンチキス、あるいはディープキスという。

ふれる

ふたりの仲がさらに親密になると、よりびみょうな場所にふれたり、ふれられたりして楽しむようになります。手をつなぐことから愛撫まで、ふれることはときに甘い気分をもたらし、ときに情熱をかきたてます。

▷ **体のふれあい**
体の私的な部分にふれるときは、まず服のうえ、そして服のなかへと進む。両方がその気になったら、服を脱ぐことになるかも。

親への手引き
親の心配

わが子が恋人といちゃつく場面を想像したら、平静ではいられないが、次の点を覚えておきたい。

- 親とセックスや恋愛関係における親密さについてオープンに話せる子は、性行動の開始がおくれる傾向にある。
- セックスしたいと思った子は、行動に移す可能性が高い。親が説得したところで、やめさせることはできないので、相手の意思を尊重して同意を得ることや、相手との個人的なつながりのたいせつさを説き、避妊に関する助言をあたえる。

前戯

その名のとおり、性交のまえにおこなわれることが多い性行為のことを前戯といいます。ただし、そのあと性交をするとはかぎりません。性的興奮を高めるようなキスやタッチは前戯の一種で、パートナーに対する信頼感が高まっていることをしめします。前戯は性交の前段階におこなわれることが多いとはいえ、それだけでも満足ができる行為です。もちろん前戯をすれば、体や心の準備ができるので、リラックスして性交にはいることができます。

△ **愛撫だけ**
軽いキスやタッチよりもう一歩進んだのが前戯だけれど、性交にいたるとはかぎらない。

子どもたちへ
むりしない

いつどういう親密さをどの程度なら受け入れられるかは、人によってちがう。きみ自身にも恋人にも圧力をかけるのはやめて、両方がむりしないでできることだけにしよう。両方にとってなにが正しいかを見きわめ、それを尊重すること。緊張や気おくれがあるかもしれないが、一方がもう一方の言いなりになっていないかどうかに気をつけて。

△ **心を開いて、正直に**
ふたりのあいだで、ここまでの行為ならいいという線を一致させておこう。

性感帯

体には神経終末の数が多いためにひじょうに敏感な箇所がいくつかあります。刺激すると性的に興奮するそうした箇所のことを、性感帯といいます。性感帯をなでたり、さすったり、もんだり、またキスしたりすることで、性的な欲望が高まります。

△ 口
キスすると、その知覚情報が脳に送られ、ドーパミンやオキシトシンといった快感を引き起こすホルモンが分泌される。

△ 首
首のうしろ、うなじの部分を軽くさわったり、キスしたりすると、性的に興奮する。

△ 乳房と乳首
乳首を刺激すると、男女ともに興奮する。性的に刺激されると、乳首はかたくなる。

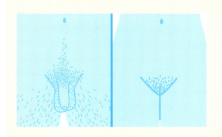

△ 性器
男性ならペニス、女性ならクリトリスを刺激すると、これらの敏感な部分に血液が流れこんでかたくなる。

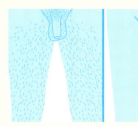

△ 内もも
内ももをなでられると、それだけで欲情する。また、性器に近いので期待感に興奮が高まり、性器への血流が増えて、さらなる興奮を呼ぶ。

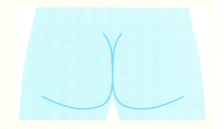

△ お尻と肛門
人によっては、お尻をなでられたりつかまれたりすると、興奮する。肛門への刺激も同様。

快感について話す

私的ななにかを人と分かちあうのが親密さです。そしてキスをはじめとする身体的な親密さを分かちあうのは、双方向の営みです。率直に語りあうことで、自分とパートナーにとってなにが好ましいのか、そしてどんなことが快感なのかを理解し、学ぶことができます。見つめあうことから、性交まで。なにをすると興奮して、どの程度の親密さが快適なのかは、ひとりひとりちがいます。

◁ 心の親密さ
心の親密さは、体の親密さと強くむすびついている。片方が強まれば、もう一方も強まる。

セックス

セックスが具体的になにを意味するかは、人によってちがいます。通常は、ふたりのあいだでおもに性器を使っておこなわれる身体的に親密な行為のことです。ときに強い快感をもたらし、恋愛関係においてたいせつな要素となる行為です。

こちらもどうぞ	
◀ 220-221	意思確認としての同意
有性生殖	228-229 ▶
より安全なセックス	230-231 ▶
細菌と寄生虫による性感染症	234-237 ▶

セックスと同意

セックスを望まない相手と同意なしにセックスをするのは、法律に反する行為です。ほとんどの国では法律で性的同意年齢が定められています。その年齢に達しない人は、セックスに対して法律上有効な同意をあたえる能力がありません。日本では男女ともに13歳です。フランスが15歳、イギリスが16歳、アメリカが16〜18歳なので、それにくらべると日本は設定年齢が低く、国連から引き上げ勧告が出されています。

覚えておきたい
合意を得る

おたがいに声をかけあいながら、どちらもが楽しめていて先に進みたいと思っていることを確認する。今の行為が気もちいいとき、それを伝えあえるのは、関係が良いからこそ。一方が不安や痛みを訴えたら、そこで中断しよう。

膣性交

男性が勃起したペニスを女性の膣に入れると、膣性交になります。いったん膣に入れたら、そのあとは少し引きだしては、根もとまで挿入するという動きをリズミカルにおこないます。このくり返しによって快感が生まれ、行為中の片方もしくは両方がオーガズムに達します。

膣性交をおこなうときは、男女ともに性的に興奮している必要があります——そうでないと、苦痛がともなうことも。性的に興奮すると、男性のペニスは勃起してかたくなり、女性の膣はうるおいます。

オーガズムに達した男性は射精し、膣中に精子が放出されます。避妊しないでセックスをおこなっていた場合は、精液中の精子のいくつかが卵子に到達するかもしれず、そうなると妊娠の可能性が出てきます。

▽ **膣性交**
一般的に男女間の膣性交のことを「セックス」あるいは「性交」といっている。妊娠の可能性があるのは、このタイプのセックスのみ。

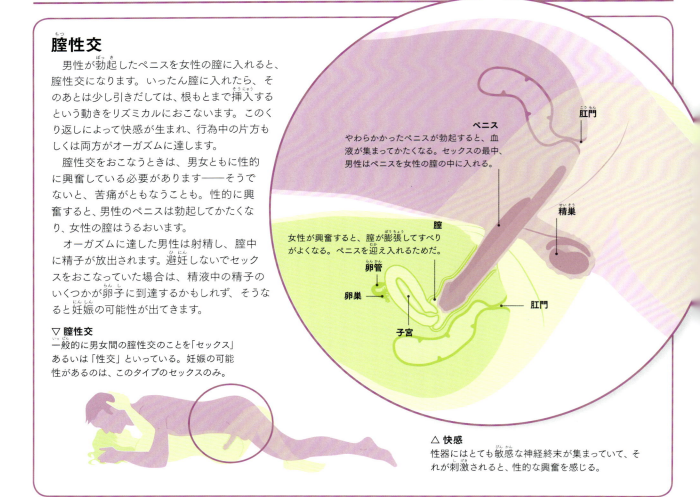

ペニス
やわらかかったペニスが勃起すると、血液が集まってかたくなる。セックスの最中、男性はペニスを女性の膣の中に入れる。

女性が興奮すると、膣が膨張してすべりがよくなる。ペニスを迎え入れるためだ。

肛門 / 精巣 / 膣 / 卵管 / 卵巣 / 子宮 / 肛門

△ **快感**
性器にはとても敏感な神経終末が集まっていて、それが刺激されると、性的な興奮を感じる。

オーラルセックス

　口や舌を使ってパートナーの性器を刺激する行為をオーラルセックスといいます。セックスの一種であり、前戯としておこなわれることもあります。ただし、すべての人がオーラルセックスを好むわけではなく、したくない人もいます。するのはいいけれどされるのはいやだとか、するのはいやだけれどされるのはいいとか、どちらもいやとか、どちらもいいとか、みんなそれぞれに好みがあります。オーラルセックスが好きで、オーガズムに達する人もおおぜいいます。

アナルセックス

　肛門に関わる性的な行為をまとめてアナルセックスといいます。セックスの一種であり、前戯としておこなわれることもあります。アナルセックスを好まない人もいるので、おこなうときは、双方がこの行為を望んでいるという確認がとれていることがたいせつです。アナルセックスのあと膣性交をおこなうときは、かならずペニスを洗うかコンドームを交換しましょう。

開かれた会話

　だれにとっても、セックスについて話すのは気まずいものですが、できれば子どもたちが友人やインターネットからまちがった情報を仕入れるまえに、親から事実を教えておきたいものです。セックスについて話をすると子どもがセックスに走るのではないかと心配する親がいますが、それを裏づける証拠はありません。むしろ、オープンに話をすることで性感染症にかかる子が減り、思春期の妊娠も減ることがわかっています。

▷ **気まずい会話**
セックスのことは話しにくく、親子ともども、照れくさいかもしれない。けれど、だからといって口をつぐむのではなく、そのことを認めて、笑い飛ばそう。

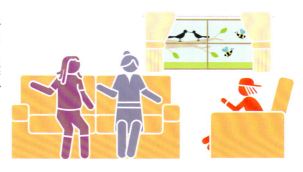

子どもたちへ
セックスのことを親に話す

- セックスの話というと、友だちとする子は多いと思うけれど、親とも話してみたらどうだろう？　きみが知っている情報が正しいかどうかを確認してもらえる。
- 親に話すなら、まずはセックスにかぎらないで、交際全般について尋ねてみるといい。
- あらかじめなにが言いたいか、考えておこう。避妊方法を尋ねたいのか？　好奇心を満たすために話がしたいのか？　それとも、とくに知りたいことがあるのか？
- 親に話しても否定的な反応しか返ってきそうにないとか、話をこばまれそうなときは、学校の先生やカウンセラーなど、信頼できるべつのおとなに話をしよう。

親への手引き
セックスのことを子に話す

- 子どもにセックスのことを話すなら、なるべく早い時期がいい。少なくとも性的な行動が活発になるまえには話しておきたい。子どもの成熟のしかたによってあたえる情報の量は変わってくるが、年齢の低い子どものほうが気まずさを感じにくく、身構えずに聞いてくれる。
- そのときどきで話題をしぼり、時間をかけて話を進める。テレビやニュースであつかっていたことを題材にするのもいい。
- 子どもと面と向かって話すのがいやならば、ネットや友だちから入ってくる誤った情報を正せるように、正確な情報がのっている本やサイトを教えよう。(→247ページ)

オーガズム

性行為が最高潮に達したときにむかえるのがオーガズムです。オーガズムは、性的な興奮状態がある程度つづいたあとにやってきます。オーガズムに達すると（ふたりべつべつのこともあれば、いっしょのこともある）、強い快感が押しよせます。行為のあとには性的な解放感とやすらぎにつつまれることが多いようです。

こちらもどうぞ	
◀ 216–217	マスターベーション
◀ 222–223	親密さ
◀ 224–225	セックス
細菌と寄生虫による性感染症	234–237 ▶

性的興奮

人はほかの人と性的な状況に置かれるか、そういう状況を想像することによって、性的に興奮します。どんな相手となにをすることが刺激になるかは、ひとりずつちがいます。性的な興奮状態にあると、性器に流れこむ血液が増えるので、ペニスは勃起し、クリトリスは膨張して、ますます敏感になります。数百万という神経終末から脳の視床下部に情報が送られ、体にそなわった天然の快感ホルモンであるエンドルフィンがさらに分泌されます。

オーガズム

性的興奮が最高潮に達すると、いわゆるオーガズムと呼ばれる現象が起こります。激しい快感と解放感が押しよせ、そのあとやすらぎにつつまれます。オーガズム中の脳は、パートナーとのあいだの親密さを強く感じさせるオキシトシンと、快感のもととなるドーパミンというホルモンであふれています。オーガズムによってほとんどの男性は射精（精液の放出）し、女性もときに体液を放出することがあります。

△ **欲望をかきたてる**
性的興奮は数分から数時間にわたってつづく。

△ **強烈な快感**
オーガズムに達すると、コントロール感が失われて、強烈な快感につつまれる。

とことん話す

気もちがいいと思うこと、不快だと思うことは、人によってまったくちがいます。性行為のパートナーとは、とまどいを感じることなく、そういうことをとことん話せるようになりたいものです。どんなことに性的な刺激を受け、快感をおぼえるかは、人それぞれなので、体のふれあいや気もちのいい行為などについて、おたがいに伝えあっておきましょう。

▷ **ありのまま、正直に**
あまり好きじゃない行為があったら、正直に伝えるべき。

覚えておきたい
演技をしない

オーガズムに達しなければというプレッシャーから、そのふりをする人がいる。パートナーが傷つくのを心配してのことだ。だが、その手のうそはそのパートナーとのあいだでおこなわれる将来の性行為に悪い影響をおよぼす可能性があるので、どんなときでも正直でいることを心がけよう。

性反応周期

性反応周期には4段階あります。

1. 興奮期

性的な刺激を受けると、性器の血流量が増えて、筋肉がこわばり、心拍数が上がる。男性だと、ペニスが勃起して精巣がふくらむ。女性だと、膣がうるおいはじめる。

2. 平坦期

お尻がかたくなり、呼吸は速く、心拍数は上がったまま。男性だと、ペニスの先端がふくらみ、精巣がせりあがる。女性だと、膣とクリトリスがリズミカルに収縮しだす。そこからオーガズムへと向かっていく。

3. 絶頂期

脳内にオキシトシンとドーパミンが分泌され、快感につつまれる。男性ならほぼ射精し、女性もときに体液を放出する。性器でのみオーガズムを感じる人もいるし、全身で感じる人もいる。

4. 消退期

セックスが終わると、体は平時の機能にもどるが、やすらぎ感や疲労感が残ることが多い。

男性と女性のオーガズム

男女ともおなじようなしかたでオーガズムに達しますが、時間の長さや射精、回復にかかる時間などで明らかなちがいがあります。

男性のオーガズム

- 手足の筋肉がけいれんしだす。
- ペニスの根もとがオーガズム1回につき4〜6回リズミカルに収縮し、ペニスから精液を射精する。
- ほとんどの男性は性交によってオーガズムに達するが、性交だけでは足りず、さらなる刺激が必要な人もいる。
- 射精の直後に勃起の半分は失われ、まもなく勃起まえの状態にもどる。
- オーガズムに達した男性は、その後しばらく勃起できないのがふつう。

女性のオーガズム

- 膣、骨盤底、肛門、子宮で筋肉の収縮が起こる。通常オーガズム1回につき6〜10回。
- 女性が性交によってオーガズムに達するには、時間をかけて性的な刺激をあたえる必要があることが多い。
- 膣性交によってオーガズムに達する女性もいるが、多くの女性は膣性交とはべつの形で性器に刺激をあたえる必要があり、そうした刺激だけでオーガズムに達する女性もいる。
- 女性は、連続的にオーガズムに達することができる。

男性と女性の射精

射精とはオーガズムにともなう反射反応で、性器から体液を放出することです。

男性の射精

オーガズムの最中にペニスから精液を放出すること。精液には生殖細胞である精子がふくまれる。精巣で精子をつくり、保持している。精子をたくわえたり運んだりする精管が収縮して、精子をペニスの根元まで運ぶ。つづいてペニスの根もとの筋肉が収縮して、ペニスから精液を外に押しだす。精液がいきおいよく出る人もいれば、したたるように出る人もいる。どちらも正常。

女性の場合

オーガズムの最中もしくはそのまえに体液が放出される現象のこと。射精と呼ぶこともある。この体液には尿がふくまれていると考える研究者もいるが、たいせつなのは、ごくふつうの自然な現象であって、心配する必要がないことだ。射精の有無とオーガズムの強さは無関係。放出される体液の量も、人による。

有性生殖

思春期に入ると、若い人たちの体には変化が起きます。おとなになったときに有性生殖ができるように体の準備がはじまるのです。

こちらもどうぞ	
◀ 224–225　セックス	
より安全なセックス	230–231 ▶
妊娠	238–239 ▶
妊娠したらどうするか	240–241 ▶

有性生殖って？

有性生殖とは、女性の卵子と男性の精子というふたつの生殖細胞の融合によって、胎芽ができることです。胎芽とは受精後8週までのいろいろな器官が分化していく途中の生体のことで、9週以降を胎児と呼びます。セックスの最中に女性の膣の中に射精された精子は、子宮をさかのぼっていきます。通常数千万～数億個の精子がつくられますが、卵子と融合するのはそのなかのたったひとつです。融合した卵子と精子は細胞分裂をはじめ、複数の細胞のかたまりとなります。そして3～4日もすると、この細胞群は卵管をはなれて子宮に入り、子宮内壁に着床して胎芽となります。

△ 精子
男性の生殖細胞。ペニスから最大数億の精子が精液の一部として膣の中に放出される。

△ 卵子
女性の生殖細胞。通常28日ごとにふたつある卵巣の片方からひとつの卵子が排出される。この現象を排卵という。

▽ 受精
女性が排卵しているときに、避妊せずに膣性交をおこなうと、受精の可能性がある。

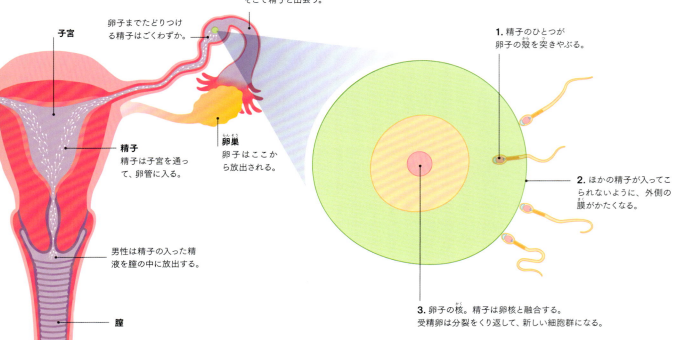

有性生殖　**229**

覚えておきたい
不妊治療

世の中には、子どもがほしいのになかなか妊娠できないカップルがいる。妊娠することを受胎といい、子どもを身ごもらないことを「不妊」という。不妊の原因はたくさんあり、治療法もさまざま。たとえば女性が定期的に排卵していない場合は、卵巣を刺激する薬を使って治療できることが多い。あるいは卵管がつまっていて、精子と卵子が出会えない場合は、治療法として外科手術がある。子宮内に問題がある場合も同様だ。また、男性側でつくる精子の数が少ないことも不妊の原因になり、その治療法もいろいろある。

体外受精（IVF）は自然妊娠できないカップルのために用いられる生殖補助医療のひとつ。卵巣から卵子をとりだして、"in vitro（イン・ビトロ）"（ラテン語で「ガラスのなか」の意味。ここでは実験室の培養皿のこと）で精子といっしょにする。受精したら、受精卵を培養して、ある程度分割が進んだところで胚を子宮にもどし、着床つまり妊娠を待つ。

懐胎期間

受胎から出産まで、妊娠は平均して40週間つづきます。これを懐胎期間といいます。

12週
妊娠12週になると、胎児に酸素や栄養素を供給する胎盤が完成に近づく。

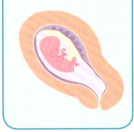

20週
胎児が20〜25センチほどに育つ。外界の音が聞こえるようになり、体の動きが大きくなってくる。

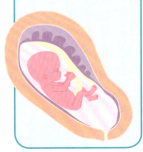

26週
肺と脳が発達してくる。睡眠と覚醒のサイクルができる。活発に動きまわり、光や音に反応し、触覚が生じる。

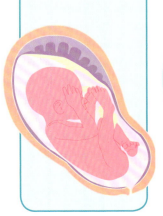

32〜42週
胎児の多くは出産にそなえて、頭を下にした姿勢になる。分娩時（じゅうぶんに生育した胎児を出産するプロセス）は、赤ん坊を外の世界に押しだそうと、子宮と膣の筋肉が収縮する。

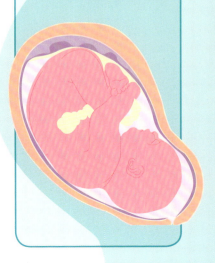

より安全なセックス

避妊しつつ、性感染症（STI）にかかるリスクを減らすセックスのことを、より安全なセックスといいます。「より安全なセックス」と言ったとき、そのことばがしめす内容は一様ではありません。バリア型の避妊具を用いることでもあるし、性交渉の相手を選ぶこと、特定の性行為を避けることもそうです。

こちらもどうぞ	
◀ 220–221	意思確認としての同意
◀ 224–225	セックス
避妊法	232–233 ▶
細菌と寄生虫による性感染症	234–237 ▶

より安全なセックスって？

より安全なセックスとは、性感染症（STI）にかかるリスクを最小限におさえたセックスのことです。「安全なセックス」ではなく「より安全なセックス」という言いかたをするのは、どのようなかたちで予防しても100%の安全は保証されていないからです。

より安全なセックスによって妊娠のリスクも減らせますが、主たる目的はSTIの広がりを防ぐこと。STIはすでに感染している人との性的な接触によって広がる感染症で、細菌によるもの、ウイルスによるもの、寄生虫によるものなどがあります。これといった症状が出ない性感染症も多数あります。

覚えておきたい
効果的な予防策

ぜったいに安全な予防策はないけれど、性感染症のリスクを減らすのには役に立つ方法はある。STIや妊娠を確実に避けるただひとつの方法は、セックスをしないこと。これを「禁欲」という。

◁ 用心する
性感染症のなかには無症状のものも多い。性的に活発な人は、リスクをよく知って、予防策を講じることで、自分の身を守ろう。

安全でないセックス

性感染症に対してじゅうぶんな予防策を講じないでするセックスは、安全とはいえません。わかっているのにしてしまう場合もあれば、たまたまそうなってしまう場合もあります。たとえばコンドームを使わずにセックスするのは前者だし、コンドームの使いかたがまずくてやぶれてしまうのは後者です。

状況はいろいろでしょうが、安全でないセックスをしてしまったあとは、すばやい行動が求められます。まずは、病院でSTIに感染していないかどうかを調べてもらいます——感染直後だと、治療の効果が高くなります。STIのなかにはすぐには検出できないものも多いので、どんな感染症の心配もないと確認できるまでは、念のために避妊具を使いましょう。

覚えておきたい
緊急避妊

より安全なセックスを実践していなかった、あるいは避妊に失敗したけれど、どうしても妊娠を避けたいというときは、「アフターピル」の名前で知られる緊急避妊薬がある。日本では薬局で購入できないので、病院を受診して、処方してもらう必要がある。処方してくれる診療科としては、産婦人科が一般的。緊急避妊薬は安全でないセックスから72時間以内に服用する必要がある。（→247ページ）

◁ 不安は減らそう
安全でないセックスをすると、結果が心配で、どちらもストレスと不安に苦しめられる。ふだんから用心するとともに、もしものときの対処のしかたを決めておこう。

より安全なセックス　231

より安全なセックスを実践する

性感染症は膣性交やオーラルセックスなど、さまざまな形態のセックスと前戯を通じて感染します。性器の接触や、体液（血液、精液、膣や肛門からの分泌液など）がやりとりされることによって広がるのです。感染リスクを減らす方法はいろいろ、ここではその代表的なものをあげておきます。

避妊具を用いる

性感染症から身を守りたければ、コンドームを使うのがいちばんかんたんだろう。ただし、STIの種類によっては、接触した体のほかの部分や体液から感染することもある。

定期的にSTI検査を受ける

性感染症は、感染症の種類によってはまったく症状が出ない。性的に活発な人は用心のために定期的に検査を受けるべき。

特定の性行為を避ける

性感染症はおもにセックスを通じて感染するので、マスターベーションや前戯など、リスクの少ない行為にかぎると感染リスクを減らせる。

性交渉の相手を選ぶ

より安全なセックスを実践するために、ほかの人とセックスしている人とはセックスしない、するとしたらSTIの検査を受けてもらってからと決めておく。

アルコールやドラッグは危険

アルコールやドラッグを使うと、判断力がにぶる。最初はマスターベーションだけにしよう、前戯だけで終わろう、コンドームを使おうなどと思っていても、アルコールやドラッグの影響で、ついつい安全でないセックスに走りがち。

セックスしない

禁欲とは、自分の意志でセックスをしない、あるいはあらゆる種類の性行為をしないと決めること。きちんと禁欲を守ることは、ぜったいにSTIにかからないただひとつの方法。もしセックスしないと決めた人がいたら、周囲もその決断を尊重しよう。

232　セックス

避妊法

カップルが妊娠を避けるために使える避妊法には、たくさんの選択肢があります。ただしどの避妊法も100％の効果は望めません。カップルの両方が責任をもって、正しく避妊法を使いましょう。

こちらもどうぞ	
◀ 220-221	意思確認としての同意
◀ 228-229	有性生殖
◀ 230-231	より安全なセックス
細菌と寄生虫による性感染症	234-237 ▶

避妊法は2系統

避妊には大きく分けて2系統あります。避妊具を使うバリア型と、ホルモン剤による避妊です。避妊具には、男性用・女性用のコンドームと女性が使うペッサリーがあり、精子が卵子に到達するのを物理的に防ぎます。一般に「ピル」と呼ばれるホルモン剤には、作用のしかたがいくつかあります。卵巣から卵子が排出されないようにする薬剤や、精子が卵子と出会わないようにする薬剤、その両方の効果があるものもあります。男性用のコンドームはドラッグストアなどで手軽に買えますが、女性用のコンドームについては、現在日本ではつくられていません。ネットで輸入品を購入することは可能です。ペッサリーやピルを手に入れるには、医療機関を受診する必要があります。

△ 長所と短所
それぞれの避妊法の長所と短所を知っておくと、判断の基準になる。

男性用コンドーム

セックスの最中に勃起したペニスに男性用コンドームをかぶせると、物理的なバリアとなって妊娠を防ぐことができます。コンドームが精液を「受けとめて」、性行為の相手の体内に入らないのです。コンドームはHIVをふくむ性感染症（STI）の予防にも効果があります。

コンドームは1枚につき1回しか使用できません。膣性交が終わったら、男性はまだ勃起した状態のうちにペニスを引きだします。コンドームは口をむすんで、ゴミとして捨てます。トイレには流さないでください。コンドームがやぶれたときは、それを捨てて、新しいものを使います。ごく小さなやぶれでも、効果がなくなります。

気をつけよう！
男性用コンドームの注意点

コンドームはお手軽で即効性があるけれど、使いかたをまちがえると役に立たない。

- コンドームをつけるまえにペニスと膣を接触させると、それだけで妊娠する可能性がある。
- 油性の潤滑剤はコンドームの素材を劣化させるので、避妊の失敗につながりやすい。
- コンドームには使用期限がある。期限を過ぎたものは使わないこと。

男性用コンドームの使いかた

男性用コンドームの正しい使いかたは次のとおり。

- 男性用コンドームはペニスが勃起していないと装着できない。
- 勃起したペニスにぴったりとむりなく装着できるように、自分に合ったサイズのコンドームを使う。きつすぎると裂ける心配があるし、ゆるすぎるとセックスの最中にずれる心配がある。

△ コンドームの袋を開けるときは、袋の側面を指（ハサミを使わない）で切り開く。

△ コンドームのすその丸まりが外向きになっていることを確認する。空気が入らないように先端を指でつまむ。空気が残っていると、射精したときに破裂することがある。

△ 先端をつまんだまま、ペニスの根もとまでコンドームをかぶせる。外向きに丸まっている部分を広げるようにして、するすると引きおろす。

女性用の避妊具

女性用コンドームとペッサリーは、原理としては男性用コンドームとおなじ、バリア型の避妊具です。精子が子宮内に侵入することを防ぎます。いずれも膣性交のまえに装着しておきますが、男性用コンドームとちがって、性交後すぐにとりはずす必要はありません。

柔軟性のあるやわらかなリングを膣の内側に入れて、コンドームを固定する。

◁ **女性用コンドーム**
あらゆるサイズの人が共通で使える袋状のもの。膣に挿入し、やわらかなリングで固定する。女性用コンドームもSTIの感染リスクを減らす。

片側は開いている。

◁ **ペッサリー**
シリコンでできたやわらかなキャップを膣内に入れ、頸部にかぶせることで、精子が子宮に侵入しないようにする。サイズがいろいろあるので、使う人に合わせて選ぶ。ペッサリーは洗ってくり返し使える。

ホルモン剤による避妊

女性のホルモンレベルにはたらきかけて、妊娠にいたるプロセスを中断させる避妊法。ホルモン剤による避妊でいちばん知られているのは「ピル」ですが、薬剤の投与のしかたには避妊パッチ、避妊リング、避妊インプラント、注射などの方法もあります。作用のしかたは薬剤によってちがいます。卵巣が卵子を排出するのを防ぐものもあれば、精子が卵子と出会うのをさまたげるものもあります。ホルモン剤による避妊は妊娠を防ぐのにきわめて有効です。ただし、決まった時間にきちんと服用しないと効果がありません。また、STIの予防にはなりません。

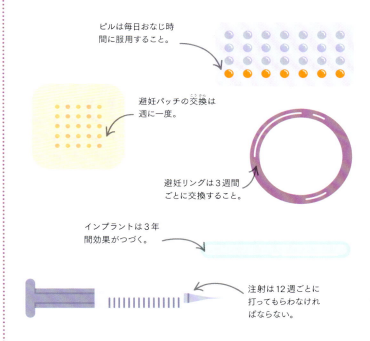

ピルは毎日おなじ時間に服用すること。

避妊パッチの交換は週に一度。

避妊リングは3週間ごとに交換すること。

インプラントは3年間効果がつづく。

注射は12週ごとに打ってもらわなければならない。

△ **選択肢は多い**
ホルモン剤による避妊には選択肢が多い。ピル、避妊リング、避妊パッチ、避妊インプラント、注射。

緊急避妊ピル

「アフターピル」とも呼ばれる緊急避妊用ピルは、避妊せずにセックスしたとき、あるいは避妊が失敗したとき──たとえばコンドームがやぶれるなど──専用につくられたピルです。このピルは性交から72時間以内に服用する必要があり、時間がたつほど効果が弱まります。ほとんどのものは、卵子の排出をさまたげる、卵子の受精を防ぐ、受精卵を子宮に着床させないなど、さまざま方法で妊娠を防ぎます。

▷ **急いで**
避妊なしにセックスしたら、なるべく早くアフターピルを服用すること。日本では薬局やドラッグストアで買えないので、医療機関を受診して、処方してもらう。最近はオンラインで診療して、緊急避妊薬を送ってくれるサービスも登場している。（→247ページ）

細菌と寄生虫による性感染症

性感染症（STI）は、膣性交、オーラルセックス、アナルセックスなどの性行為によってうつる感染症のことです。以前は「性病」と呼ばれていましたが、法律の改正によって「性感染症（STI）」に統一されました。STIの原因となる病原体にはさまざまな種類があり、ここでは細菌と寄生虫によるものをとりあげます。（→247ページ）

こちらもどうぞ

◀ 224–225 セックス
◀ 230–231 より安全なセックス
◀ 232–233 避妊法
ウイルスによる性感染症 236–237 ▶

STI検査

性感染症にかかっても、かならずしも症状が出るとはかぎらないので、病院で定期的に検査を受けておいて損はありません。自覚症状のないまま、気づかない可能性もあるのです。不用意なセックスをしてSTIの心配があるときは、医療機関で検査してもらいましょう。受診するのは、症状によって、婦人科・産婦人科、泌尿器科、皮膚科、性病科、耳鼻咽喉科になります。

検査によってはすぐに結果が出ますが、なかには結果がわかるのに数週間かかるものもあります。検査によって、STIだとわかったら、治療を受けます。そして今のパートナーと、以前のパートナーたちにそのことを伝えます。

覚えておきたい

受診の心がまえ

STIの検査として、血液検査や尿検査、尿道や膣のサンプル採取、性器の診察などがある。次のような点を問診されるかもしれない。

- STIにかかったかもしれないと思うのはなぜか。
- 最後のセックスはいつで、それまでに無防備にセックスしたことがあるか。
- 症状があるかどうか、あるとしたらどんな症状か。

細菌によるSTI

細菌とは顕微鏡でしか見ることができない単細胞生物で、空気中や、水中、ものの上、体内などに存在します。細菌はたとえば消化を助けるなど、人体にとってたいせつな役割をになっていますが、種類によっては、わたしたちに害をおよぼします。

	原因	症状	診断	治療
クラミジア	不用意な膣性交、アナルセックス、オーラルセックス。性的なおもちゃを共有するなどの性的接触。	無症状のことが多いが、排尿時に痛みがあることも。膣やペニスや尿道や直腸から膿。下腹部に痛み。性交中あるいは性交後の出血。不正出血（生理のとき以外の出血のこと）。精巣の腫れ、痛み。治療せずに放置すると、不妊など、症状が深刻化することも。	尿検査、感染部の分泌物の採取。	通常は抗生物質を一定期間、投与。
淋病	不用意な膣性交、アナルセックス、オーラルセックス。性的なおもちゃを共有するなどの性的接触。	排尿時に痛み。焼けるような痛みのこともある。膣、ペニスから膿。下腹部や陰のうに痛み。圧迫されたような痛みのこともある。性交中あるいは性交後の痛みや出血。不正出血。生理が重い。無症状のこともあるが、治療せずに放置すると、不妊など、症状が深刻化することも。	尿検査、感染部の分泌物の採取。	抗生物質の投与。
梅毒	不用意な膣性交、アナルセックス、オーラルセックス。性的なおもちゃを共有するなどの性的接触。梅毒による痛みや発疹のある人と皮膚を密着させること。	無症状の人もいるが、膣、ペニス、肛門周辺、口に痛みのない小さな潰瘍ができることも。手のひらや足の裏に赤い発疹。小さな皮膚腫瘍。口内に白い斑点、疲労感、頭痛、関節痛、高熱、首・鼠蹊部・腋下のリンパ腺の腫れ。治療せずにいると、脳や体のほかの部分に広がることがあり、深刻な健康被害をまねく。	血液検査。	抗生物質の注射。

細菌と寄生虫による性感染症

寄生虫によるSTI

寄生虫は、食料源である宿主の上や体内に棲んでいます。
ときに病原体となって、人間に害をおよぼします。

	原因	症状	検査	治療
ケジラミ症	体を密着させることによってうつり、そのもっとも一般的なかたちが性行為。シラミは毛から毛へと移動するが、飛んだり跳ねたりはできない。	症状があらわれるまでに1～2ヵ月かかる。感染箇所のかゆみ。かきむしることによる腫れや炎症。肌着に黒色点状のしみ。皮膚にシラミに噛まれた青灰色の斑点や小さな血の跡。ケジラミでかゆみが生じた皮膚はただれたり、炎症を起こしたりする。まつげに感染すると、目にうつることがある。	ケジラミ症の診断はむずかしくないことが多い。医師か看護師が拡大鏡を使って、シラミをさがすこともある。	ケジラミ症は自宅でのシャンプー、クリーム、ローションでも治療可能。感染部位の毛を剃るという方法もある。
疥癬	小さなダニが皮膚にもぐりこむと、疥癬になる。性的な行為をふくむ、人と人の接触によって時間をかけて広がる。	おもな症状のひとつがかゆみ。夜間にひどくなるが、皮膚がただれたり炎症を起こし、それが二次感染をまねくことがある。ダニがもぐりこんだ部分に発疹が出ることもある。	皮膚に潜伏するダニによる隆起やトンネルを見つける。インクで着色するなど、見つけやすくするくふうがおこなわれることもある。	治療にはぬり薬を使う。全身にぬる。
トリコモナス症	小さな原虫によって引き起こされる感染症。女性の膣や尿道に感染することが多いが、男性のペニスの先端や前立腺にも感染する。おもに不用意な性交によって広がり、性的なおもちゃの共有もあぶない。オーラルセックスやアナルセックス、トイレの便器、裸体でのあらゆる接触が感染の原因になりうる。	症状には、膣からの異臭をともなう泡状のおりもの、ペニスからの白い分泌物、痛み、炎症、膣周辺またはペニスの先端のかゆみ、排尿時・性交時・射精時の痛みや違和感、頻尿などがある。男性の場合は無症状のことも多い。	膣分泌物を採取し、原因となっているトリコモナス原虫の活動を顕微鏡で確認。あるいは分泌物を培養して検査。	大半は駆虫薬を日に2度、5～7日程度服用することで治癒。
膣炎	感染を原因とする膣の炎症。真菌の一種であるカンジタや、細菌、寄生虫の感染によって起こる。刺激も原因となりうる。	膣炎によって、かゆみ、不快感、おりものなどの症状が出る。不快なにおいのするおりものが出ることもある。排尿時や性交時の痛み。軽い出血。	症状に応じて医師や看護師による診断、検査。	治療法は原因によってちがう。イースト菌の感染の場合は、抗真菌薬を使う。細菌の感染なら、抗生物質が効く。

ウイルスによる性感染症

性感染症（STI）は、膣性交、オーラルセックス、アナルセックスなどの性行為によってうつる感染症のことです。STIの原因となる病原体にはさまざまな種類があり、ここではウイルスによるものをとりあげます。（→247ページ）

こちらもどうぞ	
◀ 224–225	セックス
◀ 230–231	より安全なセックス
◀ 232–233	避妊法
◀ 234–235	細菌と寄生虫による性感染症

ウイルスによる性感染症

ウイルスとは細菌よりはるかに小さい微生物で、ほかの生物の細胞に入りこんで増殖し、深刻な健康被害を引き起こします。細菌や寄生虫とは異なり、ウイルスは宿主からはなれると生きていられません。増殖するには宿主の細胞が必要なのです。水や空気など、環境的に感染することもあれば、人と人との接触によって感染することもあります。

	原因	症状	診断	治療
性器ヘルペス	性器ヘルペスは単純ヘルペスウイルス（HSV）によって感染するウイルス性の性感染症で、皮膚の接触によって広がる。HSVはふだんは休眠（不活性）状態にあるが、病気やストレス、アルコールなどが引き金となって活性化し、皮膚に水疱ができる。皮膚に傷があるときは、とくに感染力が強いとされる。	痛みをともなう小さな水疱や、傷ができる。そのせいでかゆみやひりひり感があったり、男性の場合は、排尿時に痛みがあったりする。	医師の診断。	性器ヘルペスを完治させる治療法はないが、ほとんどが抗ウイルス薬を使ってコントロールできる。
B型肝炎	B型肝炎は、B型肝炎ウイルスが体液を介して肝臓に感染した状態。不用意なセックスによる感染がもっとも多いが、血液や体液によって感染することもある。たとえば、母親から新生児への感染や、薬物注射、消毒が不十分なタトゥーやボディピアスの器具、感染者と歯ブラシやカミソリを共有することなど。	無症状のことも多いが、倦怠感、食欲不振、発熱、赤褐色尿、黄疸などの症状が出ることもある。	B型肝炎は重症化することがあるので、感染の疑いがあるときは、医療機関にかかることがたいせつ。診断は血液検査による。	B型肝炎にかかる可能性の高い人には予防のためのワクチンがある。急性B型肝炎に対してはこれといった治療法がなく、対処療法がほどこされる。慢性B型肝炎には治療薬がある。ウイルスを体から排除することは不可能だが、ウイルスによる肝臓へのダメージをおさえることができる。
HPV感染症（尖圭コンジローマ）	皮膚の接触によって感染。	性器周辺や、肛門付近にあらわれる小さないぼ状の腫瘍や、皮膚のただれ。腫瘍ががん化することもある。通常、痛みはないが、かゆみがあったり、赤くなったり、ときには出血したりすることもある。	医師による診断。拡大鏡が用いられることもある。	治療には軟膏や、いぼを凍らせる外科的な方法（冷凍凝固法）が用いられる。HPVは子宮頸がんの主原因のため、日本小児科学会・日本産科婦人科学会では11〜14歳でのワクチンの接種を推奨。

ウイルスによる性感染症　**237**

HIVとエイズ

　HIVはヒト免疫不全ウイルス（human immunodeficiency virus）の頭文字で、免疫システムを攻撃して、人体が本来もっている感染症や病気と闘う能力を弱めるウイルスです。HIVのおもな感染経路は不用意なセックスですが、汚染された注射針を使いまわしたり、感染者とのあいだで体液をやりとりすることでも感染します。つまり母乳や、血液、精液、膣や肛門からの分泌物などを介してウイルスがうつるのです。唾液、汗、尿、涙などの体液には、ほかの人を感染させるだけのウイルス量がなく、また人体をはなれると生きていられません。

　HIV感染は完全には治癒しませんが、医療機関につながって早期に診断、治療を受けることで、エイズ（後天性免疫不全症候群）を発症せずにすみます。エイズはHIV感染の最終段階で、免疫システムが破壊されるため、発症すると命にかかわる感染症にかかりやすくなります。

> 覚えておきたい
> ### HIV感染の症状
> - 慢性疲労と関節痛
> - 咳と息切れ
> - 下痢
> - 喉の痛み
> - 発熱、悪寒、寝汗
> - 吐き気、おう吐
> - 口内や性器に発疹などの皮膚症状
> - 体重の減少（エイズ発症時）

STI検査

　性感染症にかかっても、かならずしも症状が出るとはかぎらないので、病院で定期的に検査を受けておいて損はありません。自覚症状のないまま、気づかない可能性もあるのです。不用意なセックスをして、STIの心配があるときは、一刻も早く医療機関で検査してもらいましょう。受診するのは、症状によって、婦人科・産婦人科、泌尿器科、皮膚科、性病科、耳鼻咽喉科となります。

　検査によってはすぐに結果が出ますが、なかには結果がわかるのに数週間かかる検査もあります。検査によってSTIだとわかったら、治療を受けます。そして今のパートナーと、以前のパートナーたちにそのことを伝えます。

> 覚えておきたい
> ### 受診の心がまえ
> STIの検査として、血液検査や尿検査、尿道や膣のサンプル採取、性器の診察などがある。次のような点を問診されるかもしれない。
> - STIにかかったかもしれないと思うのはなぜか。
> - 最後のセックスはいつで、それまでに無防備にセックスしたことがあるか。
> - 症状があるかどうか、あるとしたらどんな症状か。

◁ **はずかしくても行く価値あり**
STI検査に行くとなると、だれだって逃げ腰になるが、定期的に調べておいてもらえば安心だし、心身ともにすこやかに過ごせる。

妊娠

妊娠は避妊しないセックスの結果として起きます。妊娠したくてする場合もあれば、うっかりということもあるでしょう。思春期の子であれ、おとなであれ、妊娠したとわかった人には、ささえてくれる人が必要です。

こちらもどうぞ
◀ 178-179　対立をどうするか
◀ 198-199　健全な関係
◀ 228-229　有性生殖
妊娠したらどうするか　240-241 ▶

妊娠するとき、しないとき

性交したら妊娠すると決まっているわけではありません。1個の精子がどうにか卵子までたどりついて受精し、その受精卵が子宮に着床すると、妊娠が成立します。どんなとき妊娠し、どんなときしないのか、ここで確認しておきましょう。

妊娠する可能性がある：

- 初体験（よく「妊娠しない」と言うけれど、それはでまかせ）
- 生理中（精子は子宮のなかで5日間生きのびられるので、妊娠可能期間にかかるかもしれない）
- 射精まえにペニスを抜く（射精まえでも精子をふくむ体液がペニスから出ている可能性がある）
- 避妊のしかたが正しくないか、失敗したとき（まったく避妊していなければ、妊娠の可能性は大きくなる）

妊娠する可能性がない：

- マスターベーション、オーラルセックス、アナルセックス（ただし、女性の体の外で射精して、それが膣につくと、妊娠する可能性が出てくる）
- セックスしない

妊娠したのかも？

妊娠したかどうかは、生理の有無ではっきりわかります。けれど、妊娠したかどうかを知る手がかりはほかにもあり、その多くが生理のまえに起こるPMS（月経前症候群）の症状と重なっています。もっとも確実な方法は、妊娠検査を受けることです。

◁ **生理がない**
セックスをしたあと、生理がなければ、妊娠の可能性がある。思春期の子の場合は、生理周期が安定していないので、あまりあてにならない。

子どもたちへ
きみのパートナーが妊娠したら

きみのおなかには赤ちゃんはいないけれど、妊娠の当事者であるという意味では、きみもパートナーとおなじ、パートナーに寄り添ってささえよう。きみがそばにいて重大な決断をいっしょにしてくれれば、彼女も心強い。親にも話をして、力になってもらおう。

△ **つわり**
吐き気やおう吐が起こる。英語ではモーニングシックネス（朝のやまい）というけれど、実際は一日じゅういつでも起こる。

△ **疲れ**
妊娠すると、びっくりするほどの疲れや、エネルギーや集中力の不足を感じることがある。

妊娠 **239**

親への手引き
わが子の妊娠がわかったら

わが子、もしくはわが子の彼女が妊娠しているとわかれば、ショックを受けて当然。だが、子どもたちがどう決断しようと、あなたが子どもたちの力になれるよう、あなたをささえてくれる人たちをさがそう。

- 子どもたちがなにより必要としているのは、批判ではなく、落ちついたサポート。
- 子どもたちが次にどうするかを決めるため、必要となる情報を集めて提供するのは、子どもたちの力になる。
- あなたにはこうすべきという明確な意見があるかもしれない。だが、助言をあたえたり、導いたりするのもだいじだが、まずは子どもたちの話に耳をかたむけることがなにより。

◁ **力になる**
子どもに対する愛情と気づかいが試されるとき。子どもたちはあなたを必要としている。

子どもたちへ
親とパートナーに話す

産婦人科やクリニックのお医者さんからも、内密に助言は受けられる。けれど、もしきみが妊娠したら（あるいは妊娠したと思ったら）、信頼できる人に話してみよう。今のきみにはささえがいる。おじけづくのもわかる。いつ、どうやって話すかをあらかじめ決めておこう。

- たとえば家事など、その人となにかをいっしょにやりながら伝えると、あらたまった感じにならずにすむ。
- ほかの人のいない場所で話す。ただし、相手の反応がこわくて、人のいる場所で話したほうがいいと判断したのなら、それはそれでいい。
- 落ちついて、状況をもれなく説明する。きみがパニックにならなければ、相手もなりにくい。
- 彼らの助言を尊重する。ただし、最終的に決断するのは自分だということを忘れないで。

▷ **異常な食欲**
ある食べものをもうれつに好んだり、逆に嫌ったりする。嗅覚や味覚に異常を感じることもある。

妊娠検査を受ける

だいたいの妊娠検査は生理予定日の初日か、妊娠の可能性のある性行為から21日め以降にならないと受けられませんが、なかにはそれよりも早く検査できるものもあります。検査薬は薬局で購入できます。結果が陽性だったときは、なるべく早く、医師の診断をあおぎましょう。妊娠していないという結果が出ても、まちがいの可能性があるので、数日たっても生理がはじまらないときは、もう一度検査してみること。

△ **胸が大きくなる**
乳房が大きく、敏感になる。

▽ **トイレの回数が増える**
妊娠が進むと、排尿する回数が目に見えて増える。

◁ **自宅で検査**
正しく検査できるように、パッケージの説明書をよく読むこと。

妊娠したらどうするか

思いがけず妊娠してしまったときは、どうするかを決めなければなりません。なんだか怖いし、ストレスもかかります。おもな選択肢は3つ。それぞれに一長一短があります。

こちらもどうぞ	
◀ 198–199	健全な関係
◀ 224–225	セックス
◀ 228–229	有性生殖
◀ 238–239	妊娠

決断する

子どもがほしくてできた場合も、思いがけない妊娠の場合も、考えなければならないことはたくさんあります。決断するにあたっては、勉学や仕事をどうするかという問題もあるし、その人の価値観や経済状態によってもちがってきます。すぐに結論を出せる人もいれば、時間がかかる人もいるでしょう。まだ若い女性の場合は、自分が考えていることをパートナーや親と話しあってみましょう。きっと力になってくれます。どんな方法があって、親になるのがどういうことかを理解するのも、意思決定の参考になります。(→247ページ)

こっちがほんと
妊娠したときの選択にまつわる真実

子どもを生んでも、自分の将来がだいなしになるとはかぎらない。子どもを生み育てるのは、愛情と献身を必要とする重労働。パートナーや家族の援助や養育の支援があると、助けになる。若くして親になった人たちの多くは、充実した人生を送り、学業をつづけて、やりがいのある仕事についている。

妊娠中に赤ちゃんを養子に出すと決めても、それは最終結論ではない。最終的に決めるのは、赤ちゃんが生まれたあと。

中絶しても、将来妊娠できなくなるわけではない。中絶によって次に赤ちゃんができなくなるリスクはとても低い。

養子縁組と里親制度

赤ちゃんを育てられないときの選択肢として、養子縁組と里親制度があります。

養子縁組は子どもと新しい親とのあいだに法的な親子関係をむすぶものです。日本では生まれたばかりの赤ちゃんをすぐに養子にする制度がないので、まずは施設に預けて養育してもらうのがふつうですが、特別養子縁組（子が生涯にわたっておとなの愛情と庇護を受け、安定した環境で育つための公的制度）を前提にして生まれたばかりの赤ちゃんを里親にたくすしくみを援助している組織もあります。(→247ページ)

特別養子縁組
- 仲介機関として、行政機関である児童相談所と、民間団体がある。
- 妊娠中の母親の相談にのると同時に、育ての親になることを希望する人の審査と登録受け付けをおこなう。
- 出産後、育ての親となる夫婦をマッチングし、赤ちゃんをたくす。
- 試験養育期間（半年以上）をへて、裁判所の審判が確定すると特別養子縁組が成立。

里親制度
- 子どもを一時的に預かり、家庭環境で養育する制度。生みの親がじゅうぶんに支援を得られない、あるいは子どもを育てられない環境にある場合に利用される。

自分で育てる

　生まれた赤ちゃんを手元に置いて、若い親になるには、あらかじめ考えておかなければならないことがたくさんあります。パートナーや親や家族からささえてもらいつつ、保健所や母子健康包括支援センターといった公的な機関や病院、民間団体など、出産や子育てのことで困ったときは、相談にのってもらいましょう。

　親になるにあたって、あらかじめ考えておいたほうがいい点をあげておきます。

- パートナーや家族や友だちなど、出産によって影響が出る人みんなに知らせる。
- 地元に助産師や若年出産にくわしい保健師がいるかどうか、医師に尋ねる。
- 地元にある若い親たちの集まりをさがす。
- 中学、高校、大学で、どのような支援をしてもらえるか調べる。学業はなるべく中断しないようにしたい。
- 買い物や赤ちゃんの世話などを手伝ってくれる人を確保する。

人工妊娠中絶

　医師が安全な医療的手段を用いて妊娠を中断させることをいいます。

　法的には親の同意は必要ありませんが、手術にはリスクがともなうため、未成年の場合は、ほとんどの病院やクリニックで親の同意書が求められます。親や友だちにないしょで中絶したいと思うかもしれませんが、パートナーや親や友だちなど、ささえになってくれる人がいると心強いものです。

薬物による中絶

- 妊娠初期に人工流産を引き起こす薬があるが、日本では認可されていない。認可を求める声がある一方で、個人輸入した中絶薬で大量出血などの健康被害を起こした例も報告されている。インターネットで販売されている中絶薬には、偽造品の疑いがあるので、購入しないこと。

手術による中絶

- 医療機関で全身麻酔のうえ、胎児を取りだす処置を医師から受ける。ある時点を過ぎると法的に中絶できなくなり、日本では22週以降の中絶は法律で禁じられている。

　人工妊娠中絶のあとどう思うかは、人それぞれ。ほっとする人もいれば、悲しくて、落ちこむ人もいます。合併症の恐れはほとんどありません。

セックス

ポルノグラフィ

「ポルノ」と短縮していわれることも多いポルノグラフィは、それを見たり、読んだりする人の欲望をかきたてる目的でつくられた性的なメディアです。性的な行為や性的なイメージを活用したビデオや写真、読み物、テレビゲームなどがあります。日常的に使う人がいる一方で、ポルノそのものに不快感をもつ人もいます。

こちらもどうぞ	
◀ 198–199	健全な関係
◀ 216–217	マスターベーション
◀ 220–221	意思確認としての同意
◀ 224–225	セックス

ポルノグラフィって？

人類の歴史がはじまって以来、人間の裸体を模したイメージがつくられてきました。芸術的な表現だったり、見る人の性的興奮をかきたてるものだったり。そのなかにあってポルノグラフィは、全裸もしくは半裸の人によっておこなわれる性的な行為が題材にされることが多く、芸術的な表現というより、セックスがあからさまに描写されているのがふつうです。

▷ **ポルノグラフィのメディア**
ポルノグラフィはさまざまな形態で提供されている。いちばん身近なのがオンラインの動画、映画、ビデオゲーム、雑誌だろう。

なぜ人はポルノグラフィを使うのか

さまざまな人たちがいろんな理由でポルノグラフィを使っています。自分ひとりで使うこともあるし、カップルがいっしょに使うこともあります。ポルノを見る理由には次のようなものがあります。

- 妄想をたくましくして自分がなにに興奮するかさぐる
- マスターベーションをするために性的に興奮する
- パートナーといっしょに前戯として見る

ポルノグラフィはあっていいのか？

ポルノグラフィをめぐってはさまざまな議論があります。肯定的にとらえる人たちは、出演者はよろこんでやっている、自分で選んで出ているとして、ポルノグラフィには人の性的欲望を満たす意味があると考えます。その一方で否定的にとらえる人たちは、ポルノグラフィは性差別や、安全でないセックス、搾取、暴力を表していることが多いとし、出演者は製作会社から搾取されている、出演者のなかには過去に性的な虐待を受けたために親密さの概念がゆがんでしまった人たちがいると考えます。

△ **個人の選択**
個々人の選択を尊重することはたいせつだが、すべての国でポルノグラフィの内容に関して法律を定めているので、その法にのっとったポルノだけを使うこと。

ポルノグラフィ　243

ポルノグラフィの否定的な側面

ポルノグラフィの使いかたや解釈のしかたをまちがえると、現実世界でセックスをともなう健全でない関係が生まれることがあります。

- 「ポルノのセックス」は「現実のセックス」とまったくちがうことが多い。出演者はふつうの人とはちがって、異常な行為に走る。ときには不快で暴力的なことも。

- ポルノのなかでは、性行為が健全な人間関係の一部としてえがかれていない。むしろセックスしている相手を「性的なモノ」としてあつかっていいという錯覚をあたえる。

- ポルノにえがかれていたセックスとちがうといって、現実の世界のセックスにがっかりする場合がある。

- ポルノに登場する女優は胸が大きくて陰毛がなく、男優はペニスが大きい。そんな体をしている人はほとんどいないので、身体に対する自信が傷つけられる。

- ポルノに対して感覚がにぶくなり、見ても興奮しなくなる人たちがいる。あるいは本物のセックスに対して鈍感になるケースもある。

- ポルノの使いすぎにより、ポルノのことで頭がいっぱいになってしまう。ポルノの見すぎは危険。

ポルノグラフィとインターネット

思春期の子たちがオンラインでポルノグラフィに接する機会は増える一方です。しかも、セックスについて学んだり経験したりするよりまえにさらされるのです。意図してポルノをさがすこともあるでしょうし、ふいに画面に現れて、うっかり目にすることもあるでしょう。セックスに関する資料をさがしていてということもあります。どぎつい性表現に早い年齢でさらされるのは苦痛をともなう可能性があり、本来はすこやかな関係があってこその親密さやセックスについて、まちがった情報を取り入れることにもなります。オンラインで見た性行為をまねるべきだと思いこみ、安全でないセックスなどのリスクのある行為に走ろうとするかもしれません。

◁ **オンライン・アクセス**
親は子のスマホやタブレットやコンピュータに年齢制限を設定できるし、家族のコンピュータを共有エリアに置くこともできる。その一方で子と話をすることもだいじ。ポルノについて話しあうことで、子はポルノと適切につきあえるようになっていく。

バランスをとる

自分のポルノの使いかたが不安だったり、不健全なんじゃないかと思う子がいたら、友だちに相談してみるといいかもしれません。ポルノについて率直に話をすると、ここまでは健全、ここからは不健全という線引きがしやすくなります。

> 覚えておきたい
> ### ポルノグラフィを語る
> - まずは信頼する人にポルノグラフィについてどう思うか尋ねてみる。そうすればおたがいにむりのない範囲で話ができる。
> - 話の内容はすべてないしょにしてもらいたいと頼む。ただし、はずかしがる必要はないし、相手にも決まりの悪い思いをさせないように気をつける。

▷ **いつ、どこで**
いつ、どんな場所ならいいかをふくめて、ポルノグラフィに関してはバランスのとれた使いかたを心がけたい。

おおやけの場所ではポルノを使わない。

セクスティング

裸や下着姿やあからさまに性的なポーズの写真や動画、あるいは性的なメッセージを送ることを「セクスティング」、性的なメッセージや写真や動画のことを「セクスト」といいます。全身のこともあれば、体の一部のこともあります。たとえ顔が写っていなくとも、セクスティングには大きな危険がひそんでいます。

こちらもどうぞ	
◀ 194–195	デート
◀ 198–199	健全な関係
◀ 200–201	不健全な関係
◀ 220–221	意思確認としての同意

なぜセクスティングするの？

性的なメッセージやイメージ、いわゆる「セクスト」を送る人の心のなかには、パートナーより親しくなりたいとか、もりあがるかもという気もちがあるのかもしれません。良好な関係をむすべている、しあわせなカップルなら、セクスティングも悪いことではありませんが、それでも危険はあります。

相手のことは信用していても、セクスティングに対して不安があるときは、きっぱり断りましょう。もし人からセクストを送るように強要されていると感じたら、それは関係にゆがみが生じているサインです。人の注意を引きたい、感心させたい、あるいは好きになってもらいたくてセクスティングする人もいるかもしれませんが、かえって相手を遠ざける結果になると思ったほうがいいでしょう。

セクストを送るときは、露骨な内容に居心地の悪さを覚える人もいるので、あらかじめ同意を得るようにしましょう。相手からノーと言われたら、その意見を尊重することがたいせつです。

セクストにひそむ危険

いったんセクストを送ったら、もはや自分にはどうすることもできません。その画像・動画が許可なくおおぜいの人に共有されるかもしれないし、悪くすると、SNSなどに投稿される可能性もあります。セクストを送るかどうか決めるときは、次のような危険性を考慮しましょう。

> 今は良好な関係だとしても、別れたあとに相手がばらまくかもしれない。

> 受け手のうっかりミスにしろ、よくない人の手にわたる可能性がある。

> めぐりめぐって、送り手の先生や父母、祖父母、親せき、友人などの目にふれるかもしれない。

> 受け手がじつは信用ならない人で、友だちに見せるかもしれない。

> 送り手の評判にどろをぬることになるかもしれない。また長く将来まで影響が残るかもしれない。

> セクストを入手した人たちからいじめられたり、はずかしめを受けたり、ゆすられたりするかもしれない。

> 送り手が18歳未満の場合、自分自身の性的な画像・動画を撮って送りつけると、法律違反になる。

△ **送るまえに考えて**
セクストのやりとりをおもしろいと思う人ばかりではないので、むりじいするのはまちがっている。

セクスティング　245

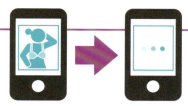

プライバシーの尊重

　ふつうふたりのあいだでセクストをやりとりすると決めるときは、ほかの人には写真を見せないという合意があり、おたがいに受けとったセクストを慎重に扱うことが求められます。相手の許可なくセクストをほかの人に見せるのは、相手の信頼を裏切り、プライバシーを侵害する行為で、法的にも罰せられる可能性があります。

気をつけよう！
セクスティングと法律

日本では、18歳未満の児童が自分のヌードや、あからさまに性的なポーズの画像・動画を撮ってそれをほかの人に送信した場合、この画像・動画は児童ポルノにあたり、それを送る行為は児童ポルノ提供罪にあたる。

児童ポルノを所有することもやはり法律に反する。つまりセクストを受け取った側も、法律を犯している可能性があり、罪に問われれば、罰金もしくは懲役を課せられて前科がつく。だれかからセクストを送りつけられたときは、その画像・動画をほかの人に転送せず、親や先生に報告すること。

リベンジポルノ

　リベンジポルノとは、他人のヌードや見るからに性的な画像・動画をSNSなどに投稿することです。目的はその人に対するうらみをはらすこと。もっともよくあるのは、別れたばかりの元交際相手による、交際中に受けとっていた性的な画像・動画を使った犯罪です。また、仲たがいした元友人どうしが、以前の信頼関係のなかで送りあった画像・動画をばらまくことも、リベンジポルノに該当します。日本にもリベンジポルノを防止する法律はありますが、法律によって加害者を処罰することはできても、画像・動画がSNSなどに投稿されれば、多くの場合、不特定多数の人の目にふれるという被害を受けることになります。

△ リスクがあることを忘れないで
最初にSNSなどに画像・動画を投稿した人がそれを削除したとしても、すでにほかの人がコピーして、べつの場所に投稿しているかもしれない。

セクスティング問題に対処

　子どもがセクスティングによってトラブルに巻きこまれたらどうすべきか、親としては対処のしかたを覚えておきたいものです。最初にすべきは可能なかぎりすべてのデバイスからその画像・動画を削除することです。オンラインにアップされたのがわかったときは、そのサイトに連絡をして、削除依頼を出します。

◁ 愛情とささえ
わが子には、どんなことでもかならず力になると、ふだんから伝えておきたい。

子どもたちへ
助けを求める

・影響を最小限におさえるために急ぐ。まずは相手に画像・動画を携帯や電子機器から削除するよう求める。オンラインにアップされてしまったら、そのサイトに通報。
・親にうちあける。最初は腹を立てるかもしれないが、よその人から聞かされるより、きみから聞かされるほうがましだ。
・相手からゆすられたり、ネット上にばらまかれたりしたときは、警察に通報。日本にはセーフラインという、リベンジポルノに対応してくれるネットサイトがあるので、力になってもらおう。
（→247ページ）

親への手引き
わが子の力になる

・困ったときは力になるとふだんから伝えておく。
・子どもがあからさまに性的なメッセージを受けとったときは、ほかの人に送らないように注意する。
・法律があるのは、好奇心から自分の写真を撮った思春期の子を罰するためではなく、性的な写真や動画をばらまいて利益を得る人たちを取り締まるためであることを伝える。
・子どもがゆすられているとき、あるいはリベンジポルノの被害にあっているときは、警察に相談する。

もっと知りたいとき・困ったとき

　子どもや親を支援してくれる団体や、情報はたくさんあります。インターネットの検索エンジンを使って、調べてみてください。太字の部分を検索窓に入力すれば、該当ページへのリンクがあらわれます。

総合

子供のSOSの相談窓口　文部科学省
子どもが悩みを相談できるサイトを紹介した、文部科学省による相談窓口。

子どもの安全　警視庁
子どもがまきこまれやすい犯罪や、誘惑、児童虐待や、未成年者のための相談窓口の紹介など、子どもが安全に暮らしていくための知識や情報を提供している。

いのちと暮らしの相談ナビ
NPO法人 自殺対策支援センター ライフリンクが運営する相談先検索サイト。悩みに応じた相談先を、悩みの項目やキーワードによって検索できる。

成長する

HUMAN＋　思春期について知っておきたいこと
日本産科婦人科学会が監修している、正しい性の知識を身につけるためのサイト。「思春期について知っておきたいこと」というページで、思春期の性についてのさまざまな問題がとりあげられている。

bond project
生きづらさに悩む若い女の子たちを支援する「BONDプロジェクト」のサイト。

子ども情報ステーション
精神障がいや心の不調、発達のでこぼこなどをかかえた子どもとその親を応援するサイト。看護師と医師を中心としたチーム・NPO法人ぷるすあるはが運営している。

女性の第二次性徴期

女性の健康Q＆A　日本産婦人科医会
思春期や月経やピルなどに関するよくある質問に答える、日本産婦人科医会によるサイト。

思春期早発症　日本小児内分泌学会
思春期早発症についての説明や治療方法などを説明したページ。

乳がんの情報サイト「乳がん.jp」
乳がん全般について知ることができる。セルフチェックのしかた、病院での検査の受けかたなどもわかる。製薬会社が提供する情報サイト。

初めてのブラ
ブラジャーの選択に悩んだら、「初めてのブラ」というキーワードで検索してみよう。いくつかの下着メーカーが初めてブラをつける子とその親にアドバイスするサイトを設けている。

からだのノート　おとなになるということ（花王ロリエ・ウェブサイト内）
親と子両方向け。思春期の体の変化について、医学的な知識も含めくわしく解説。この時期の子どもがもつさまざまな悩みについても、Q&A形式で紹介している。

男性の第二次性徴期

からだのノート　おとなになるということ（花王ロリエ・ウェブサイト内）
男の子の思春期の体の変化についても医学的に解説されている。「ここが知りたい！Q＆A」の男の子編も参考になる。

思春期早発症　日本小児内分泌学会
思春期早発症についての説明や治療方法などを説明したページ。

すこやかな体

厚生労働省／みんなのメンタルヘルス
「こころの病気を知る」の「病名から知る」のなかに、「摂食障害」や「睡眠障害」の項がある。

摂食障害　情報ポータルサイト
摂食障害Q&Aのほか、相談窓口や支援制度などを紹介している。

ニキビのお悩みQ＆A（小林製薬ビフナイト・ウェブサイト内）
子ども向け。ニキビの原因やタイプなど解説。悩みに対する回答や助言がある。親向けのアドバイスも。

にきび皮膚科Q&A（公益社団法人日本皮膚科学会）
ニキビに関するさまざまな疑問に答える。

すこやかな心

若者のこころの病　情報室
思春期に多い精神疾患に関する情報と支援先をまとめてある。

ひきペディア
ひきこもりに関する総合的な情報ポータルサイト。当事者向けと家族向けのQ&Aや、各地の相談機関、当時者会などの情報を得ることができる。

能力を生かす

サポステ
厚生労働省委託の支援機関「地域若者サポートステーション（通称サポステ）」。働くことに悩みを抱える若者に対し、専門的な相談や就労に向けた視点を提供。

若者の進学応援プロジェクト
経済的な困難を抱える若者や保護者に対し、奨学金などの進学支援の情報を提供、相談窓口も開設している。

面接の心得　東京ハローワーク
面接を受ける前と、受ける際に気をつけたいことがチェック項目として挙げられている。

デジタル生活

こたエール
「お金をはらえと言われた」「画像を送ってしまった」など、インターネットやスマホでのさまざまなトラブルに関する青少年のための相談窓口。東京都青少年・治安対策本部が運営しているサイト。電話相談とメール相談を受け付けている。

ここからセキュリティ！　情報セキュリティ・ポータルサイト
警察庁や総務省、経済産業省とさまざまな通信会社で構成される官民ボードが提供するセキュリティ情報。「教育・学習（一般向け）」のページに小学生向け、および中高生向けの情報がある。

CERO
CEROこと「コンピュータエンターテインメントレーティング機構」は、ゲームソフトの年齢別レーティング制度を運用・実施する機関。「タイトル検索」のページから、ゲームのタイトルで対象年齢を検索できる。

より大きな世界

人権相談　法務省
法務省ウェブサイト内の差別、いじめ、いやがらせなど、人権に関するトラブルの相談方法がわかるサイト。電話相談の窓口もある。

世界人権宣言　アムネスティ
世界人権宣言の全文が読める。世界人権宣言ができるまでのいきさつや、人権とはなにかについての説明がある。国際人権NGOアムネスティ・インターナショナル日本支部のアムネスティ日本のサイト。

のりこえねっと
「ヘイトスピーチとレイシズムを乗り越える国際ネットワーク」、通称「のりこえネット」のサイト。ヘイトスピーチとはなにかについて、わかりやすく解説したマンガ「ヘイトスピーチって知ってる？」が読める。

アルコホーリクス・アノニマス（AA）
アルコール依存症に苦しむあらゆる年齢の人たちが回復をめざす世界的な団体。日本各地のミーティングの受付窓口（AAサービスオフィス）を紹介している。

アラノン家族グループ
家族や友人のアルコール問題に影響を受けている、または受けたと感じている人たちが回復をめざす自助グループ。日本各地のミーティングの情報一覧がある。

薬物乱用に関するQ&A（東京都福祉保健局）
軽い気持ちで薬物に手を出してはいけないということを質問と答えの形式で説明している。東京都福祉保健局のページ。

みんなで知ろう　危険ドラッグ（東京都福祉保健局）
「危険ドラッグ」についてくわしく説明している。危険ドラッグの一覧表も見ることができる。

家族

家庭問題情報センター
家族の問題についての相談室を全国に設置し、無料の電話相談もおこなっている。

人権擁護協力会
「家庭問題カウンセリングルーム」というページに、さまざまな家庭問題に関する取り組みが紹介されている。

人づきあい

子どもの人権110番　法務省
親から虐待されている、学校でいじめを受けているなど、子どもの人権に関わる問題の相談を受け付けている。無料・秘密厳守の電話相談は、子どもだけでなくおとなも利用可能。

「子どもの貧困」サポート情報提供ホームページ
貧困家庭やその子どもが活用できる支援制度の検索ができる。

高校生新聞オンライン
高校生向け。「高校生ライフ」のページでは、友だち関係などで感じるストレスを軽減するヒントや乗り越える方法のほか、高校生活を送るうえで役立つ情報やアドバイスを掲載。

セクシュアリティ

よりそいホットライン
24時間受付・無料の電話相談。性別や同性愛に関する相談の専用回線がある。

LGBT特設サイト　虹色
NHKの番組「ハートをつなごう」から生まれた、性のありようを考えるためのサイト。多様な性のあり方を紹介している。

セックス

PILCON
「性についてお悩みの方・学びたい方」のページに、マスターベーション（セルフプレジャー）や緊急避妊などについてのくわしい解説がある。

全国妊娠SOSネットワーク
思わぬ妊娠をしたときや性被害にあったときに相談できる全国各地の窓口を紹介している。民間養子縁組機関のリストもある。

日本性感染症学会　あなたのためになる性感染症予防
中高生向けに作成された、性感染症予防についてのスライド教材のPDFを見ることができる。

セーファーインターネット協会
「リベンジポルノの被害にあわれたら」というページで、相談窓口の紹介のほか、画像や動画の削除依頼の代行もおこなっている。

用語解説

アイデンティティ
国籍、性格、ジェンダー、興味、文化など、多種多様な要素の組み合わせからなる、自分をほかの人々と区別する特性や特色。

アセクシュアル
同性にも異性にも、性的な関心や欲望をもたない人。無性愛者ともいう。

アバター
オンラインゲームや交流サイトで、ユーザーの分身となるキャラクターのこと。

アプリ
スマホやタブレットやパソコンにダウンロード・インストールして使うソフトウェア・プログラム。アプリケーションの略語。

歩み寄り
おたがいの同意によって、議論や対立を解決にもちこむこと。通常は双方が譲歩する。

荒らし
反応を期待して、わざと怒りをかきたてるような激しいコメントをネット上に投稿する行為。場を混乱させ、多くの人から反応を引きだしたいという意図がある。

異性愛主義
人が性的に引きつけられるのは異性だと決めつける考えかた。

依存症
特定の物質、特定の行為などを、定期的に取りこんだりくり返したりせずにいられない、強烈で、しばしば有害な衝動をともなう病気。

異文化の交わり（クロスカルチュラル）
考えかた、価値観、習慣までふくん

だ、ふたつ以上の異なる文化が関わりあうこと。

陰のう
精巣が中に入っている皮膚でできた袋。

陰毛
性器周辺にはえる毛のこと。

ヴァージニティ
だれかとセックスした経験がない状態。女性なら処女、男性なら童貞。

ウイルス
生物の細胞に入りこんで増殖し、健康被害をもたらす微生物。細胞をもたず、宿主からはなれると生きていけない。コンピュータ・システムを損傷させることを目的としたコンピュータ・プログラムも、ウイルスと呼ぶ。

ウェブカメラ
画像や動画をコンピュータを通してインターネット上に送信し、それをリアルタイムで共有することができるデジタルカメラ。

うつ
人の気分に影響する気分障害のひとつ。悲しみ、落ちこみ、不安がずっとつづくというのが典型的な症状。

エコーチェンバー現象
エコーばかりが聞こえる部屋（チェンバー）のように、ネット上において、そのユーザーの好みや傾向を反映したニュースや情報ばかりにさらされ、いっそう自分の意見が強化されてしまう現象。

LGBTQ+
レズビアン、ゲイ、バイセクシュアル、トランスジェンダー、クィアもしくはクエスチョニング、それ以外をしめす略語。ストレート（ヘテロセク

シュアル）以外の性的アイデンティティをまとめて表現するのに用いられる。

エンドルフィン
脳内で放出されるホルモンの一種。痛みをやわらげ、気分を上向きにする。

オーガズム
性的な興奮が最高潮に達したときむかえる状態。強い快感が押しよせ、オーガズムによってほとんどの男性は射精し、女性も体液を放出することがある。

外性器
外から見える性器のこと。外陰部ともいう。男性では、ペニスと陰のう。女性では、膣口（ちつこう）まわりの陰唇、クリトリスなど。

懐胎期間
受胎から出産まで、女性の子宮のなかで赤ちゃんが育つ期間。ヒトは平均40週間。

解剖学
生きものの体とそれぞれの部位の構造について、くわしく調べる学問。

学童後期
子どもと第二次性徴期のあいだ。思春期前期。8歳から12歳ぐらいまでをいう。英語でいうtween。

過激主義
過激な考え、多くの人が正しくて理屈が通ると見なす範囲からかけはなれた考えや意見をもつこと。

割礼
ペニスの包皮を取りのぞく手術。

寄生虫
食料源となる宿主の上や中に生息する有機体。

客観視
自分ではないだれかの立場で、ものごとを見る、ほかの人の視点でものごとを見ること。

脅迫
秘密をばらすとか情報をもらすとか脅しつけて、お金を要求したり、なにかを強要したりする犯罪行為。

強迫性障害（OCD）
特定の行動をするしかないという思考や感覚に追いこまれた病的な状態。

恐怖症
ある特定のなにかに対して強い不安感をいだくこと。ほかの人にとってはなんでもないことも多い。

緊急避妊ピル
不用意なセックスをした、あるいは避妊に失敗したあと、どうしても妊娠は避けたいときに用いられるホルモン型の避妊薬。

禁欲
欲望をおさえること。とくに、セックスをしないこと。

クッキー
ネット上のサイトにアクセスすると、そのサイトによってつくられる小さなテキストファイル。ユーザーのコンピュータに保存されて、ふたたびおなじサイトをおとずれたとき、ユーザーの好みなどに関する情報が読みとられる。

クリックベイト
インターネット上で、ベイト（気を引くえさ）をちらつかせて、クリックを誘う手法。ウイルスをひそませたサイトに誘導される可能性もある。

クリトリス
刺激によって性的快感が生じる、

女性器のなかでもとりわけ敏感な部分。

グルーミング
相手をあやつることを目的として、警戒心をとかせて手なずけるためにおこなうさまざまな行為。もともとは、手入れや毛づくろいのこと。

ゲイ
性的対象が同性である人。

月経
月経周期の一環として子宮内膜がはがれおちて、血液とともに排出されること。生理ともいう。

月経前症候群（PMS）
月経前に発生する、いらだち、疲労感、腹痛など、複数の症状をまとめてこう呼ぶ。

検索エンジン
ユーザーが入力したキーワードをもとに、インターネット上から情報をさがしだしてくるコンピュータ・プログラム。

喉頭
首の中央にある器官。声帯があり、肺と空気がやりとりされる通り道にあたる。食物の誤嚥（ごえん）防止の機能もある。

興奮系ドラッグ
活力を高め、体の機能を昂進（こうしん）させる物質。カフェインにも、ほかの多くの興奮系ドラッグと同じように、興奮作用がある。

国際連合（UN）
国際協力、国際平和と安全の維持を目的とし、1945年に設立された国際機関。今はごく一部をのぞいて、世界のほとんどの国が加盟している。

心の健康（メンタルヘルス）
情緒的にも社会的にも調和のとれた、精神のすこやかさ。

心の病気
精神的に病的な状態にあること。心の健康は損なわれ、行動や思考のプロセスや気分が混乱する。

細菌
顕微鏡でしか見ることのできない単細胞生物。動物の体や土や水など、広く生態系に存在する。種類によっては病原体となる。常在菌とは、多くの人の体に共通してある、病原性のない細菌のこと。

細胞
生物を構成している小さな単位。人間の体も、筋肉細胞、血液細胞、神経細胞など、さまざまな種類のたくさんの細胞でできている。

差別
人種、民族、宗教など、アイデンティティの一部となるものへの偏見をもとに、特定の人に対して不公正なあつかいをすること。

自意識
自分自身についての意識。自意識が強くなりすぎると、人にどう受けとめられるかが気になって、ぎくしゃくしてしまうこともある。

ジェンダー
その人の生まれたときに身体的特徴から診断された性（生物学的性）と、性表現と、自分自身による性別の認識（性自認）の組み合わせによって決まる性。

子宮
女性の下腹部にある生殖器。出産前の赤ちゃんはここで育つ。

刺激
なにかに外側からはたらきかけて、反応を起こさせること、あるいは起こさせるもの。

自己表現
自分がどんな人間かを表明すること。ある種の行動や見た目によるアイデンティティの主張。

自主性
他人の保護や干渉を受けずに、自分で考えて、自分で行動すること。

思春期
人が子どもからおとなに成長していく時期。第二次性徴がはじまって、思春期になる。

視床下部
性腺刺激ホルモン放出ホルモンを出して、第二次性徴を引き起こす脳の領域。

自信
自分の能力や判断に対する信頼。なにかをするとき、うまくやれると信じる気もち。

シスジェンダー
生物学的性と、性自認が一致する人。一致しない人は、トランスジェンダーという。

自尊感情
自尊心。心のなかで自分という存在には価値があると思える気もち。自尊感情は、その人の自信にも影響をあたえる。

自撮り
スマホで撮影した自分の画像や動画。

シナプス
神経伝達物質を放出して受けとる、神経細胞の接続部。神経間で情報を伝達するはたらきをする。

自分らしさ
ほかのだれともちがう、その人に固有の性質。

市民
地域社会や国家のなかで生活し、その社会を構成している一員のこと。市民としての自由と権利と引きかえに、税金をはらう、法を守るなどの義務を負う。

社会通念
法律のように文章にされていなくても、社会に広くゆきわたっている決まりごとやおこない。

社会的良心
自分が属する社会の人々が平和に暮らし、公正な扱いを受けているかどうかを気にかけ、それに対して自分ができることをなにかしたいと思う気もち。

射精
ペニスから精液を射出すること。通常は性行為やマスターベーションの結果として起こる。

受精
男性と女性の生殖細胞、精子と卵子が融合すること。受精卵は分裂をくり返して細胞群（胎芽）となり、やがて赤ちゃんに育つ。

受胎
精子によって卵子が受精、妊娠すること。

情動
自分や自分のまわりで起きたことに対して、とっさに起こる生理的な反応。

初経
はじめてくる月経のこと。第二次性徴期に起こる。

女性化乳房
第二次性徴期のホルモンバランスの変化によって、男子の胸がふくらむこと。

女性器切除（FGM）
女性器の一部を切除したり切開したりすること。心にも体にも深刻な傷を残す。

自立
他人の保護や干渉を受けずに、自分ひとりで考え、行動する自由を得ている状態。ひとり立ち。

人種差別・民族差別
人種や民族のちがいにもとづく個人や集団への偏見、不当で不公正なあつかい。

親密さ
性的にあるいは精神的に近い関係にあること。

信頼
なにか、だれかに対し、まかせてまちがいないと思う気もち。

ステレオタイプ
世間に広くゆきわたった、人や集団に対する類型化された偏見のこと。

ストレート
異性に対して性的に引かれる人。ヘテロセクシュアルともいう。

ストレス
問題にぶつかったときの不安や緊張感。その状態の原因となるもの（ストレッサー）もストレスと呼ぶことがある。

スパム
不必要なメール、メッセージ、広告などのこと。マルウェアを拡散するために使われることもある。

スピリチュアリティ
肉体的存在を超えるなにか、たとえば人の霊や魂のようなものが存在するという個人的な感覚。スピリチュアリティは信仰的な側面もあるが、宗教とは異なる。

性感染症（STI）
性行為によって人から人へうつる感染症。

性感帯
体のなかでも特別に感じやすい箇所。神経終末が集まっていて、刺激すると性的に興奮する。

性差別
性別にもとづく個人や集団に対する不当で不公正なあつかい。

性自認
自分自身をどう考えるか、どう感じるか、どう理解するかによって決まる性。男性でも女性でもない性を選ぶ人もいる。

成熟
完全に成長して、おとなになること。また、その状態。

生殖
親が子どもをつくるという、生物学的なプロセス。

生殖細胞
卵子と精子。胚（はい）細胞ともいう。

精巣
精子をつくり、たくわえる1対の男性外性器。陰のうのなかにある。金玉、睾丸（こうがん）もおなじ。

性的アイデンティティ
その人の恋愛や性的な興味がだれに向かうかによって決まる、その人の性のありかた。

性的興奮
性的な状況に置かれたり、あるいはそれを想像したりして、性器をはじめとする体が反応すること。

性表現
個人が社会に対して、その外見や行動によって性を表明すること。

生物学的性
生まれもった身体的な特徴によって決まる性。

性別違和感
生物学的性が、自分の性自認と一致しないと感じている状態。「性同一性障害」といわれることもある。

生理
月経周期にしたがって子宮内膜がはがれおち、経血として体外に排出されること。月経ともいう。

生理用品
女性が月経のあいだ快適に過ごせるようにつくられた製品。ナプキンやタンポンなど。

セクシュアリティ
人生を通じてもつ欲望や、好み、経験、信念など、性にまつわるもろもろの要素が複雑にからみあった、その人の性のありかた。

セクスティング
裸体、下着姿、あるいはあからさまに性的な画像・動画・メッセージを送ること。送られる性的な画像・動画・メッセージを「セクスト」という。

セックス
性行為。通常は、ふたりのあいだでおこなわれる身体的に親密な行為。英語のsexは、生まれついての生物学的性をいうときにも使われる。

腺
分泌活動をおこなう細胞の集まり。ホルモンなどを出す内分泌腺、汗などを出す外分泌腺がある。

前戯
キスしたりふれたりして、ふたりのあいだで性的興奮を高める親密な行為。そのあとにセックスすることもある。ただし、かならずセックスするわけではない。

煽情的表現
現実よりもショッキングな事態をほのめかすように、情報を大げさに脚色する伝えかた。多くの人の関心を引きつけるのが目的。

第二次性徴期
第二次性徴があらわれ、人が性的に成熟する時期のこと。体にさまざまな変化が起きて、生殖が可能になる。思春期とほぼ重なるが、思春期は、身体的成長より、心の成長や社会性の発達に焦点をあてたことば。

膣（ちつ）
女性の内性器（子宮）と外性器をつなぐ筋肉でできた管状の器官。ヴァギナ。

着床
受精した卵子が子宮壁にくっつくこと。

中傷
根拠のないうわさを広めて、人の評判を傷つけること。

デジタルの足あと
ユーザーがネット上で活動したあとに残されるデジタルデータのこと。

同意
自分の意思で、なにかをすることを許可したり、なにかが起こることを許可したりすること。セックスにもかならずおたがいの同意が必要。

特権
特定の個人やグループに対してのみあたえられる権利のことで、とくに求めなくともあたえられることが多い。

トランスジェンダー
自分は男か女かという性自認が、生まれたときの身体的特徴で診断された性と一致しない人。一致する人は、シスジェンダー。

仲間からの圧力
社会的な影響力のひとつ。ある個人が仲間内にとどまるために特定のふるまいを強いられていると感じる、その圧力。

なりすまし
他人の名前や不正に入手した個人情報を使って、その人のふりをして活動したり不正をはたらいたりする犯罪行為。

軟骨
体の一部をつないだりささえたりしている、じょうぶで弾力性のある組織。たとえば、喉頭はいくつも

用語解説　251

の軟骨の組み合わせでできている。

ニキビ
皮膚の炎症。先端の色によって、白ニキビ、黒ニキビなどに分けられる。

妊娠
女性が胎児をやどした状態。

ネットいじめ
ネットを使ったいじめ。メールで脅すこともあれば、いじめの対象となる人に恥をかかせるような不公正なコメントや写真をソーシャルメディアに投稿することもある。

ネットワーキング
人と人がつながって交流し、アイディアや意見をやりとりするなどの有益なつながりを深めていくこと。

バイセクシュアル
同性にも異性にも、恋愛ならびに性的な興味がある人。両性愛者ともいう。

排卵
卵巣にあった卵子が卵管に放出されること。

パニック発作
強い不安感がとつぜん襲いかかってくること。動悸（どうき）、息切れ、発汗、めまいといった身体症状が引き起こされる。

避妊法
妊娠を避けるためのさまざまな方法。大きく分けて、バリア型とホルモン型がある。受胎調節、産児制限ともいう。

平等
公平、公正であること。たとえば、人種や宗教に関わりなく、すべての人が同等の権利をもっている状態。

ファイヤーウォール
正体不明のユーザー、ハッカーなどがパソコンに侵入することを防ぐセキュリティ・プログラム。

不安感
心配ごとや気がかりがあって、心が苦しくて、ぞわぞわと落ちつかない感じ。

フィッシング
実在する金融機関の偽サイトに誘導し、暗証番号など重要な個人情報を入力させること。

不眠症
よく眠れない状態がつづくこと。

プライバシー
他人の干渉を受けずにひとりでいられること。近年ではそれに加えて、オンラインならびに日常で自分の個人情報を管理できる権利をもっていること。

ブログ
書き手の意見や考えや体験などを記録したウェブサイトのこと。ネット上の日記のようなものだが、一般に公開されている。

ヘテロセクシュアル
異性とのあいだに恋愛ならびに性的な関係を求める人。ストレートともいう。

ペニス
男性の生殖器。生殖と排尿というはたらきをもち、性的な快感ももたらす。

偏見
事実にもとづかない思いこみ。事実に反するいわれのない憶測であることが多い。

勃起
ペニスが血液で満たされ、かたく大きくなった状態。多くの場合は性的興奮によって起こる。

ボディイメージ
人が自分の肉体をどう知覚し、どう考え、どう感じているかまでふくむ自己像。

ホモフォビア
ゲイである人々に対する偏見をしめすこと。

ポルノグラフィ
性的に刺激することを意図してつくられた印刷物や動画など。

ホルモン
体内でつくられ、特定の細胞や器官のはたらきに影響をおよぼす化学物質。エストロゲン、テストステロンなど。

マインドマップ
頭に浮かぶ考えを目に見える形にしながら深めていく方法。まんなかにテーマとなることばをおいて、そこから枝葉のように線を伸ばし、ことばを書き加え、そこからまた枝葉を広げていく。記憶力、思考力、集中力を高める。

マスターベーション
性的な快感を求めて性器をはじめとする自分の体にふれること。

マルウェア
インターネット接続機器の損傷を意図して用いられる悪意のあるソフトウェアのこと。

民主主義
国民や社会を構成する人々に主権があり、人々に代わって国や社会を動かす代表を選挙で決める政治のありかた。

メディア
広い意味では「間に入るもの」。この本では、報道機関のこと。新聞、ラジオ放送、テレビ放送などをおこなう会社。

有性生殖
女性の卵子と男性の精子が出会い、ふたつの生殖細胞の融合によってたがいの遺伝子がまじりあい、子どもをつくること。

抑制系薬物
抑制とは活動をおさえること。トランキライザーや鎮静剤などの抑制系薬物は、脳の活動をにぶらせるはたらきをもつ。

より安全なセックス
バリア型の避妊具を使うなど、避妊しつつ性感染症のリスクを減らすセックスのこと。

卵巣
女性の生殖器。ここで卵子がつくられ、たくわえられる。

離婚
法的に結婚を終わらせること。

レジリエンス
変化や困難にあたって、それに耐えたり、そこから立ち直ったりする力のこと。

レズビアン
性的対象が同性である女性。

論理的思考
問題解決に向かって一歩ずつ着実に考えを進めること。すじの通った説明を積み重ねて、結論を導くこと。

ワクチン
病原となる微生物を無毒化、あるいは弱毒化したもの。ワクチンを摂取することで病原体に対する抗体がつくられ、感染症を防ぐ免疫ができる。

索引

あ

アイテム課金　145
アイデンティティ　16–7
　ジェンダー　24–5, 212–3
　性的　207, 208–9, 212–3
赤ちゃん
　懐胎期間　229
　妊娠　229, 238–41
アクネ　→ニキビ
足　61, 63
脚の毛　64
汗　29, 46, 61, 62–3
アセクシュアル（無性愛者）　208
アドレナリン　31, 49, 77
アナルセックス　218, 225, 234–5, 238
アバター　133
アフターピル（緊急避妊薬、緊急避妊ピル）　230, 233
アポクリン腺　62
誤った情報　134
謝る　176, 179, 186
歩み寄る　179
荒らし　139
アルコール　95, 162–3, 231
アルバイト　111
アロマンチック　208
安全
　オンラインの安全対策　140–41
　人づきあい　202
　街なか　148–9
　より安全なセックス　230–1
アンドロジナス　25
言い争い
　家族　178–9
　きょうだい　182
家
　下宿・寮　119
　引っ越し　180
怒り　84, 93, 179, 201
いじめ　98, 150–51
　ネットいじめ　138–9
イスラム教　156
異性愛者（ストレート）　208
異性愛主義　209

依存症　164, 166–7
位置情報　131
いろんな学びかた　102
陰茎海綿体　54, 55
陰唇　35
インターネット　128–9
　安全対策　140–1
　違法コンテンツ　143
　情報を判断する　134–5
　精神的につらいコンテンツ　143
　ソーシャルメディア　130–1
　デジタルデータの安全　142–3
　ニュース　160
　ネチケット　136
　ネットいじめ　138–9, 150
　ネットとのつきあいかた　136–7
　ネットのなかの自分　132–3
　ネットのやりすぎ　95
　人との交流　191
　プライバシー　142–3
　ポルノグラフィ　243
インターンシップ　121
陰のう　50, 52, 53
陰毛　28, 31, 32, 49, 64
陰門　35
ヴァージニティ（処女、童貞）　218–9
ヴァギナ　→膣
ウイルス性の感染症　78, 79
ウイルスによる性感染症　230, 236–7
ウェブカメラ　141
うつ　94–5, 97, 98
運動　74–5, 83, 91, 93, 94, 98, 196–7
エイジェンダー（無性）　24
エイズ（後天性免疫不全症候群）　237
HIV（ヒト免疫不全ウイルス）　237
HPV感染症（尖圭コンジローマ）　236
エクリン腺　62, 63
えこひいき　183
SNS　→ソーシャルメディア
STI　→性感染症
STI検査　234, 237

エストロゲン（卵胞ホルモン）　30, 31, 36, 40, 41, 48, 49
LGBTQ＋　152, 172, 208, 209, 212–3
エンドルフィン　37, 83, 94, 197, 226
黄体形成ホルモン（LH）　30, 48
黄体ホルモン　→プロゲステロン
オーガズム　216, 219, 224, 226–7
オーラルセックス　218, 225, 234–5, 236, 238
お金　110–1
　お金をかけずにできること　110
　奨学金　119
オキシトシン　31, 40, 49, 223, 226–7
おたふくかぜ　→流行性耳下腺炎
おどおどしないために　125
思いえがく　107, 113
親（親子、家族）
　アイデンティティ　17
　いじめ　151
　親子の関係　174–5
　自尊心　87
　宗教　157
　セックス　218, 222, 225
　大ニュースを伝える　180
　妊娠　239, 240
　不評　22
オンライン
　安全対策　140–1
　オンラインで知り合った人との
　デート　195
　詐欺　142
　仲間からの圧力　135
　人との交流　191
　ポルノグラフィ　243

か

外見　22–3, 72–3, 178, 192
　外見いじめ　72, 150
外向性（外向型）　88–9
疥癬　235
懐胎期間　229
カウンセリング　71, 95, 97, 197
顔

かたちの変化　57
毛　47, 50, 64
　表情　84
過激思想　157
家事の分担や手伝い　155, 174, 178
過食症　→神経性過食症
下垂体　14, 30, 48
家族
　言い争い　178–9, 182
　親、親子　→親
　きょうだい　182–3
　さまざまな家族　172–3
　大ニュースを伝える　180
片思い　210–1
価値観のちがい　17, 22
学科
　職業　116–7
　大学　118
学校生活　102–3
割礼　55
家庭内にはたらく力学　174
悲しみ　21, 84, 95, 98, 181, 203
加熱式たばこ　164
髪
　洗う　60
　ヘアスタイル　23
　べとつく　28
カミソリ　65
カミングアウト　212–3
科目
　好きな科目、苦手な科目　103
カルシウム　68
感情　84
　落ちつかせる　21
　自分の感情に注意をはらう　82
　耐えがたい感情　98
　恋愛感情がわいてこない　211
汗腺　61, 62, 63
感染（感染症）　66, 78–9, 230, 231
聞きじょうず　187
危険な行動　15, 85, 98, 192, 193
ぎこちなさ　15, 51
気質　88
義親（義理の親）　172, 183
　義親家族　172
キス　222, 223

索引 **253**

寄生虫　78, 79
　寄生虫による性感染症　230, 234, 235
喫煙　164–5
気分のゆれ（変動）　20–1, 29
気もち
　落ちつかせる　21
　自分がなにを感じているか気づく　82
　変化　29, 47
虐待　98, 143, 221
客観視　179
逆境に耐える　90
キャリア　→職業
急激な成長　33, 51
求人　122
境界
　健全な境界を保つ　199
　設定　172, 199
　対立　178
共感　18
きょうだい　182–3
　言い争い、衝突　182, 183
　生まれた順番　182
強迫性障害（OCD）　97
恐怖症　96–7
興味　108–9
拒食症　→神経性拒食症
キリスト教　156
議論　130
緊急避妊　230, 233
　緊急避妊薬（緊急避妊ピル）→アフターピル
きんたま　→精巣
筋肉醜形障害　73
クィア　208
クエスチョニング　25
くさい息　63
果物と野菜　68, 69
クッキー　133
クラミジア　234
クリトリス　35, 223, 226, 227
グループ交際　194
グルーミング　141
毛（体毛）　46, 49, 64–5
　陰毛　28, 31, 32, 49, 64

顔　47, 50, 64
毛穴　66
取りのぞく　65
ひげ　47, 49, 50, 64, 65
わき毛　29, 32, 47, 64
毛包　60, 62, 66
ゲイ（同性愛者）　172, 208
経血　35, 36–7, 38–9
ゲーム（ビデオゲーム）　107, 109, 128, 133, 144–5
時間　145
ケジラミ症　235
血管　30, 48, 74, 75
月経（生理）　29, 31, 34, 36–9
　月経カップ　39
　月経周期　31, 34, 36–7
　月経前症候群（PMS）　37, 238
　生理がない238
　手当て　37, 38–9
　不順　37
健康
　アルコール　162–3
　かかりやすい病気　78–9
　たばこ　164–5
　ドラッグ　166–7
　パソコン　137
言語によるコミュニケーションスキル　186–7
検索エンジン　135
健全な関係　176, 181, 198–9
睾丸　→精巣
攻撃性　47
広告　131, 134, 135
口臭　63
交渉　179
公正　154
後天性免疫不全症候群　→エイズ
喉頭　47, 56–7
肛門　35, 223, 225
声変わり　47, 56–7
誤解　219, 220, 221
呼吸法　96
こころざし　112–3
心
　心の健康　70, 82–99
　自分の心を守る　82–3

心の親密さ　223
個人情報　133, 138, 139, 140, 142, 143 145
個人データ　131, 142
こづかい　110
子どもへの虐待　143
断る、拒否する　102, 193
こばまれる　196–7
コミュニケーション186–7
　管理　200
　スキル　186–7
孤立、孤立感　71, 99, 189
コルチゾール　31, 49, 77
コンドーム　230, 231, 232, 233

さ

サーカディアンリズム　77
ザーメン　→精液
罪悪感をいだかせる　201
細菌による性感染症　230, 234
才能　17, 82
詐欺　142
ささえる、ささえあう
　健全な関係　199
　交際中のふたり　195
　ささえてくれるネットワーク　82, 91, 201
挫折　90
里親、里親家族　172, 240
差別　152–3
自意識　15, 72
ジェンダー　24–5, 155, 212, 213
資格をとる　120
時間を管理する　102, 119
子宮　34, 36, 228, 229
　子宮頸部　34, 39
　子宮内膜　31, 34, 36, 37
シク教　157
試験　104–5
仕事
　アルバイト　111
　仕事を見つける　121, 122–3
自己表現　22–3
脂質　68
思春期早発症　33, 51

視床下部　14, 30, 48
自傷行為　98–9
　さまざまな対処方法　99
自信　86–7, 108, 192, 193
シスジェンダー　24, 25
自尊心　18, 72, 73, 86–7, 98, 132, 151
失敗　19, 90, 106, 113
自撮り　132
シナプス　14
死にたくなる　95
ジヒドロテストステロン（DHT）　49
市民権　158–9
ジャーナリズム　160
シャイネス　87, 89
社会的良心　161
写真　140
射精　55, 216, 224, 226, 227, 238
自由　154, 159
宗教　16, 152, 156–7
収支計画　110
集中力　69, 77, 93, 95, 105, 108, 112
宿題　92, 103, 178
受精　31, 34, 36, 228
　体外受精（IVF）　229
出産　229, 241
受動喫煙　165
授乳　40
趣味　16, 108–9
障がい者差別　152, 153
障害を乗り越える　86, 106
消化　31, 49
奨学金　119
情動（エモーション）　84–5
　コントロール　85
小脳　15
情報
　他人に情報をあたえない　141
職業（キャリア）
　こころざし　112
　さまざまな職業　116–7
　将来の職業　114–5
　職業体験　115, 122
　転職　115
食事
　健康にいい食事　66, 67, 68–9

摂食障害　70-1
処女　→ヴァージニティ
処女膜　35, 219
女性化乳房　51
女性器切除（FGM）　221
除毛クリーム　65
自立　85, 110, 177
　経済的自立　120, 121, 176
　自立的思考　18-19
神経性過食症　70
神経性拒食症　70
人権　154, 159
人工妊娠中絶　240, 241
寝室　76, 77, 177
人種差別・民族差別　139, 152
身体醜形障害（BDD）　73
新聞　160
親密さ　222-3
信頼
　自分の体　28, 33, 46, 51, 73
　信頼をきずく　176-7
　人間関係　198, 200
髄膜炎　78
睡眠（眠り）　15, 76-7, 93, 95, 137
スキル
　新しいスキルを学ぶ　75, 83
　職業　114, 115
ステレオタイプ　153, 154, 155
ストレート（異性愛者）　208, 209
ストレス　20, 31, 49, 70, 74, 75, 77,
　90, 92-3, 94, 96, 98, 105, 109
ストレッサー　92
スピーチをする、人前で話す　89,
　124-5
スポーツ　75, 108-9
精液（ザーメン）　49, 54, 55
精管　52, 53, 54
性感染症（STI）　79, 225, 230, 231,
　232
　ウイルスによる　236-7
　細菌と寄生虫による　234-5
性感帯　223
性器（生殖器）
　刺激　223, 224, 226-7
　女性　34-5
　女性器切除（FGM）　221

男性　46, 52-5
マスターベーション　216
性器ヘルペス　236
性虐待　→性的虐待
税金　111
清潔　35, 54, 60-63
精細管　52
性差別　152
精子　47, 48, 50, 52, 53, 54, 55, 224,
　227, 228-9
政治的な考えかた　16, 178, 212
生殖器　→性器
精神疾患　97, 98
精神的な苦痛　62, 87, 143, 189,
　196, 201
性腺刺激ホルモン放出ホルモン
　14, 28, 30, 46, 48
精巣　48, 50, 51, 52-3, 54, 55
精巣上体　52, 53, 54, 55
声帯　56, 57
性的アイデンティティ　16, 25, 207,
　208-9, 212, 213
性的虐待　98, 221, 242
性的興奮　219, 222-3, 226
性的な魅力　210
性同一性障害　→性別違和感
精のう　54
生物学的性　24, 25
性別違和感　25
生理　→月経
世界人権宣言　159
背（身長）が伸びる　28, 32, 33, 47,
　50
責任　19, 158, 174, 176
責任ある飲酒　163
セクシュアリティ　206-13
セクスティング　141, 244-5
セックス　216-45
　ヴァージニティ　218-9
　親密さ　222-3
　性行為　224-7
　同意　220-1
　ポルノにおける　243
　より安全なセックス　230-1
セルフトーク　83
前戯　219, 222

尖圭コンジローマ　→HPV感染症
前頭前野　14, 21, 85
専門学校　120
前立腺　49, 54
創造的な活動　94, 108
送付状　122
ソーシャルメディア（SNS）　95,
　130-1, 134, 135, 190, 191
　求人への応募　122
　さらしすぎ　133
　自慢　192
　投稿　132, 133, 136, 141, 187, 200
　ニュース　160, 161
　ネットいじめ　138-9
側坐核　14
尊重　136, 154, 158-9, 176-9,
　220-1, 245

た

胎芽　228
体外受精（IVF）　229
大学　118-9
　大学以外の選択　120-1
胎児　228, 229, 241
体臭　63
体重が増える　28
たいせつな人の死　90, 181
第二次性徴
　女性28-43
　男性46-57
　脳の変化　14-5
大脳基底核　14
胎盤　229
体毛　→毛
対立をどうするか　178-9
「戦うか逃げるか」　92, 94, 96
タトゥー　23
旅　121
短期大学　120
炭水化物　68
タンパク質　68
タンポン　38, 39
恥丘　35
乳首　40, 41, 223
恥垢　54

膣（ヴァギナ）　34, 35, 36, 228
　膣炎　235
　膣性交　218, 224, 238
乳房　→にゅうぼう
抽象的思考　18
貯金　111
つめ　60
つわり　238
デート　194-5
デオドラント剤　61, 63
デジタルデータの安全　140-3
デジタルの足あと　133
テストステロン　30, 31, 46, 47, 48,
　49, 50, 52, 56-7
デトックスダイエット　69
テレビ　160
伝染性単核球症　78
デンプン　68
同意
　性行為　220-1, 224
　同意可能な年齢　221
同性愛者（ゲイ、レズビアン）　208
　差別　152-3
童貞　→ヴァージニティ
投票　159
糖分　69
ドーパミン　14, 85, 164, 223, 226-7
トキシックショック症候群（TSS）
　39
特権　155
ドラッグ
　依存症　166-7
　種類168-9
　使用・乱用　95, 166-7, 231
　助けを求める　167
　離脱症状　167
トランスジェンダー　24
トリコモナス症　235

な

内向性（内向型）　88-9
内分泌腺　30, 48
仲間からの圧力　19, 21, 192-3
　アルコール　163
　オンライン　135

デート　194
ドラッグ　166
仲間から引きはなす　201
ナプキン　38
におい　29, 46, 60, 61, 62–3
ニキビ（アクネ）　29, 47, 66–7
ニコチン依存症　164
ニュース　160–1
乳房　40–41
　女性化乳房　51
　乳房の皮膚の線　41
尿道　54
尿道海綿体　54, 55
尿路感染症（UTI）　79
人間関係　→人づきあい
妊娠　228, 229, 238–9
　検査　239
　避ける　230, 232–3
　選択肢　240–1
　不妊治療　229
　より安全なセックス　230
認知行動療法（CBT）　95
ねたみ　189
ネットいじめ　138–9, 150
ネットとのつきあいかた　136–7
ネットのなかの自分　132–3
眠り　→睡眠
脳
　思春期　14–5
　情動（エモーション）　84, 85
　自立的思考　18
　睡眠　76–7
　内向型・外向型　89
　ホルモン　30, 48
脳りょう　15

は

歯　61, 63
バイセクシュアル（両性愛者）　208
梅毒　234
排卵　31, 34, 36, 228
はしか　78
パスワード　139, 142
ハッキング　141, 143
バックグラウンドのちがい　173

話すこと
　人に話してみる　83, 93
パニック発作　93, 96–7
バランスのとれた食事　68
バリア型の避妊具　230, 232–3
ピアス　23
PMS　→月経前症候群
B型肝炎　236
ビーガン　68
ひげ　47, 49, 50
　剃る　65
非言語的なコミュニケーションスキ
　ル　187
皮脂　60, 66
　皮脂腺　66
ビタミン　68
否定的な考え・感情　82, 83, 87, 90,
　95, 97, 196, 197
否定的なボディイメージ　73
ビデオゲーム　→ゲーム
人づきあい（人間関係）
　親子の関係　174–5
　きょうだいの関係　182–3
　健全な関係　176, 198–9
　こばまれる　196–7
　信頼をきずく　176–7
　対立をどうするか　178–9
　デート　194–5
　人との交流　190–91
　不健全な関係　189, 200–1
　友情　83, 188–9
　恋愛関係の解消　202–3
　ヒト免疫不全ウイルス　→HIV
避妊　209, 230, 231, 232–3
　緊急　→緊急避妊
　女性用コンドーム　233
　男性用コンドーム　232
　避妊インプラント　233
　避妊パッチ　233
　避妊リング　233
　ピル　232–3
　ペッサリー　233
皮膚
　汗とにおい　62, 63
　清潔にする　60
　ニキビ　66–7

秘密　177, 189
病気　78–9
平等　154–5
ピル　232–3
ヒンドゥー教　156
ファストフード　69
不安　91, 94–5, 96, 97, 98
不可知論　157
複合家族　183
服装　22–3
フケ　60
不採用
　求人への応募　123
ふつか酔い　162
仏教　156
不妊、不妊治療　229
不平等　155
不眠症　77
プライバシー　177, 183, 199
　オンライン　139, 142–3
　セクスティング　245
　認証マーク　142
　マスターベーション　217
ブラジャー　42–3
プレッシャー　90, 92, 98
ブログ　129, 134–5
プログステロン（黄体ホルモン）
　31, 36, 49
分泌物
　子宮　35
　乳首　41
ベジタリアン　68
ヘイト　139
ペスクタリアン　68
別居　181
ペッサリー　233
ペニス　46, 47, 48, 50, 54–5, 224,
　226–8
勉強
　試験勉強　104–5
　宿題　103
　勉強法　102
　予定表　105
偏見　152–3
編集された画像　135
片頭痛　79

へんとう体　14–5
膀胱　54
包皮　54, 55
法律　158, 159, 245
勃起　46, 55
ボディイメージ　72–3
ボディランゲージ　186, 187
母乳　40
ほめる　71, 89, 177, 186
　自分をほめる　87, 91
ホモセクシュアル　208
ホモフォビア　209
ボランティア　115, 121, 122
ポルノグラフィ　242–3, 245
　リベンジポルノ　245
ホルモン
　思春期にかかりやすい病気　78
　女性　30–1, 36, 37, 40, 41, 49
　ストレス　92, 94
　男性　31, 46, 47, 48–9, 50, 51, 56
ホルモン剤による避妊　232, 233

ま

マインドフルネス　82, 94, 96
前向きな考え、気分　82, 91
マスターベーション　55, 216–7
街なか
　安全　148–9
　スマホ　149
マナー違反　149
マルウェア　141, 143
身近な知りあい　190–1
見習い制度　120
ミネラル　68
魅力　210–1
民族差別　→人種差別・民族差別
無神論　157
夢精　47, 55
無性　→エイジェンダー
無性愛者　208
むちゃ食い障害　70
むちゃをする　15, 83
胸毛　50, 64
胸
　胸の痛み　37, 41

胸のふくらみ　40–1
目　60
瞑想　83, 94, 96
メーク　23
メディア
　デジタル　137
　ニュース　160–61
　ボディイメージ　72
　ポルノグラフィ　242
メラトニン　15, 31, 49, 76, 77
免疫システム　66, 76, 78, 79, 237
面接
　仕事　123
　大学　119
メンタルヘルス　→心の健康
目標　83, 86, 87, 91,112–3
問題を解決する　18–9, 106–7

や・ら・わ

休む
　ソーシャルメディア　131
　勉強　102, 105
　問題からいったんはなれる　93
やる気
　目標やこころざし　113
友情　83, 188–9
　仲間からの圧力　192–3
　別れた相手　203
有性生殖　228–9
ユダヤ教　157
酔い　162
養子　16, 173, 240
預金口座　111
より安全なセックス　230–1

卵管　34, 36, 228
卵子　30, 31, 34, 36, 228
卵巣　30, 34, 36
卵胞刺激ホルモン（FSH）　30, 48
卵胞ホルモン　→エストロゲン
離婚　172–3, 181
利息　111
リベンジポルノ　245
留学　119
流行性耳下腺炎（おたふくかぜ）
　79
流産　241
両向型　88
両性愛者　208
履歴書　115, 119,120, 122
淋病　234
礼儀正しさ　186

レジリエンス　83, 87, 90–1
レズビアン（同性愛者）　172, 208
恋愛感情　29, 47, 194, 208, 209,
　210, 211
論理的思考　18
別れ　181, 202–3
わきの下
　洗う61, 63
　わき毛　29, 32, 47, 65
ワクチン　79
話題　87

Acknowledgments

DORLING KINDERSLEY would like to thank: David Ball and Edward
Byrne for design assistance; Gus Scott for illustration assistance; Victoria
Pyke for proofreading; and Helen Peters for the index. Special thanks to
Dr Kristina Routh for medical consultancy.

All images © Dorling Kindersley
For further information see: **www.dkimages.com**